Juristischer Anschauungsstoff
Herausgegeben von Professor Dr. Helmut Rühl, Mannheim

Juristischer Anschauungsstoff

Heft 1

Bürgerliches Recht und Arbeitsrecht

Von

Dr. Helmut Rühl
ord. Professor der Rechte an der Handelshochschule Mannheim

Berlin und Leipzig 1931
Walter de Gruyter & Co.
vormals G. J. Göschen'sche Verlagshandlung — J. Guttentag, Verlagsbuchhandlung — Georg Reimer — Karl J. Trübner — Veit & Comp.

Lehrbücher und Grundrisse der Rechtswissenschaft

Unter Mitarbeit von

Ernst Beling, München, Godehard J. Ebers, Köln a. Rh., Alexander Elster, Berlin, Friedrich Endemann, Heidelberg, Hans Fehr, Bern, Heinrich Gerland, Jena, Julius von Gierke, Göttingen, Justus Wilhelm Hedemann, Jena, Herbert Kraus, Göttingen, Heinrich Lehmann, Köln a. Rh., Claudius Frhr. von Schwerin, Freiburg i. Br., Fritz Stier-Somlo, Köln a. Rh.,

herausgegeben von

Hans Fehr, Heinrich Gerland, Justus Wilhelm Hedemann, Heinrich Lehmann

und dem redaktionellen Leiter

Fritz Stier-Somlo

Bisher erschienen:

I. Band:

Allgemeiner Teil des Bürgerlichen Gesetzbuches. Von Dr. **Heinrich Lehmann**, o. Professor der Rechte. Dritte, vermehrte und verbesserte Auflage. Oktav. XIV, 439 Seiten. 1928. 12.—, geb. 13.50

II. Band:

Schuldrecht des Bürgerlichen Gesetzbuches. Von Oberlandesgerichtsrat Dr. **Justus Wilhelm Hedemann**, o. Professor der Rechte in Jena. Oktav. Zweite Auflage. Im Druck

III. Band:

Sachenrecht. Von Oberlandesgerichtsrat Dr. **Justus Wilhelm Hedemann**, o. Professor der Rechte in Jena. Oktav. XXXII, 507 Seiten. 1924. 12.—, geb. 13.50

IV. Band:

Familienrecht des Bürgerlichen Gesetzbuches einschließlich Jugendfürsorgerecht. Von Dr. **Heinrich Lehmann**, o. Professor an der Universität in Köln. Oktav. XII, 352 Seiten. 1926. 11.—, geb. 12.50

V. Band:

Erbrecht. Von Oberlandesgerichtsrat Dr. **Friedrich Endemann**, Professor in Heidelberg. Oktav. VIII, 166 Seiten. 1923. 3.—, geb. 4.50

VI. Band:

Handelsrecht und Schiffahrtsrecht. Von Dr. **Julius von Gierke**, o. Professor der Rechte in Göttingen. Dritte, umgearbeitete Auflage. Oktav. XIV, 744 Seiten. 1929. 21.—, geb. 22.50

Fortsetzung auf Seite 3 des Umschlages

Zur Einführung.

Diese Sammlung von Urkunden aus dem Gebiete des Bürgerlichen Rechts und des Arbeitsrechts will dem akademischen Unterricht ein Hilfsmittel bieten, dessen Fehlen ich sowohl während meiner Tätigkeit als Privatdozent an der Berliner Universität wie auch in meiner jetzigen Stellung mit Bedauern empfunden habe. Die verdienstlichen Werke ähnlicher Art, welche bereits früher erschienen sind, passen teils nicht mehr für die vielfach veränderten Verhältnisse der Nachkriegszeit, teils fehlt ihnen die rechtstatsächliche Einstellung, und schließlich enthält keine von ihnen einen arbeitsrechtlichen Teil. Daß aber gerade im arbeitsrechtlichen Unterricht das Bedürfnis nach einer gewissen Anschauung besonders dringend ist und diese Anschauung auch zur Vergrößerung des sozialen Verständnisses beitragen kann, wird niemand bezweifeln.

Das Buch gibt einmal typische Geschäftsbedingungen, Tarifverträge und Satzungen aus der Praxis, wobei zur Ermöglichung rechtstatsächlicher Feststellungen jeweils, soweit mir das nicht von den Überlassenden verwehrt war, die Herkunft angegeben ist. Sodann enthält die Sammlung (zum Teil im Anschluß an die amtlichen Vordrucke, aber stets in einer den Gegenwartsverhältnissen angepaßten Bearbeitung) Beispiele für Registereintragungen und typische Rechtsgeschäfte des Alltags. Dabei sollen nicht eigentliche Muster, sondern echter Anschauungsstoff gegeben werden; Schwerfälligkeiten und Unklarheiten, wie sie sich in der Praxis oft finden, wurden nicht selten übernommen, in ihrer Rechtsgültigkeit so zweifelhafte Gebilde wie der 1500-Mark-Vertrag abgedruckt.*) Hier mit Kritik an der Formulierung einzusetzen, wird etwa für den Leiter eines Referendarkurses eine dankbare Aufgabe sein. Aber nicht nur die Verbesserungsbedürftigkeit mancher Formulierungen, sondern vor allem auch die Frage der sachlichen Verbesserungsbedürftigkeit soll auftauchen. Den Blick für die letztere zu schärfen, ist heute eine besonders dringende Aufgabe des von Interessenverbänden und Interessenströmungen unabhängigen akademischen Lehrers, weil diese teilweise allzu einseitigen Formulare weite Gebiete des Lebens stärker beherrschen als die Gesetzesparagraphen, jedoch leichter abänderlich sind als das Gesetz.

Die Sammlung möchte einmal als Hilfsmittel bei der systematischen Vorlesung und beim Selbststudium dienen; sie gibt dem Studierenden fortlaufend Beispiele für die behandelten Gesetzesvorschriften und zeigt ihm so, wie sich die Normen im Verkehr auswirken, nicht selten auch, wie eine mächtige Partei durch besondere Abreden das Wirksamwerden gesetzlicher Vorschriften zu verhindern sucht. Sodann kann der „Anschauungsstoff" für die Besprechungsstunden und das Praktikum, wo bisher nicht selten hochinteressante, aber

*) Auch hinsichtlich der verwendeten Form soll der Leser stets prüfen, ob sie erforderlich und ausreichend ist (vgl. etwa Nr. 8, 88, 97).

durchaus atypische, ja pathologische Fälle behandelt werden, nutzbar gemacht werden. Um solche Verwendung nicht zu stören, ist auf fortlaufende Anführung der einschlägigen Paragraphen oder gar Kommentierung verzichtet worden.

Nicht etwa soll die Stoffüberfülle, an welcher das heutige Rechtsstudium krankt, noch vermehrt werden; im Gegenteil sollen dem Studierenden dadurch, daß ihm der Zusammenhang zwischen Recht und Leben vor Augen geführt wird, die Wege geebnet werden. Vor allem aber war es mein Ziel, dem Dozenten die Darlegung der in ihrer vollen Tragweite im Hochschulunterricht oft nicht ganz gewürdigten Umbildung dispositiver Rechtssätze durch die „Wirtschaft", die Aufzeigung der hinter den Sätzen des geschriebenen Rechts stehenden und diese Sätze umbildenden Kräfte zu erleichtern und so an der Bekämpfung der Verständnislosigkeit mitzuarbeiten, die nicht allzuselten bei den jungen Juristen (namentlich auf dem Gebiet des Arbeitsrechts und der wirtschaftsrechtlichen Normen) sich findet. Soll das (oft in starker Übertreibung verwendete) böse Wort von der „Weltfremdheit" der Juristen verschwinden, so wird sich der juristische Hochschulunterricht noch stärker als bisher auf die Berücksichtigung rechtspolitischer und rechtstatsächlicher Fragen einstellen*) sowie noch mehr als bisher sich auch um die Verbreitung von Lebenskenntnis bemühen müssen.

Die Not der Zeit zwang zu äußerster Beschränkung bei der Auswahl des Stoffes. Vieles von dem ursprünglich Vorgesehenen mußte (namentlich auch im Familienrecht) wegbleiben, auf bildhaft getreue Wiedergabe von Urkunden mußte Verzicht geleistet werden. Im Aufbau schließt sich das Heft der Anordnung des Bürgerlichen Gesetzbuchs selbst dort an, wo diese wenig geglückt erscheint: dieses Büchlein will gerade zusammen mit dem Gesetze gelesen werden; naturgemäß mußte bei der Einordnung gemischter Verträge und einzelner Klauseln eine gewisse Willkür Platz greifen.

Dem vorliegenden ersten Heft, das dem Bürgerlichen Recht und Arbeitsrecht gewidmet ist (gelegentliche Grenzüberschreitungen ließen sich aus pädagogischen Gründen nicht vermeiden), sollen unter Mitwirkung von Amtsgenossen zwei weitere folgen. In dem einen sollen Aktenstücke zum Zivilprozeß (einschließlich Arbeitsgerichtsprozeß) und Strafprozeß sowie Urkunden zum Staats- und Verwaltungsrecht veröffentlicht werden, das andere Heft soll dem Handelsrecht gewidmet sein. Verbesserungsvorschläge und kritische Äußerungen zum vorliegenden ersten Heft, für deren Übersendung der Herausgeber äußerst dankbar wäre, sollen bei ihrer Ausarbeitung bereits nach Möglichkeit Berücksichtigung finden.

---

*) Vgl. auch Ziffer I 4 der Vereinbarung zwischen Reich und Ländern über die juristische Ausbildung (Reichsministerialblatt 1930 S. 547), wo über den Universitätsunterricht gesagt wird: „Auf die Einführung in die Wechselbeziehungen zwischen wirtschaftlichen Vorgängen und Rechtsordnung ist besonderes Gewicht zu legen."

Inhaltsverzeichnis.

*) Wegen des Dienstvertrages vgl. den Abschnitt F: „Arbeitsrecht“.

A. Allgemeiner Teil.

I. Natürliche Personen.

Nr. 1. Volljährigkeitserklärung.

Beschluß.

Der Metallarbeiter Peter Brandt in Marburg, Kaiserstraße 3, Sohn des Werkmeisters Paul Brandt und der Marie, geb. Bauer, ebenda, wird für volljährig erklärt.

Marburg, den 2. März 1931. Das Amtsgericht.

(Unterschrift.)

Nr. 2. Entmündigung.

Beschluß.

In Sachen der Entmündigung der verwitweten Frau Lydia Moser hat das Amtsgericht in Halle a./S. am 10. Januar 1931 beschlossen:

Die verwitwete Frau Lydia Moser, geb. Klein, in Halle a./S., Steinstraße 3, wird wegen Geisteskrankheit entmündigt. Sie hat die Kosten des Verfahrens zu tragen.

Gründe.

Der Hausdiener Hans Moser in Halle a./S., Steinstraße 3, hat am 5. Oktober 1930 den Antrag auf Entmündigung seiner am 5. Januar 1861 geborenen Mutter gestellt und ein Zeugnis des praktischen Arztes Dr. Arthur Weiß überreicht, worin Frau Lydia Moser als geisteskrank bezeichnet wird. Bei ihrer persönlichen Vernehmung war eine Verständigung mit ihr unmöglich, da sie fortgesetzt wirre Reden führte und die Fragen des Richters nicht beantwortete. Auf Grund der Aussagen Marie Mosers, geb. Groß, und der eidlichen Bekundungen des Zeugen Hausverwalter Paul Schmitt, beide Steinstraße 3 wohnend, ist als erwiesen anzusehen, daß die Witwe Moser wiederholt ihre Schwiegertochter, ihren Sohn und den Hausverwalter mit einem Messer bedroht hat, daß sie zusammenhanglos spricht und am 25. September 1930 ihr dreijähriges Enkelkind mit kochendem Wasser zu verletzen suchte. Die Beobachtung der Frau Moser in der Provinzialirrenanstalt, in der sie vom 5. November bis 10. Dezember 1930 untergebracht war, hat ergeben: ... [Hier nicht abgedruckt.] Unter Verwertung dieser Ergebnisse kommt das Gutachten des Kreisarztes Dr. Zander vom 29. Dezember 1930 zu dem Schluß, daß Frau Moser infolge vorgeschrittener Paralyse geisteskrank sei. Das Gericht hat auf Grund dieses Gutachtens und der übrigen Beweisaufnahme die Überzeugung gewonnen, daß Frau Moser wegen krankhafter Störung ihrer Geistestätigkeit nicht imstande ist, ihre Angelegenheiten zu besorgen. Sie war daher gemäß § 6 Abs. I BGB. zu entmündigen. Die Kostenentscheidung beruht auf § 658 ZPO.

(Unterschrift.)

Nr. 3. Bericht eines (preußischen) Amtsgerichts über einen Antrag auf Namensänderung.

Der kaufmännische Angestellte Franz Fischer in Berlin-Friedenau, Begasstraße 2, geboren zu Landsberg (Warthe) am 1. Juli 1875, verehelicht in Kolberg am 2. März 1909, preußischer Staatsangehöriger durch Geburt, hat am 16. August 1930 den Antrag gestellt, ihm und seiner Ehefrau Martha, geb. Schobert, sowie seinen aus dieser Ehe hervorgegangenen, unter seiner elterlichen Gewalt stehenden Kindern:

1. Franz Günther, geboren zu Kolberg am 1. April 1911, Buchhalter, in Berlin bei den Eltern wohnend,

2. Marie, geboren zu Kolberg am 2. Januar 1913, Stenotypistin, in Kolberg, Sandweg 1 wohnend,

die gleichfalls die preußische Staatsangehörigkeit besitzen, die Ermächtigung zu erteilen, an Stelle des Familiennamens Fischer den Namen Fishers zu führen.

Zur Begründung seines Antrages hat er an- und ausgeführt: ... [Hier nicht abgedruckt.]

Die Gemeindebehörde ist gehört, sie hat keine Einwendungen erhoben. Die Ehefrau des Antragstellers hat sich dem Antrage angeschlossen. Die über sechzehn Jahre alten Kinder Franz Günther und Marie sind gehört worden. Sie sind mit dem Antrage einverstanden. Der Vater und die beiden Brüder des Antragstellers sind gehört worden und haben ihre Einwilligung gegeben. Die Mutter des Antragstellers ist verstorben. Am Wohnort ist der beantragte Name anderweitig nicht vertreten. Der Antragsteller ist auf die Stempelpflicht (und auf die Höhe des Stempels) hingewiesen worden. Strafblattauszug für den Antragsteller befindet sich bei den Akten.

[Es folgen Bemerkungen zu den vorstehenden Angaben und die gutachtliche Äußerung des Gerichts, hier nicht abgedruckt.]

Nr. 4. Todeserklärung. (Aus dem Reichsanzeiger.)

1. Aufgebot.

Die Frau Johanna Peddert, geb. Spikowski, geschiedene Rogosch, in Elbing, Seestraße 101, hat beantragt, den verschollenen Arbeiter Jacob Peddert, geboren am 25. Juli 1883 in Pr.-Holland, der sich während des Krieges in Südamerika aufgehalten hat, im September 1919 über Rio de Janeiro nach Deutschland abgereist sein, auch im November 1919 aus Amsterdam geschrieben haben soll und von dessen Leben seitdem keine Nachricht mehr eingegangen ist, für tot zu erklären. Der bezeichnete Verschollene wird aufgefordert, sich spätestens in dem auf den 18. Mai 1931, 11 Uhr, vor dem unterzeichneten Gericht, Zimmer 101, anberaumten Aufgebotstermin zu melden, widrigenfalls die Todeserklärung erfolgen wird. An alle, welche Auskunft über Leben oder Tod des Verschollenen zu erteilen vermögen, ergeht die Aufforderung, spätestens im Aufgebotstermin dem Gericht Anzeige zu machen.

Elbing, den 2. November 1930. Amtsgericht.

2. Todeserklärung.

Durch Ausschlußurteil vom 4. November 1930 ist der verschollene Landwirt Wilhelm Friedrich Riexinger, geboren am 12. Oktober 1884 in Wallenhaus, Gemeinde Grünkraut in Deutschland, zuletzt daselbst, sodann im Jahre 1914 in Karibib in Deutsch-Südwestafrika wohnhaft gewesen, für tot erklärt und als Zeitpunkt des Todes der 1. Januar 1925 festgestellt worden.

Amtsgericht Ravensburg.

3. Todeserklärung.

Durch Ausschlußurteil vom 7. November 1930 ist der am 13. November 1888 in Holzfeld geborene, zuletzt daselbst wohnhaft gewesene Schiffer Johann Peter Krämer für tot erklärt worden. Als Todestag ist der 17. Mai 1907 festgestellt.

St. Goar, den 8. November 1930. Amtsgericht.

II. Juristische Personen; nicht rechtsfähige Vereine und Stiftungen.

Nr. 5. Vereinsregister.

1. Antrag an das Registergericht.

Dem Amtsgericht Zossen überreichen wir: a) die von sieben Mitgliedern unterzeichnete Satzung des Männergesangvereins „Harmonie" in Urschrift und Abschrift, b) Abschrift des Protokolls der Mitgliederversammlung, in welcher wir zum Vorstand gewählt wurden, und melden den Verein „Harmonie" zur Eintragung an.

(Datum.) Der Vorstand. (Unterschriften und Beglaubigungsvermerk.)*)

*) Vgl. Nr. 9, 2.

2. Muster für das Vereinsregister.
(Zentralblatt für das Deutsche Reich 1898 S. 438.)

1	2	3	4	5	6
Nummer der Eintragung	Name und Sitz des Vereins	Satzung	Vorstand	Auflösung; Entziehung der Rechtsfähigkeit; Konkurs; Liquidatoren	Bemerkungen
1	Concordia, Berlin	Die Satzung ist am 1. Mai 1900 errichtet. Der Vorstand kann Grundstücke nur auf Grund eines Beschlusses der Mitgliederversammlung veräußern. Zur Beschlußfassung des Vorstandes ist Einstimmigkeit erforderlich. (Bl. oder Nr. d. Akten.) 1. Juli 1900. (Name des Registerführers.)	Kaufmann Johann Neumann und Fabrikant Heinrich Schmidt, beide in Berlin, Kaufmann Fritz Freudenberg in Charlottenburg. (Bl. oder Nr. d. Akten.)		
2		Durch Beschluß der Mitgliederversammlung vom 20. September 1900 sind die Bestimmungen über die Aufnahme neuer Mitglieder geändert. (Bl. oder Nr. d. Akten.) 1. Oktober 1900. (Name des Registerführers.)			
3			Johann Neumann ist ausgeschieden; statt seiner ist der Rentner Karl Kohler in Berlin bestellt. (Bl. oder Nr. d. Akten.) 1. Oktober 1901. (Name des Registerführers.)		
4		Nach Beschluß der Mitgliederversammlung vom 25. November 1900 kann der Vorstand Darlehen von mehr als dreihundert Mark nur auf Grund eines Beschlusses der Mitgliederversammlung aufnehmen. (Bl. oder Nr. d. Akten.) 2. Januar 1902. (Name des Registerführers.)			
5				Der Verein ist durch Beschluß der Mitgliederversammlung vom 13. Februar 1902 aufgelöst. Zu Liquidatoren sind bestellt der Kaufmann Hermann Meyer und der Fabrikant Georg Kohn, beide in Berlin. (Bl. oder Nr. der Akten.) 15 Februar 1902. (Name des Registerführers.)	

Anmerkung. Die hier unterstrichenen Stellen sind im Original rot unterstrichen.

Nr. 6. Satzung eines eingetragenen Vereins.

Satzung der Hauptgemeinschaft des Deutschen Einzelhandels e.V.*)

§ 1. Zweck des Verbandes. Die Hauptgemeinschaft des Deutschen Einzelhandels besteht aus den ihr angeschlossenen Vereinen und Verbänden. Ihr Zweck ist die Wahrung und Förderung aller über die besonderen Angelegenheiten der einzelnen Fachzweige und bezirklichen Gruppen hinausgehenden gemeinschaftlichen Interessen des deutschen Einzelhandels.

Sitz der Hauptgemeinschaft ist Berlin.

Der Verein ist in das Vereinsregister eingetragen. Geschäftsjahr ist das Kalenderjahr.

§ 2. Mitgliedschaft. Mitglieder der Hauptgemeinschaft des Deutschen Einzelhandels können werden:

1. Reichsverbände des Einzelhandels: a) Reichsverbände, sofern und solange die für sie zuständige, der Hauptgemeinschaft angeschlossene Spitzenorganisation keinen Widerspruch erhebt, b) sonstige Verbände, die sich über das gesamte Reich erstrecken,
2. Landes- und Bezirks- (Provinzial-) Verbände des Gesamteinzelhandels, insoweit und solange nicht übergeordnete landschaftliche Verbände für ihren Bezirk bestehen,
3. sonstige zur Vertretung allgemeiner Interessen bestimmte Verbände im Gesamteinzelhandel, insoweit und solange nicht übergeordnete Verbände der Hauptgemeinschaft angeschlossen sind und sie nicht rein örtlichen Charakter tragen,
4. öffentlich-rechtliche Handelsvertretungen.

Soweit die Mitgliedsverbände und Korporationen selber nicht rechtsfähig sind, erwirbt die Gesamtzahl der Einzelmitglieder, vertreten durch den Vorstand, die Mitgliedschaft.

§ 3. Aufnahme. Bei der Meldung zur Aufnahme haben die Verbände Zweck und Bedeutung ihrer Organisation, die Namen des Vorstandes und des Geschäftsführers und die Zahl ihrer Mitglieder anzugeben sowie zwei Exemplare ihrer Satzung einzureichen. Die Geschäftsführung der Hauptgemeinschaft hat die Meldungen sämtlichen Mitgliedsverbänden mitzuteilen. Widersprüche gegen die Aufnahme sind innerhalb einer Frist von vier Wochen nach Empfang der Mitteilung mit Begründung bei der Geschäftsführung anzumelden.

Über die Aufnahme entscheidet die Mitgliederversammlung. Über Aufnahmeanträge darf nur abgestimmt werden, wenn der Antrag unter Angabe des Namens des aufzunehmenden Verbandes mindestens vier Wochen vorher bekanntgegeben worden ist.

Falls einem Aufnahmeantrag widersprochen wird, kann der Entscheidung der Mitgliederversammlung ein Verfahren vor dem Einigungsausschuß der Hauptgemeinschaft und eine Verhandlung im Verwaltungsausschuß vorangehen.

§ 4. Ausschluß und Austritt der Mitglieder. Der Austritt kann nur mit halbjähriger Frist zum Ende des Geschäftsjahres mittels eingeschriebenen Briefes an die Geschäftsführung erfolgen. Bei gröblichem Verstoß gegen die Zwecke der Hauptgemeinschaft oder bei einem trotz Mahnung über mehr als drei Monate fortdauernden Verzuge in der Entrichtung des Mitgliedsbeitrages kann die Mitgliederversammlung ein Mitglied ausschließen. Zu dieser Entscheidung ist eine Mehrheit von zwei Dritteln der anwesenden Mitglieder erforderlich. Die Geschäftsführung hat das auszuschließende Mitglied zu dieser Verhandlung mit einer Frist von drei Wochen vor dem anberaumten Termin zu laden; auf Antrag des Mitgliedes ist über den Ausschluß vor Verhandlungen in der Mitgliederversammlung im Verwaltungsausschuß zu verhandeln; dieser Ausschuß hat über das Ergebnis der Verhandlung ein Gutachten an die Mitgliederversammlung zu erstatten. In besonders dringlichen Fällen kann der Vorstand beschließen, daß bis zur Entscheidung der Mitgliederversammlung die Mitgliedschaft ruht. Ausgetretene oder ausgeschlossene Mitglieder haben weder Anspruch auf Rückzahlung des für das laufende Jahr gezahlten Beitrages noch Anspruch an das Vereinsvermögen.

§ 5. Organe der Hauptgemeinschaft. Organe der Hauptgemeinschaft sind: a) der Vorstand, b) die Mitgliederversammlung, c) der Verwaltungsausschuß.

§ 6. Zusammensetzung des Vorstandes. Der Vorstand besteht aus dem Vorsitzenden, dem Hauptgeschäftsführer, dem Schatzmeister und acht Beisitzern. Die Beisitzer

*) Sitz Berlin. Rund 325 000 Mitglieder.

werden von der Mitgliederversammlung auf die Dauer von drei Jahren gewählt. In jedem Jahr scheidet ein Drittel, das im ersten und zweiten Jahr durch das Los bestimmt wird, aus und ist durch Neuwahl bzw. Wiederwahl zu ergänzen.

Das geschäftsführende Vorstandsmitglied wird vom Vorstand angestellt und ist auf Grund des mit ihm abgeschlossenen Vertrages zur Durchführung der Beschlüsse der satzungsmäßigen Organe unter Berücksichtigung der Vorstandsbeschlüsse verpflichtet.

Der Schatzmeister wird vom Vorstand aus seiner Mitte gewählt. Vorstand im Sinne des § 26 BGB. ist der Vorsitzende, in seiner Behinderung eines der übrigen Vorstandsmitglieder, jeweils in Gemeinschaft mit dem Hauptgeschäftsführer. Der Vorsitzende wird von der Mitgliederversammlung jedesmal auf die Dauer von drei Jahren gewählt. Er soll seinen Wohnsitz in Berlin haben. Der Vorstand wählt aus seiner Mitte den stellvertretenden Vorsitzenden.

Die Mitglieder des Vorstandes müssen folgenden Gruppen nahestehen: 1. den Fachverbänden im Nahrungsmittelhandel, 2. den Fachverbänden im Bekleidungsgewerbe, 3. den Fachverbänden der übrigen Geschäftszweige, 4. den Landes-, Bezirks- (Provinzial-) und etwaigen Ortsverbänden, 5. den übrigen nichtfachlichen Verbänden.

§ 7. Aufgaben des Vorstandes. Der Vorstand führt die laufenden Geschäfte und hat die Beschlüsse des Verwaltungsausschusses und der Mitgliederversammlung vorzubereiten und zur Ausführung zu bringen. In ganz besonders dringenden Fällen kann der Vorsitzende von sich aus die erforderlichen Maßnahmen treffen. Er hat jedoch den Vorstandsmitgliedern, den Mitgliedern des Verwaltungsausschusses und den Mitgliedsverbänden hiervon Kenntnis zu geben und die erforderliche Zustimmung der Mitgliederversammlung einzuholen.

Der Vorsitzende beruft die Sitzungen des Vorstandes. Er ist hierzu unverzüglich verpflichtet, wenn es von mindestens drei Vorstandsmitgliedern beantragt wird. Der Vorstand ist beschlußfähig, wenn mindestens die Hälfte der Mitglieder erschienen ist. Er faßt seine Beschlüsse mit Stimmenmehrheit der Anwesenden. Bei Stimmengleichheit gilt ein Antrag als abgelehnt.

Die auswärtigen Mitglieder des Vorstandes haben Anspruch auf Vergütung ihrer Auslagen.

§ 8. Mitgliederversammlung. Die Mitgliederversammlung entscheidet über grundsätzliche Fragen. Jeder Verband hat in der Mitgliederversammlung bis zu 100 Mitgliedern 1 Stimme, bis zu 500 Mitgliedern 2 Stimmen, bis zu 1000 Mitgliedern 3 Stimmen, für jedes weitere angefangene Zweitausend je 1, jedoch insgesamt nicht über 10 Stimmen.

Zur Abgabe der einem Mitgliede zustehenden Stimme sind nur diejenigen Vertreter berechtigt, die bei der Geschäftsführung der Hauptgemeinschaft schriftlich als Stimmführer angemeldet sind. Die Mitglieder sind berechtigt, auch eine Mehrheit von Stimmen durch einen Stimmführer abgeben zu lassen. Die Geschäftsführer der angeschlossenen Verbände können ohne Stimmrecht teilnehmen.

Das Stimmrecht in der Mitgliederversammlung ruht, solange die festgesetzten Mitgliedsbeiträge nach erfolgter Mahnung nicht bezahlt sind.

§ 9. Die Mitgliederversammlung wird vom Vorstand durch briefliche Einladung berufen, sie muß berufen werden, wenn mindestens 15 Mitglieder einen mit Gründen versehenen schriftlichen Antrag stellen.

Die Einladung zu allen Mitgliederversammlungen muß die Tagesordnung enthalten und mit einer Frist von mindestens 14 Tagen ergehen.

§ 10. Den Vorsitz in der Mitgliederversammlung führt der Vorsitzende, in seiner Behinderung ein anderes Vorstandsmitglied.

Anträge, die zur Beratung in der Mitgliederversammlung gebracht werden sollen, müssen mindestens eine Woche vorher bei der Geschäftsführung eingegangen sein. Anträge, die später eingehen, sind gleichwohl zu behandeln, falls sich dagegen kein Widerspruch erhebt. Die Mitgliederversammlung ist beschlußfähig, wenn mindestens die Hälfte der Mitglieder der Hauptgemeinschaft in ihr vertreten ist. Die Beschlüsse werden mit Stimmenmehrheit gefaßt, soweit nicht in dieser Satzung etwas anderes bestimmt ist. Die Beschlußfassung über einen Gegenstand unterbleibt, wenn vor der Abstimmung 40 v. H. der vertretenen Stimmen gegen die Vornahme einer Abstimmung Widerspruch erheben. Bei Stimmengleichheit gilt ein Antrag als abgelehnt. Ist die Mitgliederversammlung nicht beschlußfähig, so wird eine zweite Mitgliederversammlung einberufen, die ohne Rücksicht auf die Zahl der Erschienenen beschlußfähig ist.

§ 11. Verwaltungsausschuß. Der Verwaltungsausschuß behandelt zur Vorbereitung der Mitgliederversammlung die ihm vom Vorstand oder von der Mitgliederversammlung unterbreiteten Angelegenheiten.

Entscheidungen kann er nur über solche Fragen treffen, die ihm von der Mitgliederversammlung oder in ganz besonders dringenden Fällen vom Vorsitzenden (§ 7 Abs. 1 Satz 2 und 3) hierzu überwiesen worden sind.

Der Verwaltungsausschuß versammelt sich auf Anordnung des Vorsitzenden; er muß zusammenberufen werden, wenn mindestens zehn seiner Mitglieder einen mit Gründen versehenen schriftlichen Antrag stellen. Die Einladung soll mit einwöchiger Frist erfolgen, ihr ist die Tagesordnung beizufügen.

Die Mitglieder des Verwaltungsausschusses werden von der Mitgliederversammlung auf Grund von Wahllisten auf die Dauer von drei Jahren gewählt. Zur Aufstellung je einer Wahlliste sind berechtigt: 1. die Verbände des Handels mit Nahrungsmitteln für 4 Vertreter, 2. die Verbände des Handels mit Bekleidungsgegenständen für 5 Vertreter, 3. alle übrigen Reichsfachverbände für 5 Vertreter, 4. andere Reichsverbände für 3 Vertreter, 5. die Landes- und Bezirks- (Provinzial-) Verbände für 14 Vertreter, 6. die amtlichen Berufsvertretungen für 1 Vertreter.

Für jedes Mitglied des Verwaltungsausschusses ist ein ständiger Stellvertreter zu wählen. Für den Fall, daß weder der ordentliche Vertreter noch sein Stellvertreter in der Lage ist, an einer Sitzung des Verwaltungsausschusses teilzunehmen, haben über die Art der Bestellung eines Ersatzmannes die Verbände, die jeweils zu einer Wahlliste zusammengeschlossen sind, eine Vereinbarung zu treffen. Die Mitglieder des Vorstandes sind berechtigt, an den Sitzungen mit Stimmrecht teilzunehmen. Der Verwaltungsausschuß ist berechtigt, für bestimmte Fragen Sachverständige zu hören.

§ 12. Soweit dem Verwaltungsausschuß Entscheidungen übertragen sind, ist er beschlußfähig, wenn mindestens zwölf seiner Mitglieder anwesend sind. Er faßt seine Beschlüsse mit Stimmenmehrheit der Anwesenden; bei Stimmengleichheit gilt ein Antrag als abgelehnt.

§ 13. Arbeitsausschüsse. Zur Bearbeitung besonderer Fragen kann der Vorstand nach Bedarf Arbeitsausschüsse bilden, deren Bildung und Zusammensetzung dem Verwaltungsausschuß bei der nächsten darauffolgenden Sitzung bekanntzugeben ist. Die Ausschüsse haben die Sitzungen des Verwaltungsausschusses und die Mitgliederversammlungen vorzubereiten, insoweit ihnen nicht die Mitgliederversammlung oder der Vorsitzende in Fällen des § 7 Abs. 1 der Satzung eine Frage zur Entscheidung überweist. In solchen Fällen fassen die Arbeitsausschüsse ihre Beschlüsse mit Stimmenmehrheit der Anwesenden. Bei Stimmengleichheit gilt ein Antrag als abgelehnt. Im übrigen geben sich die Arbeitsausschüsse ihre Geschäftsordnung selber.

§ 14. Finanzkommission. Der Verwaltungsausschuß wählt eine Finanzkommission, Vorsitzender dieser Kommission ist der Schatzmeister. Der Finanzkommission steht die selbständige Erkundigung aller von der Mitgliederversammlung beschlossenen finanziellen Fragen der Hauptgemeinschaft zu.

§ 15. Beiträge. Der Jahresbeitrag besteht für die Mitgliedsverbände aus einem Grundbeitrag und einem Zuschlage für jede Stimme in der Mitgliederversammlung. Die Höhe des Grundbeitrages und Zuschlages wird von der Mitgliederversammlung jährlich festgesetzt.

§ 16. Öffentlich-rechtliche Handelsvertretungen (§ 2 Ziff. 4) zahlen Beiträge laut besonderer Vereinbarung.

§ 17. Rechnungsführung. Der Schatzmeister hat alljährlich nach Schluß des Rechnungsjahres einen mit Belegen versehenen Rechnungsbericht zu erstatten und diesen der Mitgliederversammlung vorzutragen.

Die Rechnungsführung liegt der Finanzkommission, die Prüfung der Kassenführung zwei vom Vorstand zu bestimmenden, der Finanzkommission nicht angehörenden Kassenprüfern ob.

§ 18. Beurkundung der Beschlüsse. Sämtliche Beschlüsse des Vorstandes, der Ausschüsse und der Mitgliederversammlung sind durch eine Niederschrift zu beurkunden, die von dem jeweilig vom Vorsitzenden ernannten Schriftführer zu unterzeichnen ist.

§ 19. Schlichtung von Streitigkeiten. Bei Streitigkeiten zwischen einzelnen Verbänden des Einzelhandels oder zwischen einzelnen Firmen eines Verbandes oder zwischen einzelnen Firmen und einem Verband des Einzelhandels kann der Einigungsausschuß bei der Hauptgemeinschaft des Deutschen Einzelhandels in Berlin angerufen werden, wenn unmittelbare Verhandlungen zwischen den Parteien gescheitert sind.

Das Verfahren vor dem Einigungsausschuß regelt sich nach den Verfahrensvorschriften vom 10. Juli 1924.

§ 20. Satzungsänderungen. Über Satzungsänderungen entscheidet die Mitgliederversammlung mit einfacher Mehrheit der abgegebenen Stimmen.

§ 21. Auflösung. Ein Antrag auf Auflösung der Hauptgemeinschaft bedarf der Unterstützung von mindestens einem Viertel der angeschlossenen Verbände, sofern sie über 40 Stimmen auf sich vereinigen. Die Auflösung kann nur mit Zustimmung einer Dreiviertelmehrheit der Anwesenden in einer dazu besonders berufenen Mitgliederversammlung beschlossen werden.

Die letzte Mitgliederversammlung bestimmt über die Verwendung etwa vorhandenen Verbandsvermögens.

Nr. 7. Satzung eines nicht rechtsfähigen Vereins.

Statut des Deutschen Metallarbeiter-Verbandes.*)

(Gültig vom 1. Oktober 1930 an.)

Name, Sitz, Umfang und Zweck.

§ 1. Die Vereinigung führt den Namen „Deutscher Metallarbeiter-Verband". Sie erstreckt sich über das Gebiet der Deutschen Republik und hat ihren Sitz in Berlin.

Der Deutsche Metallarbeiter-Verband sieht seine vornehmste Aufgabe in der Wahrung und Förderung der Ehre sowie der materiellen und geistigen Interessen seiner Mitglieder, in der Hebung ihrer Allgemeinbildung, Veranstaltung belehrender und wissenschaftlicher Vorträge, namentlich über das Gebiet der Wirtschafts- und Handelskunde, der Sozialpolitik und des Arbeiterrechtes.

Der Deutsche Metallarbeiter-Verband steht auf dem Boden des Klassenkampfes. Er erstrebt die Überleitung der privatkapitalistischen Produktionsweise in die sozialistische. Er fordert die Demokratisierung der Wirtschaft durch:

a) weitgehendstes Mitbestimmungsrecht der Arbeiter und Angestellten in der Wirtschaft, beginnend beim Einzelbetrieb bis zu den höchsten Stellen der zentralen Wirtschaftsorganisation,
b) Mitbestimmungsrecht der Betriebsräte bei Einstellungen und Entlassungen,
c) Regelung der Arbeitsbedingungen für alle Beschäftigten einschließlich der Lehrlinge, insbesondere der Arbeitszeit, der Ferien, der Entlohnungsformen und der Höhe der Entlohnung durch kollektive Arbeitsverträge.

Zur Durchführung dieser Aufgaben erstrebt der Verband die Zusammenfassung aller in der Metallindustrie Beschäftigten zu einer machtvollen einheitlichen Organisation.

§ 2. Der Verband gewährt seinen Mitgliedern, soweit die jeweiligen Kassenverhältnisse dies gestatten:

a) Unterstützung bei Streiks und Maßregelung,
b) Reisegeld und Umzugsunterstützung,
c) Unterstützung bei vorübergehender Erwerbslosigkeit,
d) Invalidenunterstützung,
e) Sterbegeld,
f) Unterstützung in außerordentlichen Notfällen sowie in solchen Fällen, in denen eine Unterstützung zur Erreichung des Verbandszweckes notwendig ist,

*) Ende 1929 rund 965 000 Mitglieder; Jahreseinnahmen über 50 Millionen Reichsmark. — Dem Allgemeinen Deutschen Gewerkschaftsbund angeschlossen.

g) freien Rechtsschutz in gewerblichen, aus dem Arbeitsverhältnis herrührenden Streitigkeiten und in solchen, die infolge der Tätigkeit der Mitglieder für den Verband entstehen, sowie in Streitigkeiten aus Ansprüchen der Mitglieder an die gesetzlichen Versicherungseinrichtungen.

Beitritt, Eintritt ganzer Vereine, Übertritte ihrer Mitglieder.

§ 3. Dem Verband können alle Metallarbeiter und alle in der Metallindustrie Beschäftigten beiderlei Geschlechts ohne Unterschied der Nationalität, der Konfession, des Alters oder Berufs beitreten, sofern sie sich den Bestimmungen des Statuts unterwerfen.

Der Vorstand kann auch Nicht-Metallarbeitern sowie solchen Personen, die nicht mehr als Arbeiter in der Metallindustrie tätig sind, den Beitritt gestatten.

Vom Beitritt und Übertritt ausgeschlossen sind solche Personen, die infolge ihres Verhaltens eine Beschäftigung in einem gewerblichen Arbeitsverhältnis nicht ausüben oder die infolge ihres körperlichen oder geistigen Zustandes ein gewerbliches Arbeitsverhältnis nicht mehr ausüben können.

Der Beitritt erfolgt durch mündliche oder schriftliche Erklärung des Beitretenden gegen Entrichtung eines Beitrittsgeldes und eines Wochenbeitrages. Das Beitrittsgeld beträgt für männliche über 18 Jahre alte Personen 1 RM, für weibliche über 18 Jahre alte Personen 0,50 RM, für Jugendliche beiderlei Geschlechts bis zum 18. Lebensjahr sowie für Lehrlinge 0,30 RM. Mit der Beitrittserklärung und der Bezahlung des Beitrittsgeldes und eines Wochenbeitrages erkennt das betreffende Mitglied das Statut des Verbandes als für sich verbindlich an und unterwirft sich ihm in allen Punkten auch dann, wenn es die im Mitgliedsbuch enthaltene Erklärung nicht unterzeichnet hat.

Die Beitrittserklärung hat bei der Ortsverwaltung zu erfolgen, in deren Wirkungsbereich der Beitretende seinen Wohnsitz hat oder in Arbeit steht. Beitrittserklärungen außerhalb des Bereichs eines örtlichen Verwaltungsbezirks sind bei der nächstliegenden Verwaltungsstelle oder beim Vorstand einzureichen.

Jedes in den Verband aufgenommene Mitglied erhält ein Mitgliedsbuch. Dasselbe bleibt Eigentum des Verbandes. Das Mitgliedsbuch ist auf Verlangen dem zuständigen Verbandsvertreter auszuhändigen. Das Eigentumsrecht des Verbandes wird in keiner Weise dadurch berührt, daß das Mitglied eine im Mitgliedsbuch enthaltene Erklärung unterzeichnen muß.

Verlorene oder unbrauchbar gewordene Mitgliedsbücher werden auf Kosten des Mitglieds, auf dessen Namen das Buch ausgestellt ist, ersetzt.

Der Beitritt kann nach Gutachten der örtlichen Verbandsvertreter vom Vorstand verweigert oder der erfolgte Beitritt für ungültig erklärt werden, wenn dies im Interesse des Verbandes notwendig erscheint.

Vom Vorstand ausgeschlossene oder für nichtwiederaufnahmefähig erklärte Personen können nur mit Genehmigung des Vorstandes und nur unter Entrichtung des in Absatz 4 vorgesehenen Beitrittsgeldes wieder beitreten.

Die Mitglieder einer anderen Metallarbeitervereinigung können gemeinschaftlich mit Aktiven und Passiven dem Verband beitreten; in diesem Falle werden die Aufnahmebedingungen zwischen den Vorständen vereinbart. Für den Übertritt einzelner Mitglieder aus anderen Gewerkschaften kommen die Bestimmungen des § 7 C Absatz 1 bis 3 in Betracht. Die bisher entrichteten Beiträge werden in einer der Beitragsstufen des Metallarbeiter-Verbandes angerechnet.

Pflichten der Mitglieder.

§ 4. Jedes Mitglied ist verpflichtet, für die Ausbreitung des Verbandes und die Erreichung des Zweckes desselben zu wirken. Auch hat es den durch das Statut sowie durch Verbandstagsbeschlüsse gerechtfertigten Anordnungen des Vorstandes, der Bezirksleiter und Ortsverwaltungen sowie den Beschlüssen des erweiterten Beirats Folge zu leisten.

Mitglieder, die in einem anderen Verwaltungsbereich in Arbeit stehen, ohne dort angemeldet zu sein, sind verpflichtet, sich auf Verlangen auch gegenüber den Verbandsfunktionären dieses Verwaltungsbereichs über ihre Mitgliedschaft auszuweisen und die für den betreffenden Bezirk von der Verwaltungsstelle geschaffenen Kontrollvorschriften zu befolgen; auch dürfen sie sich ohne zwingende Gründe der Organisationsarbeit für die für ihren Arbeitsort zuständige Verwaltung nicht entziehen.

Jedes Mitglied ist zur pünktlichen Zahlung der Beiträge verpflichtet. Der Wochenbeitrag ist mit Beginn der Woche fällig und im voraus zu bezahlen. Mitglieder, die Unterstützungen aus Verbandsmitteln beziehen, müssen mit ihren Beiträgen auf dem laufenden sein. Es dürfen während des Unterstützungsbezugs keine Beiträge gestundet noch E-Marken verwendet werden.

Jedes Mitglied ist verpflichtet, sich vor Annahme ihm angebotener Arbeit bei der Verwaltungsstelle, in deren Wirkungsbereich die Arbeit aufgenommen werden soll, darüber zu vergewissern, ob der Arbeitsannahme Gründe entgegenstehen.

Jedes Mitglied ist bei einem etwaigen Aufenthaltswechsel verpflichtet, sich unter Vorlage seines Mitgliedsbuches innerhalb vierzehn Tagen bei der bisherigen Ortsverwaltung ab- und in gleicher Weise am neuen Aufenthaltsort anzumelden. Keine Ortsverwaltung darf die Anmeldung von Mitgliedern annehmen, die dieser Bestimmung nicht vollauf genügt haben.

Bei Arbeitsannahme außerhalb des Sitzes einer Verwaltungsstelle haben sich die Mitglieder innerhalb vierzehn Tagen unter Einsendung des Mitgliedsbuches bei dem Vorstand oder der nächstliegenden Verwaltungsstelle zu melden und künftig bei dieser Stelle ihre Beiträge zu entrichten.

Jedes Mitglied ist verpflichtet, bei Inanspruchnahme des Verbandes oder auf Verlangen der Verbandsvertreter sich durch sein Mitgliedsbuch, in Zweifelsfällen durch sonstige Belege auszuweisen.

Ruhen der Beitragspflicht.

§ 5. Bei Krankheit, Arbeitslosigkeit oder sonstigen Notfällen kann auf einen vor Ablauf der sechsten Restwoche bei der Ortsverwaltung eingereichten Antrag des betreffenden Mitgliedes von der Ortsverwaltung Stundung gewährt werden, sofern das betreffende Mitglied in dem vorliegenden Falle keine Unterstützung bezieht. Das gleiche gilt für Mitglieder, die nachweislich an der rechtzeitigen Meldung verhindert waren. Stundung der Beiträge über mehr als 13 Wochen ist unzulässig. Wird nicht mit dem Ablauf der 13. Woche mit der Nachzahlung der gestundeten Beiträge begonnen, so erlischt die Mitgliedschaft mit diesem Zeitpunkt. Für gestundete Beiträge können auf besonderen Antrag E-Marken (10-Pfennig-Marken) oder Beitragsmarken der 3b-Beitragsklasse (0,30 und 0,10 RM) geklebt werden.

Noch nicht bezugsberechtigte oder ausgesteuerte Mitglieder, die sich auf der Wanderschaft befinden, können sich in ihr Mitgliedsbuch in den von ihnen durchreisten Verwaltungsstellen E-Marken kleben lassen.

Als ausgeschieden gelten Mitglieder während militärischer Dienstleistungen, Mitglieder, die inhaftiert sind oder eine Schule besuchen und während dieser Zeit in keinem Arbeitsverhältnis stehen.

Die nach vorstehendem ausgeschiedenen Mitglieder können nur dann in ihr früheres Verhältnis treten, wenn sie sich ordnungsmäßig abmelden, ihre Beiträge bis zum Tage der Abmeldung bezahlen und sich innerhalb vier Wochen nach ihrer Entlassung, der Absolvierung des Studiums beim Vorstand oder einer örtlichen Verwaltung unter Vorlegung eines Ausweises über den Grund der Mitgliedschaftsunterbrechung melden.

Ins Ausland wandernde Mitglieder müssen unter Einsendung ihres Mitgliedsbuches beim Vorstand Stundung beantragen. Im Ausland beschäftigte Mitglieder, die keine Möglichkeit zum Beitritt in eine ähnliche Organisation wie der Deutsche Metallarbeiter-Verband haben, müssen sich gemäß § 34 des Statuts als Einzelmitglied anmelden.

(Es folgen: § 6 [Beiträge], §§ 7 bis 16 [Unterstützungseinrichtungen], § 17 [Rechtsschutz].)

Rechtsansprüche gegen den Verband.

§ 18. Alle auf Grund dieses Statuts vorgesehenen Unterstützungen sind freiwillig gewährte Leistungen. Den Mitgliedern steht weder ein gesetzliches Recht noch ein Klagerecht auf irgendeine Unterstützung zu.

Von Mitgliedern, gewesenen Mitgliedern oder deren gesetzlichen Vertretern aus dem Verbandsstatut oder den Beschlüssen der Verbandsinstanzen gefolgerte Rechtsansprüche an den Verband können auf dem ordentlichen Rechtsweg nicht geltend gemacht werden, sondern unterliegen der Entscheidung der für Beschwerden eingesetzten Verbandsinstanzen (siehe § 24).

Persönliche Streitigkeiten.

§ 19. Persönliche Streitigkeiten der Mitglieder untereinander, ganz gleichgültig, ob es sich um Mitglieder handelt, die ein besoldetes oder Ehrenamt im Verband bekleiden oder nicht, und Beschwerden über Mitglieder dürfen keinesfalls in vom Verband einberufenen Versammlungen oder anderen Veranstaltungen zum Austrag gebracht werden. In allen persönlichen Streitfragen der Mitglieder untereinander ist nach den Bestimmungen des § 20 dieses Statuts zu verfahren.

Zuwiderhandlungen können, wenn sie trotz wiederholter Verwarnung erfolgen, Ausschließung von den Versammlungen auf bestimmte Zeit oder Ausschließung aus dem Verband nach sich ziehen.

(Es folgt: § 20 [Schiedsgericht].)

Beendigung der Mitgliedschaft.

§ 21. Die Mitgliedschaft erlischt:

a) wenn ein Mitglied sechs Wochenbeiträge schuldet und nicht vor Ablauf der sechsten Restwoche unter Vorlegung seines Mitgliedsbuchs und Angabe der Gründe Stundung beantragt und erhalten hat oder wenn das Mitglied nach erhaltener Stundung über 13 Wochen hinaus mit den Beiträgen im Rückstand bleibt,

b) durch schriftliche oder mündliche Austrittserklärung bei dem Vorstand oder der Ortsverwaltung,

c) bei beharrlicher Verweigerung der Leistung der vom Vorstand genehmigten Extrabeiträge,

d) durch Ausschließung,

e) durch Ungültigkeitserklärung der Mitgliedschaft.

Mit Beendigung der Mitgliedschaft erlöschen sofort alle Anrechte an den Verband und an das Verbandsvermögen. Eine Rückzahlung der geleisteten Beiträge oder eines Teiles derselben findet nicht statt.

Ausschließung.

§ 22. Die Ausschließung eines Mitglieds erfolgt nur durch Beschluß des Vorstandes auf Grund des in § 23 festgesetzten Verfahrens. Sie kann erfolgen, wenn sich das Mitglied

a) Handlungen gegen das Interesse des Verbandes zuschulden kommen läßt,

b) beharrlich weigert, den Anordnungen des Vorstandes oder der örtlichen Verwaltung, soweit diese durch das Statut begründet sind, Folge zu leisten,

c) der in § 23 Absatz 3 vorgesehenen Untersuchungskommission nicht stellt oder auf die in § 23 Absatz 3 vorgeschriebene Aufforderung hin sich nicht rechtfertigt oder keine Beisitzer zu der Untersuchungskommission oder dem Schiedsgericht ernannt hat, trotzdem es dazu in der Lage war.

An Stelle der Ausschließung kann auch ein früheres Mitglied für nicht wiederaufnahmefähig erklärt werden, wenn es sich während der Mitgliedschaft Handlungen zuschulden kommen ließ, die die Ausschließung rechtfertigen.

Einer Ausschließung aus dem Verband gleichzuachten ist die Ungültigkeitserklärung der Mitgliedschaft von solchen Personen, die vor ihrem Eintritt aus dem Verband ausgeschlossen, aber ohne Wissen und Willen des Vorstandes irrtümlich wieder aufgenommen wurden.

(Die §§ 23 bis 30 regeln das Verfahren beim Ausschluß von Mitgliedern, Beschwerden, die Verwaltung des Verbandes sowie die Frage des Verbandsorgans.)

Bezirkseinteilung.

§ 31. Zur wirksamen Unterstützung des Vorstandes, zur Durchführung der Beschlüsse der Verbandstage und der Verbandsbestrebungen sowie zur Agitation sind im Wirkungsbereich des Deutschen Metallarbeiter-Verbandes Bezirke gebildet. Die Einteilung, Abgrenzung und Änderung dieser Bezirke erfolgt nach Anhörung der Bezirkskonferenzen durch den Vorstand und den erweiterten Beirat.

Die Führung der Geschäfte in den Bezirken erfolgt durch aus Verbandsmitteln besoldete Bezirksleiter und je eine ihnen beigegebene viergliedrige Kommission, die auf der Bezirkskonferenz gewählt wird. Die Amtszeit der Kommissionsmitglieder dauert bis zu der ordentlichen Bezirkskonferenz, die nach dem jeweiligen ordentlichen Verbandstag stattfindet. Die Bezirksleitung hält allmonatlich, im Bedarfsfall öfter, eine Sitzung ab; sie nimmt den Bericht der Bezirksleiter über ihre Tätigkeit entgegen und beschließt über Anträge auf Gewährung von Notstands- und Maßregelungsunterstützung sowie Rechtsschutz. Die engere Bezirkskommission hat die Prüfung der Bezirkskasse vorzunehmen. Bei Streiks, Aussperrungen und Lohnbewegungen im Bezirk ist die Kommission über die Verhältnisse soweit als möglich auf dem laufenden zu halten.

Die Bezirkskonferenz wählt eine weitere aus sieben Mitgliedern bestehende Kommission. Deren Amtszeit dauert bis zu der ordentlichen Bezirkskonferenz, die nach dem jeweiligen ordentlichen Verbandstag stattfindet. Diese siebengliedrige Kommission bildet mit den Bezirksleitern und der viergliedrigen Bezirkskommission die erweiterte Bezirkskommission. Sie hat die Geschäftsführung der Bezirksleitung zu überwachen und bei wichtigen Fragen mitzuentscheiden. Zu diesem Zweck finden nach Bedarf Sitzungen statt. Die Bezirkskonferenz wählt für die Siebenerkommission sieben Ersatzleute, die beim Ausscheiden von Kommissionsmitgliedern (Verziehen in einen andern Bezirk) in der Reihenfolge ihrer Wahl in die Kommission eintreten.

Ist die Anstellung eines Bezirksleiters oder etwaiger Hilfskräfte notwendig, so hat der Vorstand nach Prüfung und Feststellung der Bedürfnisfrage die Stelle zur allgemeinen Bewerbung auszuschreiben. Die eingelaufenen Bewerbungen werden von der erweiterten Bezirkskommission geprüft und geeignete Vorschläge dem Vorstand zur Auswahl unterbreitet. Die ausgewählten Bewerber haben eine Probearbeit zu liefern und eventuell drei Monate vor ihrer endgültigen Anstellung auf einem Verbandsbüro tätig zu sein. Die Anstellung erfolgt nach den einschlägigen Bestimmungen des Handelsgesetzbuches durch den Vorstand im Einverständnis mit der erweiterten Bezirkskommission.

Die Obliegenheiten der Bezirksleiter sind folgende:

a) Leitung der Agitation in ihrem Bezirk,
b) Zusammenfassung und Schulung der Betriebsräte,
c) Eingreifen bei Lohnbewegungen und Arbeitsdifferenzen nach den Bestimmungen des Statuts und den Anweisungen des Vorstandes,
d) Vornahme von Revisionen in den zu ihrem Bezirk gehörigen Verwaltungs- und Geschäftsstellen,
e) Schlichtung und Untersuchung von Differenzen der Mitglieder untereinander,
f) Ausführung sonstiger ihnen vom Vorstand im Verbandsinteresse erteilten Aufträge und durch das Statut ihnen zufallenden Obliegenheiten.

Beschwerden über die Tätigkeit der Bezirksleiter sind zunächst an eine von der engeren Bezirkskommission bestimmte Adresse zu richten. Diese Kommission hat die Beschwerden zu untersuchen und dann dem Vorstand zur Entscheidung zu überweisen.

Die Bezirksleiter, die beiden Bevollmächtigten der Verwaltungsstelle Berlin, die gegen Besoldung angestellten Mitglieder des Vorstandes, die Redakteure des Verbandsorgans sowie der Vorsitzende des Ausschusses (im Verhinderungsfall dessen Stellvertreter) bilden den engeren Beirat des Vorstandes. Dieser ist vom Vorstand nach Bedarf zusammenzuberufen. Außer den besoldeten Mitgliedern kann der Vorstand auch unbesoldete mit beratender Stimme zu den Sitzungen des engeren Beirats hinzuziehen.

Die Bezirksleiter, die beiden Bevollmächtigten der Verwaltungsstelle Berlin, der Vorstand, die beiden Redakteure des Verbandsorgans, der jeweilige Vorsitzende des Ausschusses (im Verhinderungsfalle der zweite) sowie je ein Vertreter aus den Bezirken bis zu 25 000 Mitgliedern, je zwei Vertreter aus den Bezirken bis zu 50 000 Mitgliedern, je drei Vertreter aus den Bezirken mit 50 000 bis 75 000 Mitgliedern und je vier Vertreter aus den Bezirken mit mehr als 75 000 Mitgliedern bilden den erweiterten Beirat des Vorstandes. Die Vertreter der Bezirke werden in Bezirkskonferenzen gewählt. Diese sind im ersten Vierteljahr nach dem Stattfinden des Verbandstages abzuhalten. Für die Verwaltungsstelle Berlin gilt als Bezirkskonferenz in diesem Sinne die mittlere Ortsverwaltung.

Jeder Bezirk hat so viel Ersatzmänner zu wählen, als Vertreter in dem erweiterten Beirat auf ihn entfallen. Verzieht ein Mitglied in einen anderen Bezirk, so erlischt sein Mandat für den Beirat. Die Ersatzmänner treten in der Reihenfolge der auf sie entfallenden Stimmen an Stelle ausgetretener Mitglieder in den Beirat ein. Im Verhinderungsfall eines ordentlichen Mitgliedes des Beirats nimmt der Ersatzmann an der betreffenden Sitzung teil.

Der erweiterte Beirat des Vorstandes ist bei allen wichtigen, das Gesamtinteresse des Verbandes berührenden Fragen zusammenzuberufen. Er muß einberufen werden, wenn mindestens die Hälfte seiner auf den Bezirkskonferenzen gewählten Mitglieder oder der Ausschuß unter Anführung der hierfür maßgebenden Gründe die Einberufung vom Vorstand verlangen.

Zu den Beratungsgegenständen des erweiterten Beirats gehören:

a) Aufstellung eines Aktionsprogramms für den Verband sowie für einzelne Gewerbe- und Industriezweige,
b) Taktik bei Lohnbewegungen und der Agitation,
c) Begutachtung von Tarifvertragsentwürfen,
d) Mitwirkung bei Feststellung der Wahlordnung für die Wahlen zu Verbandstagen und sonstige Verbandsvertretungen sowie Festsetzung der Wahltage,
e) Beschlußfassung über etwa abzuhaltende Bezirks- oder Berufskonferenzen,
f) Einteilung, Abgrenzung und Änderungen der Bezirke,
g) Beratung des Vorstandes in allen von letzterem gewünschten Verbandsangelegenheiten und Erledigung sonstiger durch das Statut ihm übertragener Obliegenheiten.

(Den Rest der Satzung bilden Vorschriften über die örtliche Verwaltung, die Bezirkskonferenzen und den Verbandstag sowie über Arbeitseinstellungen und die Auflösung des Verbandes.)

Nr. 8. Unselbständige Stiftung.*)

In Erinnerung an meine Göttinger Studentenzeit übergebe ich, der unterzeichnete Rechtsanwalt Dr. Paul Orator in Berlin, der Universität Göttingen ein Kapital von 10 000 (zehntausend) Reichsmark. Dieses soll als Orator-Stiftung in inländischen Wertpapieren (je zur Hälfte in mündelsicheren Anleihen und in Industrieaktien) angelegt und getrennt vom sonstigen Universitätsvermögen verwaltet werden.

Von den Zinsen des Kapitals sollen zum Zwecke der Förderung der Prozeßrechtswissenschaft für das Juristische Seminar der Universität Göttingen Schriften über ausländisches Zivilprozeßrecht angeschafft werden.

Sollte in einem Jahr nicht der gesamte Betrag verbraucht werden, so darf der Rest auch für die Beschaffung anderen Auslandsrechtsschrifttums verwendet werden.

Göttingen, den 5. Januar 1931. (Unterschrift.)

*) Bedenken wegen Formvorschriften.

III. Rechtsgeschäfte.*)

Nr. 9. Beurkundung und Beglaubigung von Willenserklärungen.

1. Beurkundung durch Richter oder Notar.

a) Durch Richter:	b) Durch Notar:
Das Amtsgericht. Zossen, den .... 193..	Berlin, den .... 193..
Gegenwärtig: Amtsgerichtsrat Richter.	Vor dem unterzeichneten Notar im Bezirk des Kammergerichts, Rechtsanwalt Paul Rathner in Berlin, Leipziger Straße 13,
Es erschienen:	erschienen heute:

1. der Direktor der Berliner Kaufmannsbank A.-G., Fritz Andrees, dem Richter — Notar — persönlich bekannt,
2. der Regierungsrat a. D. Herbert Bart, ausgewiesen durch einen auf seinen Namen lautenden Reisepaß, der vom Polizeipräsidenten in Duisburg-Hamborn unter dem 3. Januar 1929 ausgestellt war (Nr. 2541).

*) Zu Geschäftsfähigkeit vgl. die Klausel: „Der Kunde nimmt auch den Schaden auf sich, den die Bank durch unverschuldete Unkenntnis der auf Mängeln in der Geschäftsfähigkeit beruhenden Unwirksamkeit von Willenserklärungen des Kunden oder der in seiner Vertretung oder auf seine Veranlassung handelnden Personen erleiden sollte." (Aus den Geschäftsbedingungen der Dresdner Bank.)

Sie erklärten: ....

Das Protokoll wurde in Gegenwart des Richters — Notars — vorgelesen. Es wurde von den Beteiligten genehmigt und von ihnen eigenhändig, wie folgt, unterschrieben:

Fritz Andrees. Herbert Bart.

Richter, Amtsgerichtsrat. | Rathner, Notar.

2. Unterschriftsbeglaubigung.

Die vorstehende Unterschrift des Schmiedemeisters Wilhelm Stark aus Zeuthen, Dorfstraße 3, beglaubige ich hiermit.

Berlin, den 5. Februar 1931. Paul Rathner, Notar.

Beispiel einer Beurkundung durch städtische Beamte siehe unter Nr. 56.

Nr. 10. Abreden über die Form von Willenserklärungen.

1. Aus den Bedingungen einer D-Bank und denjenigen einer süddeutschen Bank.

a)

„Alle Aufträge müssen ordnungsmäßig unterzeichnet sein.

Erfolgen die Verfügungen des Geschäftsfreundes nicht in Schriftform, so übernimmt die Bankanstalt für ordnungsmäßige und rechtzeitige Ausführung keine Gewähr. Die Bankanstalt lehnt die Verantwortung für Verzögerungen ab, die durch unrichtige, unleserliche sowie unvollständige Angaben seitens des Auftraggebers oder verspätete Beförderung durch die Postbehörden entstehen."

b)

„Die Entgegennahme und Weitergabe telephonischer und telegraphischer Aufträge geht ausschließlich auf Rechnung und Gefahr der Auftraggeber.

Ein Schaden, der bei dem im Auftrage oder Interesse des Kunden erfolgenden telegraphischen, telephonischen oder drahtlosen Verkehr zwischen der Bank und dem Kunden sowie mit Dritten oder nach auswärts durch Übermittlungsfehler, Irrtümer und Mißverständnisse entsteht, trifft ausschließlich den Kunden. Hierzu gehört auch die Gefahr für Irrtümer und Versehen, die auf mehrfache Ausfertigung von Telegrammen oder die unrichtige Auslegung verstümmelter Telegramme zurückzuführen sind."

2. Aus den Allgemeinen Pachtbedingungen (unten Nr. 62).

„Die gesetzlich oder vertragsmäßig erforderlichen Einwilligungen oder Genehmigungen der Regierung und sämtliche Nebenabreden haben nur, wenn sie schriftlich erfolgen, verbindliche Kraft."

3. Häufige Klausel allgemeiner Lieferungsbedingungen.

„Mündliche Vereinbarungen haben keine Gültigkeit."

„Nebenabreden sind nur zu berücksichtigen, wenn sie schriftlich bestätigt sind."

Nr. 11. Abreden über das Wirksamwerden von Willenserklärungen.

1.

„Alle Bekanntmachungen der Betriebsleitung erfolgen rechtswirksam an den hierfür vorgesehenen zugänglichen Stellen. Es kann sich niemand darauf berufen, einen Anschlag nicht gelesen zu haben. Den Anordnungen der Betriebsleitung ist jederzeit Folge zu leisten."*)

*) Häufige Bestimmung; hier entnommen dem Tarifvertrag zwischen der „Arbeitsgemeinschaft Berliner Kraftdroschkenverbände" und dem „Gesamtverband der Arbeitnehmer der öffentlichen Betriebe und des Personen- und Warenverkehrs".

2.

„Mitteilungen der Dresdner Bank gelten, auch wenn sie als unbestellbar zurückkommen, als dem Kunden zugegangen, sofern sie an seine letzte der kontoführenden Stelle bekanntgewordene Adresse abgesandt sind. Bekanntmachungen der Bank in Berliner Tageszeitungen gelten als dem Kunden zugegangene Mitteilungen.

Die Bank behält sich das Recht vor, die Geschäftsbedingungen jederzeit abzuändern. Solche Änderungen gelten als genehmigt, wenn der Kunde die Geschäftsverbindung mit der Bank fortsetzt oder wenn er gegen die ihm zugegangene Mitteilung binnen einer Ausschlußfrist von zwei Wochen keinen Widerspruch erhebt." *)

*) Aus den Geschäftsbedingungen der Dresdner Bank.

3.

Um die Kündigung der Regierung in den zulässigen Fällen für gehörig geschehen zu erachten, genügt es bei Abwesenheit des Pächters, daß die betreffende Verfügung an die Tür des auf dem Hauptpachtgrundstücke befindlichen Wohnhauses geheftet wird.*)

*) Aus den Allgemeinen Pachtbedingungen (unten Nr. 62).

4.

„Erklärungen, die gegenüber einer Vertragsgruppe abzugeben sind, sind auch dann ordnungsmäßig, wenn sie nur einem Mitglied der Vertragsgruppe gegenüber abgegeben sind." *)

*) § 15 des Tarifvertrags für die Elektrowerke A.-G. Berlin.

Nr. 12. Zur Frage der Unwirksamkeit von Willenserklärungen.

1.

„Die Bewilligung und spätere Eintragung erfolgen nur unter der Voraussetzung, daß die in den Prüfungsunterlagen enthaltenen Angaben den Tatsachen entsprechen. Eintretende Änderungen für die Beurteilung der Person oder der Sache, die im Verkehr als wesentlich angesehen werden, berechtigen zum Widerruf unserer Erklärung." *)

*) Aus den Allgemeinen Bedingungen eines preußischen öffentlich-rechtlichen Hypothekeninstituts.

2. Aus einer einstweiligen Verfügung.

„. . . 1. Der Antragsgegner hat sich jeder Verfügung über den Opel-Lastkraftwagen Marke „Blitz" I A Nr. 27531 zu enthalten.

2. Es wird ihm bis zur Entscheidung des zwischen den Parteien schwebenden ordentlichen Prozesses — 21 O 713/31 des erkennenden Gerichts — verboten, diesen Wagen aus der Garage des Karl Schulz in Berlin, Luisenstraße 13, zu entfernen. . . ."

3.

„Der Vertrag bleibt auch bei rechtlicher Unwirksamkeit einzelner Punkte seiner Bedingungen verbindlich." *)

*) Typische Klausel zahlreicher Lieferungsbedingungen, z. B. der Allgemeinen Lieferbedingungen des Vereins Deutscher Maschinenbauanstalten; in ähnlicher Fassung auch z. B. in den Vertragsvordrucken fast aller Abzahlungshäuser und Finanzierungsinstitute üblich.

Nr. 13. Vertragsschluß.

1. Zusätze in einem Vertragsantrag.

a) „Morgige Drahtzusage." — „Depesche bis Sonnabend." — „Freibleibend." — „Zwischenverkauf vorbehalten." *)

*) Vgl. dazu Dove-Meyerstein, Gutachten über Handelsgebräuche Band 4 Nr. 821 und 1008.

b) Aus Allgemeinen Lieferungsbedingungen (Mineralölhandel):

„Das Angebot ist freibleibend. Vertreter und Reisende der Verkäuferin sind nur zur Vermittlung, nicht zum Abschluß berechtigt. Das Angebot der Verkäuferin gilt in allen Bedingungen einschließlich dieser Lieferungsbedingungen als vom Käufer angenommen, auch wenn die Gegenbestätigung des Käufers abweichende Bestimmungen enthält, selbst wenn deren Annahme von Verkäuferin nicht ausdrücklich abgelehnt wird."

2. Zusatz in einer Annahmeerklärung.

„Brieflich Näheres."

3. Aus Lieferungsbedingungen des Großhandels (Textilbranche).

„Die nachträglich notwendig werdende Regelung einer nebensächlichen Bedingung bei mündlich, telegraphisch, telephonisch oder durch kurze briefliche Bestätigung fest abgeschlossenen Geschäften berechtigt keine der Parteien zum Rücktritt vom Abschlusse."

4. Aus den Verkaufs- und Lieferungsbedingungen des Deutschen Kalisyndikats.

a) „Die uns erteilten Aufträge werden für uns erst durch unsere Bestätigung rechtsverbindlich. Krieg und Fälle höherer Gewalt (Kohlen- und Wagenmangel, Arbeitsausstände usw.), soweit dadurch die Lieferfähigkeit der Kaliwerke beeinflußt wird, entbinden uns von der Lieferpflicht."

b) „Jeder Besteller unterwirft sich diesen Bedingungen ausdrücklich durch den erstmaligen Bezug unserer Kalisalze."

5.

„Ich erkenne an, daß Bestimmungen, welche in diese Offerte nicht aufgenommen sind, irgendwelche Zusicherungen und nebenhergehende mündliche Vereinbarungen, insbesondere solche mit Vertretern, keine Gültigkeit haben." *)

*) Aus den Bezugsbedingungen, vereinbart zwischen dem Zentralverband der Filmverleiher Deutschlands e. V. und den Reichsverband Deutscher Lichtspieltheaterbesitzer e. V. (beide in Berlin).

6.

a) Aus den Allgemeinen Lieferbedingungen des Zentralverbandes der deutschen elektrotechnischen Industrie.

„Für den Umfang der Lieferung ist das beiderseitige schriftliche Anerkenntnis maßgebend. Liegt ein solches selbst nicht vor, so ist die schriftliche Auftragsbestätigung des Lieferers oder falls eine solche nicht erfolgt ist, der schriftliche Auftrag des Bestellers maßgebend.

Die zu dem Angebote gehörigen Unterlagen, wie Abbildungen, Zeichnungen und Gewichtsangaben, sind nur angenähert maßgebend, soweit sie nicht ausdrücklich als verbindlich bezeichnet sind. An Kostenanschlägen, Zeichnungen und anderen Unterlagen behält sich der Lieferer Eigentum- und Urheberrecht vor; sie dürfen Dritten nicht zugänglich gemacht werden. Zu Angeboten gehörige Zeichnungen und andere Unterlagen sind auf Verlangen oder, wenn der Auftrag dem Anbieter nicht erteilt wird, unverzüglich zurückzugeben.

Nebenabreden sind nur wirksam, wenn sie schriftlich bestätigt sind."

b) Allgemeine Bedingungen für Lieferungen an Exporteure, aufgestellt vom Verein Deutscher Maschinenbauanstalten und dem Verband Deutscher Exporteure.

„Für den Umfang der Lieferpflicht ist das beiderseitige Anerkenntnis maßgebend.

Der Lieferer hat in dem Angebot und den dazugehörigen Unterlagen, wie Abbildungen, Zeichnungen, Gewichts-, Lieferungs-, Verbrauchs- und Kraftbedarfsangaben, zu bezeichnen, was er als verbindlich, was er als nur annähernd maßgebend angesehen wissen will. Bei Abschluß des Vertrages gelten die Angaben als verbindlich, die im Angebot als solche bezeichnet sind und darüber hinaus als verbindlich vereinbart werden."

7. Aus Verkaufsbedingungen des Großhandels (Textilbranche).

a) „Angebote, Auftragsbestätigungen und Rechnungen werden mit einem auf diese „Bedingungen des Verbandes ..." hinweisenden Vermerk versehen; aber auch bei Fehlen eines solchen Vermerks haben diese Bedingungen einschließlich der Schiedsgerichtsklausel allein Geltung. Besonders vereinbarte, für den Verkäufer günstigere Bedingungen werden durch diesen Vermerk nicht berührt."

b) „Diese Bedingungen schließen die Geltung zuwiderlaufender Bedingungen aus, die von Käufern etwa auf Auftragsvordrucken oder auf irgendeine andere Weise gestellt werden sollten."

8. Aus den Lieferungsbedingungen des Verbandes Deutscher Futtermittelfabrikanten E. V., Berlin.

„Durch die stillschweigende Annahme dieser Verkaufsbedingungen seitens des Käufers wird der Inhalt derselben als vom Käufer genehmigt anerkannt."

9. Anschlag in einem Hotelzimmer.

„Die verehrlichen Gäste werden gebeten, mindestens eine Hauptmahlzeit in dem mit dem Hotel verbundenen Restaurant einzunehmen; wenn dies nicht geschieht, erhöht sich der Zimmerpreis um 10 v. H."

10.

Zwecks Ersparung von Stempelsteuer wird häufig im Abzahlungshandel das sogenannte Pattbergsche Muster verwendet.*) Der Käufer unterzeichnet den „Bestellschein" mit den „Allgemeinen Verkaufsbedingungen", in deren § 1 es heißt:

„1. Der Vertrag kommt ohne weitere Beurkundung allein durch die Annahme der Bestellung seitens des Geschäftsinhabers ... entsprechend der vorliegenden Fassung dieser allgemeinen Verkaufsbedingungen gesetzlich zustande (§ 151 BGB.).

2. Das Aussuchen der Sachen und das ganze Kaufbegehren stellt mit der Unterzeichnung des Bestellscheins ohne Ausnahme ein Vertragsangebot dar.

3. Der Besteller ist von vornherein an die Bestellung gebunden.

4. Der Geschäftsinhaber ... behält sich stets seine Annahmefrist von acht Tagen ausdrücklich vor, gleichviel ob er oder einer seiner Angestellten die Bestellung entgegengenommen hat.

5. Die Annahme gilt durch Lieferung oder stets dann als erfolgt, wenn nicht binnen obiger Frist die Ablehnung seitens des Geschäftsinhabers schriftlich geschieht. Die Lieferpflicht für die vor Ablauf dieser Frist vorgeschriebenen, aber noch nicht ausgeführten Lieferungen tritt stets erst dann ein.

6. Auf eine Annahmeerklärung verzichtet der Besteller."

*) Vgl. RG. 124, 336.

Nr. 14. Vertretung. Vollmacht.

1. Verschiedene Vollmachtsurkunden.

a) In Sachen Kunst wider Böckel erteilt die unterzeichnete Partei den Herren Rechtsanwälten ... in ... Vollmacht, die von dem Gegner zu erstattenden oder bei Hinterlegungsstellen deponierten Gelder, Wertpapiere oder sonstige Sachen in Empfang zu nehmen und darüber zu quittieren.

(Datum und Unterschrift.)

b) Hierdurch bevollmächtige ich Herrn Arnold Guth in Karlsruhe, Schloßstraße 3, mich gerichtlich und außergerichtlich in allen Angelegenheiten zu vertreten. Diese Vollmacht soll auch für meine Erben gelten. Herr Guth ist auch ermächtigt, mit sich im eigenen Namen oder als Vertreter eines Dritten Rechtsgeschäfte vorzunehmen sowie einen Unterbevollmächtigten zu bestellen.

(Datum und Unterschrift.)

Zum Aufkleben der Stempelmarke.

c) Post-Vollmacht.

......................., den .... 19.....

Kraft nachstehender, der Deutschen Reichspost gegenüber abgegebenen Erklärung bevollmächtig..... Unterzeichnete..... hierdurch

(Vor- und Zuname, Stand, Wohnung der Bevollmächtigten)

1. d ....

2. d .... jeden für sich — gemeinschaftlich —

a) für unbeschränkte Zeitdauer bis auf Widerruf,

b) für den Zeitraum vom .... 19.....

bis .... 19.....,

alle bei de..... Postanstalt........ in .... für

....

in ...., ... Straße Nr. ....

eingehenden gewöhnlichen Briefsendungen jeder Art, Paketkarten zu gewöhnlichen Paketen und die Pakete selbst, Ablieferungsscheine oder Paketkarten zu Einschreibsendungen, Wertbriefen und Wertpaketen sowie Postanweisungen, Zahlungsanweisungen der Postscheckämter und Anlagen der Postaufträge zur Geldeinziehung und der Postprotestaufträge in Empfang zu nehmen sowie den Empfang der Sendungen selbst und der baren Geldbeträge vollgültig zu bescheinigen.

Die Sendungen usw. sollen an d........ Bevollmächtigte...... in der Wohnung — im Geschäftsraum —, zurzeit .... Straße Nr. ...., abgegeben werden — werden abgeholt —.

Für den Fall meines Ablebens soll die Vollmacht so lange gelten, bis sie von meinen Erben widerrufen wird.

(Datum und Unterschrift.)

d) Bank-Vollmacht. (Vordruck der Dresdner Bank.)

Das Objekt beträgt im Stempelinteresse RM ....

Ich — Wir — bevollmächtige... hierdurch für mich — uns — und meine — unsere — Erben Herrn ...., über meine — unsere — bei der Dresdner Bank ruhenden Vermögenswerte jeder Art in jeder Weise, auch zugunsten Dritter, zu verfügen, der Dresdner Bank Aufträge jeder Art, namentlich zu Zahlungen und Überweisungen, zum An- und Verkauf von Wertpapieren und sonstigen Vermögensstücken gegen Barzahlung oder auf meinen — unseren — Kredit zu erteilen, der Dresdner Bank gegenüber Verbindlichkeiten, auch Wechselverbindlichkeiten, einzugehen sowie von der Dresdner Bank erteilte Abrechnungen, Kontokorrente und Depotauszüge anzuerkennen. Der Bevollmächtigte ist auch berechtigt, in meinem — unserem — Namen Geschäfte mit sich selbst abzuschließen.

Der Bevollmächtigte .... wird zeichnen: —
per ....
....

........................., den .... 19... Unterschrift des Vollmachtgebers: ....

2. Abreden über Vertretungsmacht.

a)

Aus den Geschäftsbedingungen einer Großbank:

„Zeichnungsberechtigte, die im Handelsregister eingetragen sind, oder sonstige Bevollmächtigte kann die Bank bis zum Empfang einer schriftlichen Anzeige über das Erlöschen der Verfügungsberechtigung als zur Vertretung befugt ansehen, auch wenn die Änderungen im Handelsregister eingetragen und veröffentlicht werden."

b)

Aus dem Tarifvertrag für Putzer (1929), abgeschlossen zwischen 1. der Arbeitsgemeinschaft des Deutschen Hoch- und Tiefbaugewerbes, 2. dem Reichsverband industrieller Bauunternehmungen E. V., Gruppe Berlin-Brandenburg, einerseits und 1. dem Deutschen Baugewerksbund, Baugewerkschaft Berlin, Fachgruppe der Putzer, 2. dem Zentralverband christlicher Bauarbeiter Deutschlands, Bezirk Berlin, Berufsgruppe der Putzer, andererseits:

§ 7. Kolonnenführer.

„1. Als Bevollmächtigter sämtlicher an einem Bauwerk tätigen Putzer und Putzerträger oder Putzerkolonnen gilt der Kolonnenführer. Nur der Kolonnenführer bezw. der von der Kolonne bestellte Vertreter ist berechtigt, mit dem Arbeitgeber oder dessen Vertreter Aufmaß und Abrechnungen vorzunehmen und Zahlungen an die Putzer entgegenzunehmen.

2. Der Kolonnenführer muß Mitglied der Kolonne sein. Er darf während der Ausführung von Arbeiten auf einer Baustelle nur auf dieser tätig sein. Scheidet er aus irgendeinem Grunde aus, so hat die Kolonne im Einverständnis mit dem Arbeitgeber einen anderen an seine Stelle zu setzen.

3. Der Arbeitgeber ist berechtigt, unter Beobachtung der Bestimmungen des § 8 Abs. 6 mit ihn befreiender Wirkung nur an den bevollmächtigten Kolonnenführer zu zahlen.

4. Der Kolonnenführer hat dafür zu sorgen, daß sämtliche in der Kolonne tätigen oder später hinzukommenden Arbeitnehmer dem schriftlichen Akkordvertrage sowie abgeschlossenen Nachtragsvereinbarungen durch ihre Unterschrift beitreten.

5. Der Kolonnenführer erhält für seine Tätigkeit eine besondere Entschädigung aus der Gesamtsumme des Akkordlohnes in Höhe von ½ v. H."

§ 8 Abs. VI.

„Die Auszahlung des verdienten Akkordlohnes bezw. eines verbleibenden Restgeldes an den Kolonnenführer hat auf der Baustelle in Tüten, die für jeden einzelnen am Akkord beteiligten Arbeitnehmer zurechtzumachen sind, im Beisein des Poliers oder eines von der Kolonne bestellten Vertrauensmannes zu erfolgen."

c)

§ 23 II der Satzung des Deutschen Textilarbeiter-Verbandes von 1930 (Mitgliederzahl: rund 300 000):

„Der Hauptvorstand oder die Ortsverwaltungen können durch keinerlei Rechtsgeschäfte die einzelnen Verbandsmitglieder verbindlich machen. Kein Mitglied erwirbt durch Verträge ein klagbares Recht gegen den Verband oder seine geschäftsführenden Körperschaften."

d)

Aus zahlreichen Lieferungsbedingungen:

„Von Vertretern vermittelte Aufträge gelten erst dann als angenommen, wenn sie von uns dem Kunden gegenüber schriftlich bestätigt sind."

Nr. 15. Einwilligung. Genehmigung.

1. Ermächtigung zur Weiterveräußerung.

„Der Verkäufer behält sich das Eigentum an den Waren bis zur vollständigen Bezahlung des Kaufpreises vor. Der Käufer ist zur Weiterveräußerung im ordnungsmäßigen Geschäftsbetriebe berechtigt; er ist nicht befugt, die Waren zu verpfänden oder zur Sicherung zu übereignen."

2. Sammeldepot-Ermächtigung.

„Ich ermächtige Sie, die vorstehend eingelieferten Wertpapiere, soweit sie sich für Sammelverwahrung eignen, durch eine Effekten-Girobank im Sammeldepot verwahren zu lassen, so daß Sie berechtigt sind, an Stelle der eingelieferten Nummern andere Nummern zurückzugeben. Mein Eigentum bleibt in der Form des Miteigentums am Sammeldepot erhalten."

Wegen der „Genehmigung" des Vormundschaftsgerichts siehe unten Nr. 103.

3. Aus einem Lebensversicherungsantrag.

(Vordruck der Allianz und Stuttgarter Lebensversicherungsbank A.-G.)

„Ich ermächtige die Bank, zur Nachprüfung und Verwertung der von mir über meinen Gesundheitszustand gemachten Angaben alle Ärzte, ebenso Krankenanstalten und Krankenhäuser, die mich bisher behandelt haben oder innerhalb der nächsten zehn Jahre behandeln werden, und auch Behörden über meine Gesundheitsverhältnisse zu befragen, mit der Maßgabe, daß die Bank dieses Recht nur für die Zeiten vor Abschluß des Vertrages und innerhalb der ersten zehn Jahre nach Abschluß des Vertrages ausüben darf."

IV. Verjährung und verwandte Rechtserscheinungen.

Nr. 16. Aus den Geschäftsbedingungen einer süddeutschen Bank.

„Erinnerungen gegen Rechnungsabschlüsse und Wertpapieraufstellungen der Bankanstalt müssen binnen einer Ausschlußfrist von vier Wochen, gegen sonstige Abrechnungen und gegen Anzeigen über die Ausführung von Geschäften unverzüglich erhoben werden. Erinnerungen gegen Anzeigen über die Ausführung sowie wegen Nichtausführung von Geschäften in Wertpapieren, Devisen, Sorten usw. müssen mündlich oder telegraphisch unverzüglich nach Empfang der betreffenden Anzeige an die Bankanstalt gerichtet werden, und zwar an demselben Tage, an welchem die betreffende Kursnotiz oder die Anzeige von der erfolgten Ausführung erstmalig am Wohnsitze des Geschäftsfreundes hätte eintreffen müssen. Erinnerungen gegen die Ordnungsmäßigkeit von der Bankanstalt gelieferter Wertpapiere oder sonstiger Werte müssen sofort nach Empfang erfolgen. Nach Ablauf obiger Fristen gelten die Abschlüsse, Aufstellungen, Abrechnungen, Anzeigen oder gelieferten Werte bezw. die Nichtausführung als genehmigt."

Nr. 17. Arbeitsrechtliche Bestimmungen.

1. „Ansprüche aus dem Arbeitsverhältnis verjähren vier Monate nach Eintritt ihrer Fälligkeit (Zahltag).“ *)

*) Aus dem Reichstarifvertrag für Hoch-, Beton- und Tiefbauarbeiten.

2. „Alle Ansprüche aus dem Tarifvertrag und dem von den Bestimmungen des Tarifvertrages beherrschten Arbeitsvertrage müssen binnen sechs Monaten seit der Entstehung, spätestens aber sechs Wochen nach Auflösung des Arbeitsvertrages geltend gemacht werden, widrigenfalls sie erlöschen.“ *)

*) Manteltarifvertrag für die Textilindustrie im rechtsrheinischen Bezirk (1930).

3. „Ansprüche, die einzelne Angestellte aus diesem Tarifvertrag herleiten, müssen, soweit im Streitfalle dafür die Schlichtungskommission zuständig ist, innerhalb einer Frist von drei Monaten nach ihrer Entstehung geltend gemacht werden.“ *)

*) Reichstarifvertrag für die Angestellten der privaten Versicherungsunternehmungen (1928), vgl. RArbG. VI, 126.

Rügefristen und dergl. siehe unter Nr. 55.

V. Sicherheitsleistung.

Nr. 18. Abrede über das Recht auf Sicherheitsleistung.

„Der Vermieter kann für seine Ansprüche aus dem Vertrage und sonstige Schadensersatzansprüche jederzeit Sicherheitsleistungen bis zur Höhe eines einjährigen Mietzinses verlangen, wenn nach dem Abschluß des Vertrages in den Vermögensverhältnissen des Mieters eine wesentliche Verschlechterung eintritt.“ *)

*) Allgemeine Bedingungen für die Vermietung von regelspurigen Eisenbahnwagen (siehe unten Nr. 60).

Nr. 19. Art und Weise der Sicherheitsleistung. *)

„1. Wenn eine Sicherheitsleistung vereinbart ist, gelten die Vorschriften der §§ 232 bis 240 BGB. Der Auftragnehmer hat die Wahl unter den verschiedenen Arten der Sicherheit. Die Verpfändung beweglicher Sachen ist ausgeschlossen. Dagegen ist die Stellung eines tauglichen Bürgen auch in erster Linie zulässig, ebenso die Hinterlegung von gezogenen Wechseln, die bei Sicht zahlbar und angenommen sind, und von eigenen Wechseln, wenn sie außerdem durch einen tauglichen Wechselbürgen gesichert sind und der Auftraggeber als Wechselnehmer bezeichnet ist. Im Einverständnis der Parteien kann die Hinterlegung beim Auftraggeber erfolgen.

Bares Geld, das dem Auftraggeber als Sicherheit übergeben wird, wird von diesem nicht verzinst.

Zins-, Renten- und Gewinnanteilscheine werden für den Zeitraum, in dem die Sicherheit voraussichtlich nicht beansprucht wird, dem Auftragnehmer belassen oder ihm auf Verlangen zu den Fälligkeitszeiten ausgehändigt.

2. Die Sicherheit ist, wenn nichts anderes vereinbart, innerhalb von zwölf Werktagen nach Zuschlag zu leisten; andernfalls ist der Auftraggeber berechtigt, von dem Guthaben des Auftragnehmers eine Summe in Höhe der geforderten Sicherheit einzubehalten. Über den einbehaltenen Betrag hat er dem Auftragnehmer Mitteilung zu machen.

Der Auftragnehmer kann eine Sicherheit durch eine andere geeignete Sicherheit (Ziff. 1) ersetzen.

3. Die Sicherheit dient dazu, die vertragsmäßige Durchführung der übertragenen Leistung und die Erfüllung der Gewährleistung sicherzustellen. Die Befriedigung aus der Sicherheit richtet sich nach den gesetzlichen Vorschriften.

Wenn kein früherer Zeitpunkt vereinbart war, so ist die Sicherheit nach Ablauf der Gewährleistungsfrist zurückzugeben, soweit sie nicht in Anspruch genommen werden mußte.“

*) Aus der Verdingungsordnung für Bauleistungen, aufgestellt vom Reichsverdingungsausschuß (unten Nr. 64).

B. Recht der Schuldverhältnisse.

Allgemeine Lehren.

I. Abreden über Leistungsort und Gefahrübergang sowie Versendungskosten.

Nr. 20.

Frachtfrei — franko — frei Station — cif — fob — frei Bahn — franko Haus — free alongside ship (fas) — ab Lager — ab Fabrik — ab Grube —.

Nr. 21.

„Erfüllungsort in bezug auf die Lieferung ist für den Verkäufer der Betriebssitz des Lieferwerkes, Erfüllungsort für alle anderen dem Verkäufer und Käufer obliegenden Verpflichtungen ist Berlin. Ausschließlicher Gerichtsstand ist für beide Teile Berlin-Mitte." *)

*) Aus den Verkaufs- und Lieferungsbedingungen des Deutschen Kalisyndikats G. m. b. H.

Nr. 22.

Aus dem Vorwort zu den „Geschäftsbedingungen für den deutschen Kartoffelhandel", festgestellt von Vertretern des Deutschen Industrie- und Handelstags, einiger Handelskammern und kaufmännischer Vereine mit dem Ausschuß für Handelsgebräuche der landwirtschaftlichen Körperschaften Deutschlands beim Deutschen Landwirtschaftsrat, herausgegeben von der Industrie- und Handelskammer zu Berlin:

„Es wird bemerkt, daß die Verlautbarung des Deutschen Landwirtschaftsrats in § 2 Abs. 1 und 2 der Geschäftsbedingungen folgende Bestimmung enthält:

‚Erfüllungsort für Zahlungen und Gerichtsstand für Klagen des Verkäufers oder gegen den Verkäufer ist der Wohnsitz oder die gewerbliche Niederlassung des Verkäufers.

Erfüllungsort für Lieferungen ist die tatsächliche Verladestelle.'

Diese Absätze sind hier entsprechend unserm von jeher in dieser Frage eingenommenen Standpunkt nicht aufgenommen, sondern folgendes vorgesehen:

‚Für den Erfüllungsort und Gerichtsstand gelten die gesetzlichen Bestimmungen.'

Berlin, im Januar 1930. Die Industrie- und Handelskammer zu Berlin. Franz von Mendelssohn."

Nr. 23. Einzelabreden zur Frage des Gefahrübergangs.

1. „Auch bei frachtfreier Lieferung reist die Ware auf Gefahr des Käufers; ebenso geht das Transportrisiko im Verladehafen zu Lasten des Käufers." *)

*) Aus den Lieferungsbedingungen der Rhenania-Ossag Mineralölwerke A.-G.

2. „Auch bei Fob-Lieferungen geht die Gefahr ab Lieferwerk auf den Besteller über. Bei Fob-Lieferungen schließen die Preise die seemäßige Verpackung sowie die Beförderung bis zum Bord des Überseeschiffes ein." *)

*) Aus den Allgemeinen Bedingungen für Lieferungen an Exporteure, vereinbart zwischen dem Verein Deutscher Maschinenbauanstalten und dem Verband Deutscher Exporteure.

3. „Die Gefahr geht auf den Besteller über, auch dann, wenn frachtfreie Lieferung vereinbart worden ist:

a) bei Lieferung ohne Aufstellung, wenn die betriebsbereite Sendung die Fabrik verlassen hat. Die Verpackung erfolgt mit bester Sorgfalt. Der Versand erfolgt nach bestem Ermessen, aber ohne Verbindlichkeit des Lieferers. Auf Wunsch und Kosten des Bestellers wird die Sendung vom Lieferer gegen Bruch-, Transport- und Feuerschäden versichert;

b) bei Lieferung mit Aufstellung vom Tage ihrer Betriebsbereitschaft.

c) Wenn der Versand oder die Zustellung auf Wunsch des Bestellers verzögert wird, so geht in beiden Fällen vom Tage der Versandbereitschaft ab die Gefahr auf die Dauer der Verzögerung auf den Besteller über; jedoch ist der Lieferer verpflichtet, auf Wunsch und Kosten des Bestellers die von ihm verlangten Versicherungen zu bewirken.“ *)

*) Allgemeine Lieferungsbedingungen des Zentralverbandes der deutschen elektrotechnischen Industrie.

4. „Die Gefahr des Versandes geht zu Lasten des Lieferanten. Die Lieferung gilt erst als erfolgt, wenn die Sendung am Bestimmungsort eingegangen und vom Besteller als einwandfrei geliefert befunden ist.“ *)

*) Aus den Einkaufsbedingungen eines Großhändlers.

Nr. 24. Abreden über den Transport der Ware.

1. „Landwirte und Händler, welche in der Nähe eines Kaliwerkes wohnen, sind berechtigt, nach vorheriger Vereinbarung mit dem betreffenden Werke Kalisalze mittels Fuhre abzuholen. Die so ausgelieferten Mengen dürfen bei Vermeidung einer Vertragsstrafe von 10 v. H. des Rohpreises des betreffenden Salzes nicht auf dem Bahn- oder Wasserwege weiterbefördert werden. Eine Fracht kommt für die abgeholten Mengen nicht in Anrechnung, jedoch erhält das Werk eine Ladegebühr (siehe besondere Preisliste).“ *)

2. „Für die Überführung der Ware vom Werk bis zur Versandstation wird eine Überführungsgebühr berechnet, deren Höhe aus der Preisliste ersichtlich ist.

Für die Berechnung gilt das auf dem Werk festgestellte Verladegewicht. Beschwerden wegen des Gewichts sind unter Beibringung eines bahnamtlichen Wiegescheines innerhalb vier Wochen nach Empfang der Ware anzubringen, wie überhaupt alle Bemängelungen der Sendungen innerhalb dieser Frist bei uns einzureichen sind. Für Gewichtsverluste auf dem Beförderungswege sind die Werke nicht haftbar, es sei denn, daß grobe Fahrlässigkeit des Lieferwerkes vorliegt.

Die Lieferwerke sind ohne weiteres berechtigt, bei Nichtgestellung gedeckter Wagen offene Wagen mit Notbedachung oder mit Wagendecken zu verwenden. Im letzteren Falle hat der Empfänger für die zur Bedachung der offenen Wagen verwendeten Decken die bahnamtliche Deckenmiete zu zahlen. Verzögert der Empfänger die Rücksendung der Decken nebst allem Zubehör, so sind wir außerdem berechtigt, die Verzögerungsgebühr nach dem bahnamtlichen Nebengebührentarif in Rechnung zu stellen.

Wird zur Bedachung der offenen Wagen Dachpappe verwendet, so hat der Empfänger für das Pappdach die in der Preisliste hierfür genannten Kosten zu zahlen. Das Pappdach wird Eigentum des Empfängers, eine Zurücknahme erfolgt also nicht.

Soll nur in gedeckten (G-) Wagen geliefert werden, so ist dies im Auftrage ausdrücklich vorzuschreiben. Eine solche Vorschrift wird beachtet, doch ist dann mit einer Verlängerung der Lieferzeit zu rechnen.“ *)

*) Aus den Verkaufs- und Lieferungsbedingungen des Deutschen Kalisyndikats G. m. b. H.

II. Abreden über Leistungszeit und Verzug.

Nr. 25. Formeln über Zahlungszeit.

Rabatt (Skonto / Diskont) 5 v. H. — netto Kasse gegen Faktura — bei Barzahlung 2 v. H. Skonto — gegen Dreimonatsakzept — Kasse gegen Frachtbrief-Duplikat — Ziel 3 Monate.

Nr. 26. Einzelne Klauseln aus Verkaufsbedingungen.

1. „Erfolgt die Abladung bezw. Lieferung nicht rechtzeitig, so gelten folgende Nachfristen für angenommen:

a) bei Verkäufen zur sofortigen Abladung oder Lieferung: 3 Werktage,

b) bei Verkäufen zur prompten Abladung oder Lieferung: 6 Werktage,

c) bei Verkäufen zur Abladung oder Lieferung auf bestimmte Termine: 10 Werktage.

Die Verzugsfolgen treten erst nach Ablauf der gestellten Nachfrist ein.

Solange der Käufer aus dem gleichen oder einem anderen Abschlusse mit Abnahme oder Zahlung im Rückstande ist, läuft die vertragliche Lieferfrist und die zehntägige Nachfrist gegen die Mühle nicht." *)

*) Aus den Bedingungen der Süddeutschen Mühlenvereinigung G. m. b. H., Mannheim.

2. „Lieferfrist und Liefertermin gelten nie als fix im Sinne des § 376 HGB. (Fixkauf) noch als Fälligkeitsklausel im Sinne des § 284 BGB. Die Lieferung erfolgt schnellstmöglich. Wegen verspäteter Lieferung können Verzugsstrafen oder Schadensersatzansprüche nicht erhoben werden."

3. „Gerät ein Kunde mit der Zahlung in Verzug, so ist die Lieferfirma berechtigt, für etwa noch ausstehende Lieferungen sowie für alle späteren Bestellungen Vorauszahlungen vor Absendung der Ware zu verlangen, ganz unabhängig von früheren Abmachungen."

4. „Bei Überschreitung des Zahlungstermins haftet der Besteller für alle Schäden, die dem Lieferer aus dem Zahlungsverzug entstehen. Außerdem werden unter Vorbehalt der Geltendmachung aller Rechte, ohne daß es einer förmlichen Inverzugsetzung bedarf, für die Zeit des Verzuges Zinsen und Kosten in der für Geldkredite bei Privatbanken üblichen Höhe berechnet."

Nr. 27. Abreden über Zurückbehaltungsrecht.

1. „Dem Mieter steht ein Zurückbehaltungsrecht an den Wagen nicht zu." *)

*) Allgemeine Bedingungen der Industrie- und Handelskammer zu Berlin für die Vermietung von regelspurigen Eisenbahnwagen (1930).

2. „Der Mieter ist nicht berechtigt, wegen angeblicher Gegenforderungen seine Zahlungen zurückzuhalten." *)

*) Typische Klausel zahlreicher Mietverträge.

3. „Die Bank kann ... ihr obliegende Leistungen an den Kontoinhaber wegen eigener Forderungen zurückhalten, auch wenn diese befristet oder bedingt sind oder nicht auf demselben rechtlichen Verhältnis beruhen." *)

*) Geschäftsbedingungen der Deutschen Bank und Disconto-Gesellschaft.

4. Nach dem Reichs-Mühlenschlußschein ist „der Käufer zu Abzügen auf Grund von Ansprüchen irgendwelcher Art sowie zur Aufrechnung und Zurückhaltung der Mühle gegenüber nicht berechtigt".

5. „Die Zahlung darf der Käufer nur im Falle verspäteter Lieferung oder falls offensichtliche Mängel an den Lieferungsmustern von ihm angezeigt worden sind, einbehalten, und zwar nur in Höhe bis zu 10 v. H. des Rechnungswertes des verspätet gelieferten oder beanstandeten Postens. Jeder einbehaltene Rechnungsbetrag muß sofort für Rechnung beider Teile bei der Deutschen Bank in Berlin oder einer ihrer Filialen als verzinsliche Anlage hinterlegt werden." *)

*) Bedingungen, aufgestellt vom Verband Sächsisch-Thüringischer Webereien und dem Verband Deutscher Exporteure.

III. Freizeichnungsklauseln.

Nr. 28.

1. „Feuer, Explosion in den Anlagen, Streik, Aussperrung, mangelnde Zufuhr an Rohstoffen, Behinderung in der üblichen Beschickungsart des Lieferungs- (Erfüllungs-) Ortes und andere unvorhergesehene oder unabwendbare Ereignisse, welche die Produktion oder die Lieferung der Verkäuferin verhindern oder erschweren, gelten als höhere Gewalt und berechtigen sie nach ihrer Wahl entweder zur Weiterlieferung bei entsprechender Verzögerung oder zum Rücktritt vom Vertrage, ohne Verpflichtung zu irgendwelchem Schadensersatz, selbst wenn sie sich in einem bereits vorhandenen Verzuge befindet." *)

*) Aus den Verkaufsbedingungen der Rhenania-Ossag Mineralölwerke A.-G.

2. „Gänzliche oder teilweise Einstellung oder Störung des Betriebes oder der Arbeit aus Gründen höherer Gewalt, Streiks oder Aussperrungen und vom Verkäufer nicht verschuldete Verzögerungen beim Transport nach dem deutschen Verschiffungshafen entbinden den Verkäufer von der Verpflichtung rechtzeitiger Lieferung. Er hat dem Käufer auf Wunsch

einen behördlichen Nachweis hierüber zu erbringen. Zur Abnahme des rechtzeitig fertig werdenden Teils der Ware bleibt der Käufer vorbehaltlich und unbeschadet der Bestimmungen im Abs. 2 dieses Paragraphen unter allen Umständen verpflichtet.

Bei Lieferungsausfall bis zu 10 v. H. von einem Gesamtauftrage aus Ursachen, deren Abwendung nicht in der Macht des Verkäufers liegt, hat der Käufer keinen Anspruch auf Schadensersatz. Er ist überdies verpflichtet — ebenfalls unter den Vorbehalten des Abs. 2 —, den übrigen Teil des Auftrages anzunehmen.

Die Verkäufer können sich auf die obenerwähnten Umstände und sonstigen Ursachen von vollständiger oder teilweiser Nichtlieferung nur berufen, falls sie den Käufern von allen solchen Vorfällen schriftlich Mitteilung mit besonderem Hinweis auf die dadurch etwa in Rückstand geratenden Aufträge gemacht haben." *)

*) Lieferungsbedingungen, vereinbart zwischen dem Verband Sächsisch-Thüringischer Webereien und dem Verband Deutscher Exporteure.

3. „Lieferungsmöglichkeit behalte ich mir stets vor." *)

*) Vgl. dazu Dove-Meyerstein, Gutachten über Handelsgebräuche Band 4 Nr. 1142, 1167.

4. „Arbeiterausstände, Betriebsstörungen sowie Betriebseinschränkungen und ähnliche Fälle, welche eine Verringerung des Verbrauchs zur Folge haben, gelten als höhere Gewalt und befreien uns für die Dauer der Störung von der rechtzeitigen Abnahme." *)

*) Aus den Einkaufsbedingungen einer süddeutschen Metallwarenfabrik.

Nr. 29. Aus den Allgemeinen Deutschen Spediteurbedingungen (ADSp.).*)

„**§ 51.** a) Der Spediteur haftet bei allen seinen Verrichtungen (siehe § 2 a) grundsätzlich nur, soweit ihn ein Verschulden trifft. Die Entlastungspflicht trifft den Spediteur; ist jedoch ein Schaden am Gut äußerlich nicht erkennbar gewesen oder kann aus sonstigen Gründen dem Spediteur die Aufklärung der Schadensursache nach Lage der Umstände billigerweise nicht zugemutet werden, so hat der Auftraggeber nachzuweisen, daß der Spediteur den Schaden verschuldet hat.

b) Im übrigen ist die Haftung des Spediteurs (ohne Rücksicht auf Vorhandensein oder Umfang eines Verschuldens) nach Maßgabe der vorangegangenen und der folgenden Bestimmungen beschränkt bezw. aufgehoben.

c) Dem Auftraggeber steht — abgesehen von der Versicherungsmöglichkeit (siehe §§ 35 ff.) — frei, mit dem Spediteur eine über diese Bedingungen hinausgehende Haftung gegen besondere Vergütung zu vereinbaren.

§ 57. Die Haftung des Spediteurs ist ausgeschlossen: ... [Nicht abgedruckt.]

§ 58. a) Konnte ein Schaden den Umständen nach aus einer im § 57 bezeichneten Gefahr entstehen, so wird vermutet, daß er aus dieser Gefahr entstanden sei.

b) Die Bestimmungen der übrigen Paragraphen, soweit sie über die §§ 57, 58 a hinaus die Haftung des Spediteurs beschränken oder aufheben, bleiben unberührt.

§ 62. Der in diesen Bedingungen gebrauchte Ausdruck „Schaden" oder „Schäden" ist, soweit nicht frühere Paragraphen eine Beschränkung vorsehen, im weitesten Sinne (§§ 249 ff. BGB.) zu verstehen, umfaßt also insbesondere auch gänzlichen oder teilweisen Verlust, Minderung, Wertminderung, Bruch, Diebstahlsschaden und Beschädigungen aller Art.

§ 63. a) Beruft sich der Spediteur auf eine in diesen Bedingungen vorgesehene Haftungsbeschränkung oder -ausschließung, so ist der Einwand, es liege unerlaubte Handlung vor, unzulässig.

b) Erhebt ein Dritter, der an dem Gegenstand oder der Ausführung des dem Spediteur erteilten Auftrags unmittelbar oder mittelbar interessiert ist, gegen den Spediteur Ansprüche wegen einer angeblich begangenen unerlaubten Handlung, die dem Spediteur nach Abs. a nicht entgegengehalten werden kann, so hat der Auftraggeber den Spediteur von diesen Ansprüchen unverzüglich zu befreien."

*) Festgestellt von dem Deutschen Industrie- und Handelstag, dem Reichsverband der Deutschen Industrie, dem Reichsverband des Deutschen Groß- und Überseehandels, der Hauptgemeinschaft des Deutschen Einzelhandels, dem Verein Deutscher Spediteure (Reichsverband des Deutschen Speditionsgewerbes) unter Mitwirkung des Centralverbandes des Deutschen Bank- und Bankiergewerbes und des Deutschen Versicherungs-Schutzverbandes. Fassung vom 1. Juli 1930.

Nr. 30.

1. „Alle Angebote erfolgen unter dem ausdrücklichen Vorbehalt, daß der vom Verkäufer für die Lieferung vorgesehene Lieferant ihm gegenüber die eingegangenen Verpflichtungen erfüllt. Die Anwendung dieses Vorbehalts setzt voraus, daß der Verkäufer dem Lieferanten gegenüber im Rechtswege seinen Anspruch geltend gemacht hat. Die für das Vertragsverhältnis des Verkäufers und seiner Lieferanten ergehenden Schiedssprüche oder Urteile der ordentlichen Gerichte sind auch für die Rechte und Pflichten des Käufers maßgebend (präjudiziell)." *)

*) Aus Lieferungsbedingungen des Großhandels (Textilbranche).

2. „Wir kommen nur für Fehler der Ware in dem Umfange auf, wie unsere Lieferwerke solche anerkennen."

3. „Bei denjenigen Personen, deren sich die Verkäuferin zur Erfüllung ihrer Verbindlichkeiten bedient (Erfüllungsgehilfen), haftet sie nur für Sorgfalt in der Auswahl und Beaufsichtigung." *)

*) Aus den Lieferungsbedingungen der Rhenania-Ossag Mineralölwerke A.-G.

4. „Die Auskunftei ist für die Folgen keiner, wie immer gearteten Entschließung haftbar, die ein Abonnent auf Grund ihrer Auskünfte oder sonstigen Dienstleistungen trifft. Das Risiko, das mit der Verwendung von Vertrauensmännern und Angestellten verknüpft ist, trägt ausschließlich der Abonnent; er entsagt jedem Anspruch auf Ersatz für Nachteile, die sich auf Versehen oder Verschulden von Hilfspersonen zurückführen lassen, und verzichtet auf jeden Nachweis darüber, bei wem und durch wen eine Auskunft eingeholt worden ist." *)

*) Aus den Bedingungen einer großen deutschen Auskunftei.

Nr. 31. Freizeichnung durch Anschläge

1. in einem Kraftwagen:
„Sie fahren in diesem Wagen auf eigene Gefahr."
2. in einem Gasthaus:
„Die Gäste werden gebeten, selbst auf ihre Garderobe zu achten, da ich jede Haftung ablehne."

IV. Zu §§ 311 bis 319 BGB.

Nr. 32.

(Eingang wie Nr. 9, 1.)

Paul Kunst erklärte: „Meine Geschwister Hans und Lotte haben mir, um mir die Auswanderung nach Argentinien zu ermöglichen, zusammen 10 000 RM geschenkt. Mit Rücksicht darauf vereinbaren wir hiermit für den Fall, daß unser Vater, der Rittergutsbesitzer Theodor Kunst, sterben und von mir sowie meinen erwähnten Geschwistern als seinen gesetzlichen Erben allein beerbt werden sollte: Meine Geschwister sollen je vier Neuntel des Nachlasses und ich nur ein Neuntel des Nachlasses erhalten."

Hans und Lotte Kunst erklärten darauf: „Wir stimmen dieser Erklärung zu."

(Schluß wie Nr. 9, 1.)

Nr. 33. Grundstückskaufvertrag, siehe unten Nr. 56.

Nr. 34.

„§ 1. Die Meierei-Zentrale Milchlieferungsgesellschaft m. b. H. zu Berlin ..., in der Folge M.L.G. genannt, verpflichtet sich, aus ihren oder den von ihr beauftragten Meiereien an Herrn (Frau) .... ein tägliches Milchquantum von .... Liter Vollmilch zu liefern. Die gelieferte Vollmilch muß den Vorschriften der Berliner Polizeivorschriften entsprechen.

§ 2. Die im Vertrage unter § 1 genannte Milchmenge stellt das zu liefernde Grundquantum dar. Von diesem Grundquantum dürfen Abzüge nur im Verhältnis zum Gesamt-

Milcheingang bei der M.L.G. gemacht werden. Wenn Abzüge gemacht werden, so müssen sie bei allen Lieferungen der M.L.G. an die von ihr belieferten Milchhändler gleichmäßig erfolgen.

§ 3. Das Grundquantum kann in Zeiten, in denen volle Belieferung (100 v. H.) erfolgt und eine Plusmenge zur Verfügung steht, auf besonderen Antrag des Käufers erhöht werden.

§ 4. Den für jeden Liter gelieferter Vollmilch zu zahlenden Preis bestimmt jeweilig ein Ausschuß aus zwei vom Vorstand der Einführer-Abteilung, drei vom Erweiterten Vorstand der „Vereinigten Berliner Milchhändler" aus dem Kleinhandel zu benennenden Personen und einem Vertreter der M.L.G.

Die zwei vom Vorstand der Einführer-Abteilung zu benennenden Personen müssen Mitglieder der M.L.G. sein.

Dieser Ausschuß tagt unter dem jeweiligen Vorsitzenden des Vereins „Vereinigte Berliner Milchhändler E. V." oder dessen Stellvertreter.

Derselbe Ausschuß hat auch die Berechtigung, die Verteilungsregelung zu kontrollieren."

V. Versprechen der Leistung an einen Dritten.

Nr. 35. Sogenannter 1500-Mark-Vertrag.

§ 1. Der Arbeitgeber wird künftig das dem Arbeitnehmer zustehende Monatsgehalt von 500 RM nur in Höhe von 195 RM an ihn selbst auszahlen, während auf den Rest ein unmittelbarer Anspruch seiner Ehefrau Marie, geb. Stock, zustehen soll. Die Vertragschließenden sind befugt, diese Vereinbarung ohne Zustimmung der Frau Marie Stock zu ändern.

§ 2. Im Sinne der tariflichen Bestimmungen sowie der Vorschriften über Steuerabzug vom Arbeitslohn und über Sozialversicherung bleibt das Gehalt des Herrn Stock unverändert.

Berlin, den 5. Juni 1931.

Paul Stock. — Für die Berliner Likörwerke A.G.: Schulze. Müller.

Nr. 36. Aus Allgemeinen Versicherungsbedingungen für Lebensversicherungen.

(Allianz und Stuttgarter Lebensversicherungsbank A.-G.)

„**§ 14.** Der Versicherungsnehmer kann bei Abschluß der Versicherung oder später der Bank gegenüber dritte Personen als bezugsberechtigt bezeichnen. Diese erwerben ein Recht auf die Leistungen aus der Versicherung erst mit dem Eintritt des Versicherungsfalles. Bis dahin kann der Versicherungsnehmer über die Versicherung frei verfügen; er darf die Bezeichnung widerrufen oder ändern. Die bezeichneten Personen erwerben ein sofortiges und unwiderrufliches Recht auf die Leistungen aus dem Versicherungsvertrag, wenn die Bank auf Antrag des Versicherungsnehmers auf dem Versicherungsschein vermerkt hat, daß der Widerruf ausgeschlossen ist."

VI. Vertragsstrafe.

Nr. 37.

1. „Die Besteller unserer Ware übernehmen die ausdrückliche Verpflichtung, dafür zu sorgen, daß die bezogenen Kalisalze — auch in Form von Mischdünger — ausschließlich innerhalb der Grenzen des Deutschen Reiches zu landwirtschaftlichen Zwecken Verwendung finden. Ist gegen diese Bestimmung von den Bestellern oder von ihren Unterabnehmern verstoßen worden, so haben sie an das Kalisyndikat einen Geldbetrag in doppelter Höhe des Rohpreises der außerhalb Deutschland zur Verwendung gelangten Mengen zu zahlen.

Die Besteller und Empfänger einer Sendung Kalisalze übernehmen demgemäß die Verpflichtung, dem Syndikat auf Erfordern in glaubhafter Form den Nachweis zu liefern, daß die bezogene Ware ausschließlich zur landwirtschaftlichen Verwendung innerhalb der Grenzen des Deutschen Reiches gelangt ist. Kann dieser Nachweis nicht erbracht werden, so ist das Syndikat berechtigt, die Zuwiderhandlung als geschehen anzunehmen und von dem betreffenden

Abnehmer die Zahlung des in Abs. 1 genannten Geldbetrages zu fordern. Der Betrag ist verwirkt, gleichviel ob die widerrechtliche Ausfuhr durch den Besteller der Ware selbst oder durch dritte Hand erfolgt ist. Der Besteller hat also für die Handlungen seiner Käufer sowie aller Personen, in deren Hände die Ware gelangt, ebenso einzustehen wie für seine eigenen. Es bleibt ihm überlassen, sich seinerseits die Innehaltung der von ihm übernommenen Verpflichtungen bezüglich des Inlandsverbrauchs der Ware von seinen Abnehmern verbürgen zu lassen.

Der Geldbetrag ist an die Syndikatskasse zu entrichten und kann im Weigerungsfalle ohne weiteres aus einem etwaigen Guthaben oder einer hinterlegten Sicherheit des Käufers gedeckt werden. Außerdem hat der Käufer das Syndikat bezw. die ihm angeschlossenen Werke für die Folgen der Zuwiderhandlung schadlos zu halten.

Das Kalisyndikat behält sich ausdrücklich das Recht vor, Käufer, welche Kalisalze, die zum Inlandsverbrauch bezogen wurden, mittelbar oder unmittelbar nach dem Auslande anbieten, verkaufen oder liefern, von weiteren Bezügen auszuschließen. Die Zuwiderhandelnden begehen überdies einen Verstoß gegen das Gesetz über die Regelung der Kaliwirtschaft, welches für diesen Fall eine hohe Geldstrafe vorsieht." *)

*) Aus den Verkaufs- und Lieferungsbedingungen des Deutschen Kalisyndikats G. m. b. H.

2. „Für Vertragsstrafen gelten die Vorschriften der §§ 339—345 BGB.

Ist die Vertragsstrafe für den Fall vereinbart, daß der Auftragnehmer nicht in der vorgesehenen Frist erfüllt, so wird sie fällig, wenn der Auftragnehmer in Verzug gerät. Hat der Auftraggeber die Leistung abgenommen, so kann er die Strafe nur verlangen, wenn er dies bei der Abnahme vorbehalten hat.

Ist die Vertragsstrafe nach Tagen bemessen, so zählen nur Werktage, ist sie nach Wochen bemessen, so wird jeder Werktag angefangener Wochen als eine Sechstelwoche gerechnet." *)

*) Aus der Reichsverdingungsordnung (siehe oben Nr. 19).

VII. Rücktritt.

Nr. 38.

1. „Wird dem Lieferer die Erfüllung des Vertrages ganz oder teilweise unmöglich, so kann der Besteller bei gänzlicher Unmöglichkeit vom Vertrage zurücktreten, bei teilweiser Unmöglichkeit angemessene Minderung des Preises verlangen.

Der Besteller kann ferner zurücktreten, wenn der Lieferer eine angemessene Nachfrist für die Besserung eines von ihm zu vertretenden Mangels im Sinne der Lieferbedingungen fruchtlos hat verstreichen lassen, es sei denn, daß der Lieferer nachweist, daß ihn kein Verschulden trifft.

Im Falle des Rücktritts des Bestellers kann dieser unter Ausschluß weiterer Ansprüche den Ersatz der von ihm aufgewendeten Unkosten für Transport und Zölle vom Lieferer verlangen." *)

*) Allgemeine Bedingungen für Lieferungen an Exporteure, aufgestellt vom Verein Deutscher Maschinenbauanstalten und dem Verband Deutscher Exporteure.

2. „Im Falle des Rücktritts hat der Käufer die Ware unverzüglich auf seine Kosten zurückzusenden und Ersatz zu leisten: a) für die von dem Besteller aus Anlaß des Vertrages gemachten Aufwendungen für Provision, Frachtkosten, Verpackungsspesen, Kosten der Montage und Demontage und eine etwaige Versicherungsprämie, b) für die Benutzung der Maschine und die dadurch eingetretene Wertminderung, c) für den entgangenen Gewinn." *)

*) Aus einem in der Werkzeugmaschinenindustrie gebräuchlichen Vordruck.

3. „Verkäuferin ist berechtigt, vor oder nach erfolgter Übergabe von dem abgeschlossenen Vertrag zurückzutreten, sofern sich herausstellt, daß Käufer........ kreditunwürdig ist — sind —

oder unwahre Angaben über die seine — ihre — Kreditwürdigkeit bedingenden Verhältnisse gemacht ha..........

Verkäuferin hat ferner das Recht, falls Käufer........ die Verpflichtungen aus § 2 dieses Vertrages nicht pünktlich erfüll....., nach erfolgter Androhung ohne Setzung einer Nachfrist von diesem Vertrage zurückzutreten oder Schadenersatz wegen Nichterfüllung zu verlangen.

Ist — Sind — Käufer........ mit zwei aufeinanderfolgenden Raten ganz oder teilweise im Verzug und kommt der Betrag, mit dem er — sie — in Verzug ist — sind —, mindestens dem zehnten Teile des Kaufpreises der übergebenen Sachen gleich, so ist der Restkaufpreis sofort fällig und zahlbar." *)

*) Bedingungen B des Reichsverbandes des kreditgebenden Einzelhandels E. V. in Berlin.

VIII. Erfüllung.

Nr. 39.

1.

„Der Darlehnsnehmer hat das Recht, das Darlehen unter Einhaltung einer sechsmonatigen Kündigungsfrist zu jedem Zinstermin (d. i. 1. Februar und 1. August) zu kündigen und entweder in bar zu pari oder in den von der Deutschen Rentenbank-Kreditanstalt ausgegebenen Schuldverschreibungen (3. Amerika-Anleihe) zurückzuzahlen." *)

*) Aus dem Formular einer Hypothekenbank.

2. An die Dresdner Bank. (Ihr Formular.)

„Ich räume Ihnen hierdurch für mich und meine Erben das Recht ein, sich im Falle meines nachgewiesenen Todes durch Aushändigung der alsdann unter meinem Namen im Depot ruhenden Effekten sowie des auf meinem Konto etwa erscheinenden Barguthabens an Herrn Paul Schulz in Berlin, Friedrichstraße 103, von jeglicher Verbindlichkeit in Ansehung des obigen Depots und Kontos zu befreien, wogegen ich mir bei meinen Lebzeiten freie Verfügung über beides vorbehalte.

Die aus unserem Kontokorrent-Verhältnis herrührenden Rechte und Verbindlichkeiten bleiben hierdurch unberührt."

(Datum und Unterschrift.)

3.

„Akzepte werden nicht an Zahlungs Statt, sondern nur unter dem Vorbehalt pünktlichen Eingangs angenommen. Der jeweils eingelöste Betrag wird nach Einlösung dem Konto gutgebracht." *)

*) Aus den Einheitsbedingungen des Reichsverbandes des kreditgebenden Einzelhandels.

Nr. 40. Quittungen.

1. Gedruckte Zeitungsquittung.

Bezugsquittung.

Steglitzer Tageblatt. — Berlin-Steglitz, Uferstraße 17.

RM. 3,75 Bezugsgebühr auf das Steglitzer Tageblatt für den Monat Januar 1931 erhalten.

(Stempel.)

2. Formular für die Quittung eines Angestellten.

„Ich erkläre, bis zum .... (Ende des Monats, für den das Gehalt gezahlt wurde) an die Firma .... keine weiteren Ansprüche zu haben, vielmehr bis zu diesem Tage mit allen meinen Ansprüchen abgegolten zu sein." *)

*) Welche Wirkung hat die Unterzeichnung dieser Quittung, falls dem Angestellten ein unter dem Tarif liegendes Gehalt ausgezahlt wurde?

IX. Hinterlegung.

Nr. 41. (Preußisches) Formular für Hinterlegungen beim Amtsgericht.*)

1. Name, Stand und Wohnort (Wohnung) des Hinterlegers und, falls ein Vertreter hinterlegt, auch Name, Stand und Wohnort des Vertreters:	Olga Meyer, kaufmännische Angestellte in Berlin, Köpenicker Straße 13.
2. Betrag (in Ziffern und in Buchstaben):	40 RM. Vierzig Reichsmark.
3. Das zur Hinterlegung führende Rechtsverhältnis:	
a) Angabe der Personen, die als Empfangsberechtigte in Betracht kommen — soweit tunlich, nach Name, Stand und Wohnort (Wohnung) —:	Erben der Frau Helene Stöcke in Berlin, Köpenicker Straße 13, oder Paul Neumann ebenda.
b) Bestimmte Angaben der Tatsachen, welche die Hinterlegung rechtfertigen, insbesondere Angaben der Sache, der Behörde und des Aktenzeichens, wenn die Angelegenheit, in der hinterlegt wird, bei einer Behörde anhängig ist:	Die Hinterlegende ist Mieterin bei der obengenannten Frau Helene Stöcke. Diese ist am 31. Januar 1931 verstorben. Sowohl ihr Sohn Paul Stöcke wie die Tochter Helene Müller, geb. Stöcke, als auch der Hauswirt Paul Neumann in Berlin, Köpenicker Straße 13, erheben Anspruch auf den Mietzins für Februar 1931. Paul Stöcke und Helene Müller behaupten jeder, Alleinerbe ihrer Mutter geworden zu sein; der Hauswirt behauptet, ihm sei die Forderung auf Mietzins für die nächsten Monate am 15. Januar 1931 von der Frau Stöcke abgetreten worden. Da somit die Mieterin über die Person des Gläubigers in Unkenntnis ist, hinterlegt sie hiermit den Betrag.
c) Beigefügte Schriftstücke:	Ein Schreiben des Hauswirtes Paul Neumann in Berlin, Köpenicker Straße 13, vom 1. Februar 1931.
d) Bemerkungen (insbesondere über die Auszahlung):	Auf Rücknahme des hinterlegten Betrages wird verzichtet.

*) Die linke Seite ist vorgedruckt.

X. Aufrechnung.

Nr. 42.

1. „Die Zahlung ist ohne Abzug zu leisten. Jedes Geschäft gilt bezüglich der Zahlung als ein Geschäft für sich; eine Aufrechnung von Gegenansprüchen ist ausgeschlossen. Der Tag des Versandes ab Lieferstelle ist für die Berechnung maßgebend." *)

*) Aus den Lieferungsbedingungen der Rhenania-Ossag Mineralölwerke A.-G.

2. „Zur einseitigen Aufrechnung mit Forderungen, die von uns nicht anerkannt sind, ist der Kunde nicht berechtigt." *)

*) Allgemeine Geschäftsbedingungen der Dresdner Bank.

3. „Die Anwendung des § 390 Satz 2 BGB. gegenüber dem Lagerhalter wird ausgeschlossen.“ *)

*) Aus den Allgemeinen Lagerbedingungen des deutschen Möbeltransports.

XI. Abtretung.

Nr. 43.

1. „Der Kaufmann Abel in Dresden, Elbstraße 10, schuldet mir für gelieferte Waren 200 RM nebst 5 v. H. Zinsen seit dem 1. Januar 1931. Diese Forderung trete ich hiermit nebst den Zinsen an Herrn Wilhelm Bernhard in Dresden, Augustusplatz 2, ab.“

(Datum und Unterschrift.)

2. „Meine durch Hypothek auf dem Grundstück Königstraße 3 in Frankfurt a./O. (Grundbuch des Amtsgerichts Frankfurt a./O. Band I Blatt 23) gesicherte Forderung gegen den Schneidermeister Wilhelm Klein in Frankfurt a./O., Königstraße 3, trete ich mit den Zinsen seit dem 1. April d. Js. an die Märkische Genossenschaftsbank e. G. m. b. H. in Frankfurt a./O. ab. Ich beantrage, den hiermit überreichten Hypothekenbrief an die genannte Bank nebst einer Ausfertigung dieser Verhandlung zu übersenden.“

(Datum und Unterschrift.) (Beglaubigungsvermerk.)

Nr. 44. Veräußerung unter Eigentumsvorbehalt mit der Ermächtigung zur Weiterveräußerung im ordnungsmäßigen Geschäftsbetrieb (vgl. oben Nr. 15, 1) **und folgender Abrede:**

„Bis zur Tilgung der Kaufpreisschuld stehen die Forderungen des Bestellers für diese Waren dem Lieferer zu.

Bei einem Weiterverkauf der dem Lieferanten gehörenden Waren tritt die volle Kaufpreisforderung an Stelle der Ware.

Die hierbei entstehenden Forderungen tritt er (sc. der Käufer) bereits jetzt dem Verkäufer ab und verpflichtet sich zu jeder Auskunft über diese Forderungen.“

Nr. 45. Aus einer Sicherungsabtretung.

§ 2. Zur Sicherung der Ansprüche der Gläubigerin tritt ihr der Schuldner seine Forderung gegen X auf Zahlung des Kaufpreises für gelieferte Ware gemäß Vertrag vom .... ab. Diese Kaufpreisforderung beläuft sich auf .... RM und ist am 1. Mai 1930 fällig.

§ 3. Eine Anzeige von der erfolgten Abtretung an den Gläubiger unterbleibt so lange, als der Schuldner seine Verpflichtungen entsprechend dem § 1 dieses Abkommens erfüllt. Kommt der Schuldner mit der Zahlung der Zinsen oder der Rückzahlung des Kapitals in Verzug, so soll die Gläubigerin berechtigt sein, die Firma X von der erfolgten Abtretung unter Beifügung einer Abschrift dieses Abkommens in Kenntnis zu setzen.

§ 4. Sofern die Firma X am 1. Mai 1930 an den Schuldner Zahlung leistet, ist dieser verpflichtet, den Betrag von 1000 RM an die Gläubigerin abzuführen oder aber anderweite Sicherheit für die Schuld zu stellen. Bis zur Abführung ist das Geld als Eigentum der Gläubigerin anzusehen und als solches gesondert aufzubewahren.

Zahlt der Schuldner schon vorher an die Gläubigerin, so geht die abgetretene Forderung ohne weiteres wieder auf ihn über.

Im Falle des Verzuges des Schuldners ist die Gläubigerin berechtigt, die abgetretene Forderung im eigenen Namen gegen die Firma X geltend zu machen.

§ 5. Bis zur vollständigen Rückzahlung des Kapitals wird sich der Schuldner jeder Geltendmachung und jeder Verwertung der abgetretenen Forderung, insbesondere einer Weiterabtretung, enthalten.

Ebenso verpflichtet sich die Gläubigerin, bis zur Fälligkeit des Kapitals keine Weiterabtretung der Forderung gegen die Firma X vorzunehmen.

§ 6. Stempel und Kosten . . .

Nr. 46. Abtretung eines Patents.

Der Ingenieur Hans Staufig aus Zossen überträgt der Neuheiten-Verwertungs-G.m.b.H. alle Rechte aus dem ihm erteilten Deutschen Reichspatent Nr. 135 738 über einen verbesserten Füllbleistift gegen eine einmalige Zahlung von 600 RM.

(Datum, Unterschriften der Kontrahenten.)

Nr. 47. Einschränkungen der Abtretbarkeit.

1. „Verpfändungen und Abtretungen der Ansprüche aus der Versicherung sind der Bank gegenüber nur dann rechtswirksam, wenn ihrem Vorstand eine schriftliche Anzeige des bisherigen Verfügungsberechtigten zugegangen ist. Ist bei einer Versicherung der Verfügungsberechtigte nicht zugleich Versicherter, so ist eine Abtretung oder Verpfändung der Versicherung sowie eine sonstige Verfügung über die Rechte aus der Versicherung nur bei schriftlicher Einwilligung des Versicherten gültig. Die Bank ist berechtigt, den Nachweis dieser Einwilligung zu verlangen.“ *)

*) Aus den Allgemeinen Versicherungsbedingungen für Lebensversicherungen der Allianz und Stuttgarter Lebensversicherungsbank A.-G.

2. „Der Käufer ist nicht berechtigt, seine Ansprüche aus dem Vertrage an Dritte abzutreten; Ausnahmen bedürfen der ausdrücklichen schriftlichen Genehmigung des Verkäufers. Für den Fall, daß kraft Gesetzes die Ansprüche aus dem Vertrage auf einen Dritten übergehen, sollen sämtliche Zahlungsansprüche des Verkäufers sofort fällig sein.“ *)

*) Aus einem Abzahlungsgeschäft. Vgl. ferner die Allgemeinen Lieferungsbedingungen des Vereins Deutscher Maschinenbauanstalten sowie diejenigen des Vereins Deutscher Werkzeugmaschinenfabriken und der Vereinigung Deutscher Druckmaschinen-Fabriken: „Besteller und Lieferer dürfen ihre Vertragsrechte auf Dritte nur im gegenseitigen Einverständnis übertragen.“ Entsprechende Bestimmungen u. a. in den Einkaufsbedingungen mehrerer Warenhäuser.

3. „Der Mieter darf seine Rechte aus diesem Vertrage nicht ohne Genehmigung übertragen.

Genehmigt aber der Vermieter die Abtretung der Rechte aus diesem Vertrag, so bleibt, auch wenn der neue Mieter die vertraglichen Verpflichtungen übernimmt, der jetzige Mieter als Gesamtschuldner mit dem neuen Mieter für diese haftbar.“ *)

*) Aus einem Berliner Mietvertrag.

XII. Schuldübernahme.

Nr. 48.

„An Herrn Assessor Abend.

Wir sind damit einverstanden, daß Sie, nachdem Sie von der Alleinerbin unseres Kunden, Herrn Rechtsanwalt Dr. Konrad, die bisher erschienenen Lieferungen des Staudingerschen Kommentars erworben haben, nunmehr an Stelle des Herrn Dr. Konrad in seine Verpflichtung uns gegenüber eintreten. Wunschgemäß werden wir also die künftig erscheinenden Lieferungen Ihnen zugehen lassen. Hochachtungsvoll Buchhaus Hermann. ppa. Schultz.“

Nr. 49. Mitteilung gemäß § 416.

„Durch Vertrag vom 1. Juli 1930 (Nr. 156 des Registers des Notars Adam in Berlin) habe ich mein Grundstück Linienstraße 12 an die Immobilienverwertungs-Aktiengesellschaft in Berlin, Kurfürstenstraße 3, verkauft. Die Erwerberin ist inzwischen in das Grundbuch eingetragen worden. In Anrechnung auf den Kaufpreis hat sie die für Sie in Abt. 3 unter Nr. 2 eingetragene Hypothek von 11 000 RM übernommen. Hiervon mache ich Ihnen gemäß § 416 BGB. Mitteilung mit dem Bemerken, daß die Erwerberin als Schuldner an meine Stelle tritt, sofern Sie nicht binnen sechs Monaten nach Empfang dieser Mitteilung mir gegenüber die Genehmigung zur Schuldübernahme verweigern.“

(Datum und Unterschrift.)

Nr. 50. Verpflichtung zur Herbeiführung einer Schuldübernahme.

1. „Findet bei dem Käufer während der Vertragsdauer ein Besitzwechsel des Geschäftes statt, so übernimmt der Käufer die Verpflichtung, daß vorliegender Vertrag mit sämtlichen Rechten und Pflichten von seinem Geschäftsnachfolger übernommen wird." *)

*) Aus dem Milchlieferungsvertrag der Meierei-Zentrale Milchlieferungsgesellschaft m. b. H., Berlin.

2. „Bei Veräußerung oder Verpachtung des Theaters hat der Theaterbesitzer seinen Nachfolger, unbeschadet seiner eigenen Haftung, zur Übernahme der bestehenden Filmabschlüsse zu verpflichten und unverzüglich Abschrift der entsprechend mit dem Übernehmer abgeschlossenen Vertragsbestimmung dem Verleiher durch Einschreibebrief zu übersenden. Seine Rechte aus dem Vertrage mit dem Nachfolger gehen, soweit sie die Erfüllung der vorliegenden Bestellung betreffen, unbeschadet der Weiterhaftung des Bestellers auf den Verleiher über. Weigert sich der Nachfolger, die Filmabschlüsse zu erfüllen, oder teilt der Theaterbesitzer die Veräußerung oder Verpachtung des Theaters nicht innerhalb acht Tagen mit, so werden alle Mietbeträge dem Theaterbesitzer gegenüber sofort fällig, der die Bestellung getätigt oder anerkannt hat." *)

*) Aus den Bezugsbedingungen, vereinbart zwischen dem Zentralverband der Filmverleiher Deutschlands und dem Reichsverband Deutscher Lichtspieltheaterbesitzer.

Einzelne Schuldverhältnisse.

I. Kauf.

Nr. 51. Auftragsbedingungen des Verbandes Deutscher Exporteure.

(Richtlinien für das allgemeine Exportgeschäft auf Grund von Aussprachen im Jahre 1926 zwischen dem Reichsverband der Deutschen Industrie und dem Verband Deutscher Exporteure.)

1. a) Für Geschäfte, die nicht ausdrücklich als Fix-Geschäfte abgeschlossen wurden, gelten bezüglich der Folgen des Lieferverzuges die gesetzlichen Bestimmungen.

b) Erfolgt bei Fix-Geschäften die Lieferung nicht rechtzeitig, so steht es dem Auftraggeber frei, entweder auf Lieferung ganz zu verzichten und Schadenersatz wegen Nichtlieferung zu verlangen, oder auf nachträgliche Lieferung zu bestehen, wobei der durch die nicht rechtzeitige oder unvollständige Lieferung dem Auftraggeber nachweislich entstandene Schaden diesem einschließlich sämtlicher Spesen unverzüglich zu ersetzen ist. Etwaige Deckungskäufe können vom Auftraggeber ohne Beobachtung besonderer Förmlichkeiten vorgenommen werden.

2. Bei Geschäften „fob" oder „frei Schiffsseite" hat der Verkäufer die Ware auf seine Rechnung und Gefahr an Bord bezw. längsseits des Schiffes zu liefern.

3. Die Rechnungen müssen genau nach den Vorschriften des Auftrages aufgemacht werden. Bei Nichtausführung oder unrichtiger Ausführung dieser Vorschrift haftet der Verkäufer für jeden daraus entstehenden Schaden einschließlich etwaiger Zollstrafen.

4. Sofern nicht besondere entgegenstehende Vereinbarungen getroffen sind, müssen die Waren, ihre Aufmachung und Verpackung streng neutral sein, ohne Firma oder Abzeichen. Auch darf in die Kolli nichts gepackt werden, was die Herkunft der Waren erkennen läßt. Etwa gewünschte Muster, Kataloge und Drucksachen sind stets getrennt von der Ware dem Auftraggeber zu übersenden.

Für allen Schaden, welcher dem Auftraggeber oder seinen Abnehmern daraus erwächst, daß die verwendeten Marken, Zeichen, Etiketten, Muster, Konstruktionen usw. gegen bestehende Rechte anderer verstoßen, hat der Verkäufer, sofern nicht die Marken usw. ausdrücklich vom Auftraggeber vorgeschrieben sind, aufzukommen.

5. Sofern die Lieferung von Ausfallmustern im Kaufvertrage ausbedungen ist, sind diese spätestens mit der Faktura zusammen zu senden; zu ihrer Prüfung ist der Auftraggeber nicht verpflichtet.

6. Die Verpackung gefährlicher, insbesondere feuergefährlicher oder explosiver Waren hat den dafür gültigen Bestimmungen für Verladungen mit Kauffahrteischiffen gemäß stattzufinden. Die Waren sind in der Auftragsbestätigung und in der Faktura als gefährlich bezw. feuergefährlich oder explosiv ausdrücklich kenntlich zu machen.

7. Fakturierte Waren gelten nach Bezahlung als dem Auftraggeber übereignet. Sie müssen von den übrigen Beständen ausgesondert als dem Auftraggeber gehörig aufbewahrt werden.

Das Risiko der Feuer- und Diebstahlgefahr wird bis zum Verlassen der Fabrik durch den Lieferanten versichert, auch wenn die Ware bereits Eigentum des Auftraggebers geworden ist. Im letzteren Falle hat der Auftraggeber die Kosten der Versicherung zu tragen.

8. Als Ort der Ablieferung und Untersuchung im Sinne der §§ 377 und 378 des Handelsgesetzbuches gilt der endgültige ausländische Bestimmungsplatz. Die Waren brauchen nicht vor vier Wochen nach Ankunft am Wohnsitze des ausländischen Kunden und jedenfalls nicht vor vier Wochen nach stattgehabter Verzollung untersucht zu werden.*) Eine innerhalb dieser Frist an den Auftraggeber abgesandte und von ihm binnen acht Tagen nach Erhalt weitergegebene, wenn auch nur allgemein gehaltene Mängelanzeige ist ausreichend und rechtzeitig.

Die Bestimmungen des Abs. 1 gelten für Lieferung seemäßig verpackter Ware. Bei Lieferung nicht seemäßig verpackter Ware bleiben Vereinbarungen im Einzelfalle vorbehalten.

Durch Bezahlung gilt die Lieferung nicht als genehmigt.

9. Bei Qualitäts-, Sortiments- und sonstigen Lieferungsdifferenzen sind für beide Teile die Feststellungen der überseeischen Experten maßgebend, welche in Übereinstimmung mit den am Bestimmungsort herrschenden Usancen zu ernennen sind.

10. Die Verjährungsfrist gemäß den §§ 477 Abs. 1 und 638 Abs. 1 des Bürgerlichen Gesetzbuches beträgt sechs Monate von der Ablieferung der Ware am ausländischen Bestimmungsplatz.

11. Alleiniger Gerichtsstand für beide Teile ist der Ort der Niederlassung des deutschen Auftraggebers.

*) Für das ostasiatische Geschäft erhält der zweite Satz der Ziffer 8 folgende Fassung: „Die Waren brauchen nicht vor vier Wochen nach Ankunft am Wohnsitze des ausländischen Kunden und jedenfalls nicht vor 100 Tagen nach Ankunft im überseeischen Bestimmungshafen untersucht zu werden."

Nr. 52. Einkaufsbedingungen eines Warenhauskonzerns.

„Erfüllungsort für unsere Bezahlungen ist der jeweilige Sitz unserer Hauptniederlassung.

Erfüllungsort für Ihre Lieferungen ist der Ort, an den Sie die bestellte Ware zu senden haben.

Ausschließlicher Gerichtsstand für beide Vertragsparteien ist der Ort, an dem sich jeweils die Hauptniederlassung unserer Firma befindet.

Für jede Abteilung ist eine getrennte Rechnung auszustellen. Rechnungen sind stets durch Briefe einzusenden, sie dürfen nicht der Sendung beigefügt werden. Auf den Rechnungen ist zu bemerken: Teilsendung oder Auslieferung. Die Rechnungen müssen erschöpfend genaue Angaben über die Menge, Beschaffenheit, Qualität und Herkunft bezw. über den Inhalt der Sendung enthalten. Phantasiebezeichnungen sind unzulässig.

Auf Briefen, Frachtbriefen, Paketadressen und Rechnungen sind unsere Auftrags- und Abteilungsnummern anzugeben. Falls von seiten des Lieferanten eine schriftliche Auftragsbestätigung erteilt wird, erkennen wir diese, auch wenn wir nicht ausdrücklich widersprechen, nur soweit an und hat diese nur insoweit Gültigkeit, als deren Bedingungen nicht im Widerspruch mit unseren Allgemeinen Kaufbedingungen stehen. — Schadenersatzansprüche gegen uns oder Rücktritt vom Vertrage bei verspätetem Eingang unserer Leistungen sind ausgeschlossen.

Die vereinbarten Lieferungsfristen sind streng einzuhalten. Bei unpünktlicher Lieferung, sei sie vom Lieferanten verschuldet oder nicht, sind wir nicht verpflichtet, eine Nachfrist zu setzen, sondern berechtigt, sofort vom Kaufvertrage zurückzutreten, und zwar nach unserer Wahl entweder bezüglich des gesamten Auftrages unter Rückgabe etwa schon gemachter Teillieferungen oder nur bezüglich eines noch nicht gelieferten Teilauftrages.

Bahnsendungen sind mit .... zu zeichnen.

Postpaketsendungen dürfen den Namen der absendenden Firma nur auf der Begleitadresse, nicht aber auf dem Paket selbst tragen.

Die liefernde Firma hat Gewähr zu leisten, daß ihre Ware keinerlei fremde Urheberrechte, Patente, Warenzeichen, Gebrauchsmuster oder bestehende gesetzliche Bestimmungen verletzt. Sie haftet für alle Folgen einer derartigen Verletzung.

Mängelrügen gelten als rechtzeitig, wenn dieselben innerhalb vier Wochen nach dem Eingang der Ware, bei verborgenen Mängeln innerhalb zwei Wochen nach Entdeckung der Mängel unsererseits geltend gemacht werden.

Die von uns zurückgegebenen Waren sind ohne besonderen Auftrag nicht zu ersetzen.

Die liefernde Firma ist ohne unsere Einwilligung nicht berechtigt, ihre Forderung an Dritte abzutreten. Tratten, Nachnahmen, Postaufträge werden von uns nicht eingelöst und etwa dadurch entstehende Kosten nicht von uns getragen.

Soweit Sendungen auf unsere Gefahr reisen, werden diese von uns selbst versichert; etwa uns in Rechnung gestellte Beträge für Versicherung erkennen wir nicht an. Die vorstehenden Bedingungen gelten auch bei Nachlieferungen".

Nr. 53. Abzahlungsgeschäft.

Einheitsbedingungen des Reichsverbandes des kreditgebenden Einzelhandels E. V., Berlin.*)

§ 1. (Eigentumsvorbehalt.) Die auf Grund dieses Bestellantrages gelieferten Waren bleiben bis zur vollständigen Bezahlung der Schuld bezw. bis zum Eingang der Wechselbeträge Eigentum der Lieferfirma (Firma).

Laufen gleichzeitig Verbindlichkeiten aus mehreren Lieferungen der Firma, so bleibt die gelieferte Ware bis zur Tilgung der Gesamtschuld deren Eigentum.

§ 2. Alle Zahlungen sind pünktlich an den umstehend bezeichneten Tagen im Geschäftslokal der Firma während der Geschäftsstunden zu leisten oder spesenfrei auf Gefahr des Bestellers der Firma einzusenden. Diese Verpflichtung besteht auch dann, wenn Firma die Zahlung mehrmals beim Besteller hat abholen lassen.

Hereingenommene unpünktliche oder ungenügende Zahlungen bewirken keine stillschweigende Vertragsabänderung.

Die Zahlungen sind derart zu verrechnen, daß durch den bezahlten Betrag zunächst die Schulden getilgt werden, die der Firma die geringste Sicherheit bieten, insbesondere auf etwa entstandene Unkosten und Schulden auf Waren, die nicht unter Eigentumsvorbehalt geliefert wurden. Die Zahlung ist jeweils auf die am längsten rückständige Rate zu verrechnen.

§ 3. Akzepte werden nicht an Zahlungs Statt, sondern nur unter dem Vorbehalt pünktlichen Eingangs angenommen. Die Gutschrift des Betrages erfolgt nach jeweiliger Einlösung.

§ 4. Der Besteller trägt die Gefahr für den Untergang und die Verschlechterung der Ware. Läßt der Besteller die bestellte Ware bei der Firma lagern, so haftet diese für Untergang und Verschlechterung nur, wenn sie diese vorsätzlich herbeigeführt hat.

Firma haftet für ihr zur Aufbewahrung übergebene Sachen entsprechend Abs. 1.

Personen, die ein Kontobuch oder eine Quittung über die Waren vorlegen, ist Firma ohne Legitimationsprüfung die Gegenstände herauszugeben berechtigt.

§ 5. Der Besteller hat die Waren unverzüglich nach der Ablieferung durch die Firma zu untersuchen und, wenn sich ein Mangel zeigt, der Firma unverzüglich Anzeige zu machen. Unterläßt der Besteller die Anzeige, so gilt die Ware als genehmigt, es sei denn, daß es sich um einen Mangel handelt, der bei der Untersuchung nicht erkennbar war.

Zeigt sich ein solcher Mangel, so muß die Anzeige unverzüglich nach der Entdeckung gemacht werden, andernfalls gilt die Ware auch in Ansehung dieses Mangels als genehmigt.

*) Auf der Rückseite des Bestellscheins abgedruckt.

Die vorstehenden Vorschriften finden keine Anwendung, wenn die Firma den Mangel arglistig verschwiegen hat.

§ 6. Werden die Waren beim Besteller von anderer Seite gepfändet, so hat dieser spätestens am dritten Tage der Firma hiervon Mitteilung zu machen. Er hat gleichzeitig zwecks rechtzeitiger Intervention das Pfändungsprotokoll vorzulegen und für die die Intervention rechtfertigenden Unterlagen Sorge zu tragen.

Für alle hieraus entstehenden Unkosten und für einen der Firma hieraus entstehenden Schaden haftet Besteller. Durch weitere Ratenzahlungen werden zunächst die Kosten getilgt, die aus der Intervention entstanden sind. Eine Verpflichtung zur Intervention übernimmt die Firma nicht.

Besteller verpflichtet sich, Wohnungsveränderungen vor dem Umzuge mitzuteilen und ohne Zustimmung der Firma Möbel weder aus dem Gemeindebezirk noch aus der Wohnung zu entfernen.

§ 7. . . . [Nicht abgedruckt; sachlich übereinstimmend mit Nr. 38, 3.]

§ 8. Firma hat das Recht, Lager- und Transportspesen nach den im Speditionsgewerbe geltenden Sätzen zu berechnen.

§ 9. Dem angegebenen Preis ist ein Zahlungsziel von .... Wochen (.......... Monaten) zugrunde gelegt. Für jede..... Woche — Monat — früherer Zahlung des Gesamtbetrages ermäßigt sich der Gesamtpreis um .... v. H.

§ 10. Änderungen der Bedingungen dieses Bestellantrages haben nur schriftlich Gültigkeit.

Nr. 54. Einzelne Klauseln betr. Menge und Güte der Kaufsache.

1. Abreden über die Quantität.

2 Waggons — eine Ladung ca. 10 Tonnen — bahnamtliches Gewicht — Durchschnittstara —.

2. Abreden über die Qualität.

a) wie besehen — wie es steht und liegt — tel quel — besichtigt und akzeptiert — nach Typenmuster — wie gehabt — genau nach Muster —.

b) „Als zugesichert gelten nur solche Eigenschaften, die ausdrücklich als zugesichert angegeben oder als solche unzweideutig erkennbar sind." *)

*) Aus den Lieferungsbedingungen eines Großhändlers der Textilbranche — eine auch sonst häufig vorkommende Bestimmung.

Nr. 55. Abreden über die Voraussetzungen der Sachmängelhaftung.

1. „Bei rechtzeitig beanstandeten Lieferungen und in begründeten Fällen sind wir bereit, die Waren zurückzunehmen, ohne zur Ersatzlieferung oder Anerkennung sonstiger Ersatzansprüche verpflichtet zu sein." *)

*) Aus Verkaufsbedingungen im Chemikalienhandel. Vgl. dazu Dove-Meyerstein, Gutachten über Handelsgebräuche Band 4 Nr. 468.

2. „**§ 11.** Beanstandungen. Der Verkäufer haftet für mustergetreue Lieferung. Für Lieferung und Abnahme der Ware sowie für Beurteilung der Beschaffenheit und Mustergültigkeit derselben gelten die durch den bisherigen Handelsgebrauch anerkannten Grundsätze.

Der Verkäufer haftet nicht für Veränderung der Ware oder der Basismuster infolge klimatischer oder sonstiger Einwirkung oder infolge Einlagerung.

Ort der Ablieferung und Untersuchung der Ware im Sinne des § 377 HGB. ist der vom Käufer bei Abschluß des Geschäftes zu bestimmende überseeische Handelsplatz. Diese Bestimmung darf in besonderen Fällen mit Zustimmung des Verkäufers — jedoch nur vor Versand der Ware ab Fabrik — abgeändert werden.

An dem bezeichneten Platze hat die Prüfung der Ware innerhalb einer Frist von 30 Tagen nach Abnahme, längstens aber innerhalb 100 Tagen nach ihrer Ankunft stattzufinden. Wird der Bestimmungsort vom Käufer nicht angegeben, so gilt der europäische Verschiffungshafen als Ort der Ablieferung und Untersuchung.

Die Lieferungsmuster sind binnen 10 Tagen nach ihrem Eintreffen vom Käufer an seiner Handelsniederlassung oder, falls es sich um außereuropäische Käufer handelt, vom europäischen Vertreter der Käufer an seiner Handelsniederlassung zu prüfen, sofern er dazu in der Lage ist. Etwaige offensichtliche Mängel sind innerhalb der zehntägigen Frist zu rügen.

Falls die Basismuster noch wegen anderer Ablieferungen zurückbehalten werden müssen, so werden die Rechte der Käufer durch die einstweilige Nichtsendung der Muster nicht beeinträchtigt.

Basismuster sind mit jeder Lieferung an den Käufer erneut zu übersenden, wenn noch weitere Lieferungen zu erfolgen haben.

Die Verjährungsfristen der §§ 477 und 638 BGB. beginnen mit dem Tage der Ankunft der Ware im überseeischen Hafen.

§ 12. Survey. Im Falle von Streitigkeiten des Käufers mit seinen Abnehmern in Indien ist, sofern eine gütliche Einigung nicht zu erreichen ist, Survey durch die nächstliegende Handelskammer aufzunehmen. An denjenigen Plätzen, an denen Survey einer Handelskammer nicht zu erlangen ist, kann ein Private-Survey aufgenommen werden.

Das Handelskammer-Survey ist für die Entscheidung des Streites, insbesondere auch für die Höhe des Abzuges maßgebend.

Für den Verkäufer und Käufer nicht bindend sind solche Handelskammer-Surveys, bei denen die Annahme berechtigt ist, daß den Surveyors unrichtige Muster vorgelegt, oder daß ihnen die Abschlußbedingungen nicht vollständig bekanntgegeben worden sind, oder daß überhaupt unrichtige Voraussetzungen dem Surveyspruch zugrunde liegen. Derartige Surveys unterliegen der Nachprüfung durch das in § 2 erwähnte paritätische Schiedsgericht.

Private-Surveys unterliegen auf Antrag des Verkäufers oder Käufers in jedem Falle der Nachprüfung durch das genannte Schiedsgericht.

Bombay-Private-Surveys sind als Handelskammer-Surveys dann anzusehen, wenn im Falle, daß die Private-Surveyors sich nicht einigen konnten, der Obmann durch die Handelskammer zu Bombay ernannt worden ist."*)

*) Aus Lieferungsbedingungen, vereinbart zwischen dem Verband Sächsisch-Thüringischer Webereien und dem Verband Deutscher Exporteure.

3. „Sollten sich erst während des Gebrauchs der Maschine Mängel ergeben, oder sollte sich herausstellen, daß die vereinbarten Leistungen nicht erfüllt werden, so bin ich jederzeit berechtigt, die Maschine zur Verfügung zu stellen und Schadenersatz zu verlangen."*)

*) Aus den Einkaufsbedingungen eines Großhändlers.

4. „Für guten Gang der Maschine leiste ich zwei Jahre Gewähr."

Nr. 56. Grundstücksverkauf mit Einräumung eines Wiederkaufsrechts.

Urkunde des Ratschreibers ....

Verzeichnis Nr. .... Ulm, den ....

Bei dem Ratschreiber .... in Ulm sind gleichzeitig zugegen:

1. Herr .... in Vertretung der Stadtgemeinde Ulm, legitimiert durch den Gemeinderatsbeschluß vom ...., ... der grundbuchamtlichen Sammelakten,
2. Herr ....
3. dessen Ehefrau ....

Ziffer 1 .... ist — sind — dem Ratschreiber persönlich bekannt; die Persönlichkeit von Ziffer ....

Die Erschienenen stellen den Antrag auf Aufnahme und Beurkundung der folgenden Erklärungen:

I. Wir schließen folgenden Kaufvertrag, wozu die Genehmigung des Gemeinderats der Stadt Ulm durch Beschluß vom 14. Oktober 1929 erteilt worden ist:

§ 1. Im Grundbuch von Ulm, Heft 50 B Abt. I Nr. 775, ist das Grundstück der Ulmer Markung Parz. Nr. .... [folgt Beschreibung] eingetragen als Eigentum der Stadtgemeinde

Ulm. Diese hat nach der bereits früher mit den Eheleuten .... getroffenen Vereinbarung für deren Rechnung auf dem Grundstück ein Kleinwohnhaus, das Gebäude ...., nach den baupolizeilich genehmigten Plänen erstellt, wobei bestimmt wurde, daß der Stadtgemeinde der eigene (tatsächliche) Bauaufwand auf Grund der vom städtischen Hochbauamt herzustellenden Bauabrechnung zu vergüten ist.

Die Stadtgemeinde Ulm verkauft nun das genannte Grundstück, nach der Meßurkunde Nr. ..../1930 nunmehr bestehend in ...., an ....

§ 2. Die Grundstücksübertragung ist der Schaffung einer gesunden Kleinwohnung für Minderbemittelte zu dienen bestimmt.

§ 3. Der Kaufpreis beträgt ....

§ 4. Über die Zahlung und Verzinsung des Kauf- und Bauschillings wird bestimmt:

1. Als Anzahlung hat der Käufer bereits bar entrichtet den Betrag von .... GM
2. Auf Abrechnung am Kauf- und Bauschilling übernimmt der Käufer die bestehende Darlehnsschuld der Stadtgemeinde an die Württembergische Wohnungskreditanstalt mit der persönlichen Schuldhaftung dafür im Betrag von . . . . GM
3. Der Rest des Kauf- und Bauschillings mit . . . . GM ist mit jährlich 1 v. H. zu amortisieren und wie folgt zu verzinsen: . . .

§ 5. . . . [Betrifft hypothekarische Sicherung.]

§ 6. Die Zins- und Zahlungsbestimmungen für die Darlehns- (Hypothek-) Forderung der Württembergischen Wohnungskreditanstalt sind dem Käufer bekannt. Letzterer verpflichtet sich der Stadtgemeinde gegenüber, in die bezüglichen Bestimmungen mit allen Rechten und Pflichten einzutreten und der Wohnungskreditanstalt die etwa erforderlichen Urkunden auszustellen.

Die der Wohnungskreditanstalt zukommenden Amortisationsraten hat der Käufer vom Zeitpunkt ihrer erstmaligen Fälligkeit an zu übernehmen, auch den an die Wohnungskreditanstalt zu entrichtenden einmaligen Verwaltungskostenbeitrag zu leisten.

§ 7. Die Besitzübergabe erfolgte bereits, die Auflassung wird heute vollzogen.

Das Grundstück geht in dem bestehenden Zustand in das Eigentum des Käufers über, ohne Garantie für den Meßgehalt und ohne irgendwelche Gewähr.

§ 8. Die Steuern und sonstigen öffentlichen und privatrechtlichen Lasten hat der Käufer vom Zeitpunkt der erstmaligen Heranziehung des Anwesens zu diesen Leistungen an zu übernehmen.

§ 9. Die Kosten dieses Vertrags und seines Vollzugs sowie die Umsatz- und die Grunderwerbsteuer sind vom Käufer zu tragen.

§ 10. Die Unterhaltung bezw. Erneuerung der Einfriedigungen des Kaufgrundstücks hat nach Maßgabe der jeweiligen Vorschriften der Baupolizeibehörde zu erfolgen.

§ 11. Die Scheidewände zwischen den Doppel- bezw. Reihenhäusern sind gemeinschaftlich. Der einzelne Eigentümer darf ohne Erlaubnis des Nachbars keine Änderung vornehmen.

§ 12. Die Baulichkeiten des Grundstücks samt Einfriedigungen sind durch den Grundstückseigentümer in gutem Stand zu erhalten, alle nötigen Reparaturen und zur Wahrung des guten Bauzustands notwendig erscheinenden Maßnahmen von ihm stets rechtzeitig und unweigerlich nach den Anordnungen der Stadtverwaltung, deren Kontrolle der Hauseigentümer sich unterwirft, ausführen zu lassen. Soweit Einfriedigungen gemeinschaftlich sind, sind sie auf gemeinschaftliche Kosten der Angrenzer zu unterhalten und gegebenenfalls zu erneuern.

Der Käufer verpflichtet sich der Verkäuferin gegenüber, die für das Kaufgrundstück und die benachbarten Grundstücke gemeinschaftlichen Anlagen, wie Gas- und Wasserleitung, Dachablaufrohre, Kanalisation samt Schächten, Abortgruben usw., in seinem Grundstück dauernd zu dulden und gemäß den Bestimmungen Abs. 1 (§ 12) zu unterhalten bezw. zu erneuern, wobei im Anstandsfall über die Kostentragung die Stadtverwaltung allein und endgültig entscheidet.

Ohne Genehmigung des Gemeinderats darf an dem Gebäude keine Hauptveränderung vorgenommen oder dasselbe abgebrochen werden.

Der Gemeinderat hat jederzeit das Recht, das Gebäude besichtigen zu lassen.

§ 13. Der Stadtgemeinde Ulm als Verkäuferin wird ein Wiederkaufsrecht im Sinne der §§ 497 ff. BGB. an dem Grundstück mit Wohnhaus eingeräumt, das sie auszuüben befugt sein soll:

a) sobald der Schuldner oder seine Erben mit einer der für den Kauf- und Bauschillingsrest § 4 Ziffer 3 vereinbarten Zahlungen länger als ein halbes Jahr, ohne daß ihnen seitens der Stadt Stundung gewährt worden ist, im Rückstand geblieben sind;
b) falls und so oft der Grundstückseigentümer oder seine Rechtsnachfolger (insbesondere die Erben) das Grundstück innerhalb des Zeitraums von 100 (einhundert) Jahren von heute ab veräußern wollen. Es gilt dies auch dann, wenn Miterben, an welche das Grundstück durch Erbfolge gelangt ist, dasselbe einem oder mehreren von ihnen zu Eigentum überlassen;
c) falls der Eigentümer des Wohnhauses das Anwesen ganz oder teilweise vermietet, wozu auch die Aufnahme von Schlafgängern gehört;
d) wenn der Eigentümer ohne Zustimmung des Gemeinderats eine weitere Hypothek oder eine sonstige Belastung in Abt. III des Grundbuchs auf dem Grundstück bestellt;
e) wenn der Eigentümer das Haus nicht selbst bewohnt;
f) wenn er sich weigert, die oben § 12 angegebenen Verpflichtungen zu erfüllen;
g) wenn er das Grundstück vorsätzlich oder aus grober Fahrlässigkeit beschädigt und in seinem Wert verringert hat;
h) wenn die Zwangsvollstreckung in das Grundstück beantragt wird oder der Konkurs über den Eigentümer ausbricht;
i) im Fall von § 16 unten;
k) wenn der Grundstückseigentümer für den Fall des Aufhörens seiner versicherungspflichtigen Beschäftigung bezw. des Rentenbezugs es unterläßt, an die Versicherungsanstalt Württemberg jährlich mindestens 24 Beiträge in der seinem jeweiligen Einkommen entsprechenden Lohnklasse weiterzuentrichten, wobei die Entrichtung von Beiträgen der Lohnklasse I und II auch bei entsprechendem Einkommen nicht zulässig ist — nach Beendigung seines Pflichtversicherungsverhältnisses zur Reichsversicherungsanstalt für Angestellte es unterläßt, sich bei ihr freiwillig weiterzuversichern und ohne Unterbrechung Beiträge zu entrichten.

Die Ausübung des Wiederkaufsrechts im Fall von lit. c bis i—k hiervor kann innerhalb 100 (einhundert) Jahren von heute ab erfolgen, nicht nur innerhalb der Frist des § 503 BGB., ebenso im Fall von lit. a oben, sofern nicht vorher Zahlung erfolgt ist.

§ 14. Für die Feststellung der Wiederkaufssumme gilt als oberster Grundsatz, daß ein etwaiger Wertzuwachs — abgesehen von den den Wert des Anwesens dauernd erhöhenden Verbesserungen durch den Grundstückseigentümer (siehe hiernach) — der Stadtgemeinde zukommt.

Die Wiederkaufssumme wird durch eine Schätzungskommission in der Weise festgestellt, daß genau derjenige Preis zugrunde gelegt wird, welcher zur Zeit der Erbauung des Hauses für die Grundfläche und das Bauwesen angerechnet wurde, und daß diesem ursprünglichen Preis der Betrag zugerechnet wird, um welchen das Gebäude durch Verbesserungen im Wert gestiegen ist, soweit dieser Mehrwert zur Zeit des Wiederkaufs noch im Anwesen vorhanden ist, während andererseits derjenige Betrag vom Kauf- und Bauschilling wieder abgezogen wird, um welchen sich der Wert des Anwesens durch die Benützung verringert hat.

An der festgestellten Wiederkaufssumme werden die Restschuld des Grundstückseigentümers gegen die Stadtgemeinde Ulm an Hauptsumme, Zinsen und Kosten und etwaige weitere auf dem Grundstück lastende Schulden, soweit sie der Vormerkung des Wiederkaufsrechts der Stadtgemeinde im Rang vorgehen bezw. gleichen Rang mit dieser Vormerkung haben, sowie sonstige Verbindlichkeiten des Grundstückseigentümers gegen die Stadtgemeinde Ulm abgerechnet, der Rest aber von der Stadtgemeinde mit Vollziehung des Wiederkaufs bar bezahlt.

§ 15. Die Schätzungskommission wird zusammengesetzt aus: ... [Nicht abgedruckt.]

Der Eigentümer wie die Stadtgemeinde Ulm verpflichten sich, auf jedes Rechtsmittel gegen das Ergebnis der Schätzung und die hiernach erfolgende Festsetzung der Wiederkaufssumme, insbesondere auf die Beschreitung des Rechtswegs zu verzichten und das Ergebnis der Schätzung stets ohne jegliche Einsprache als bindend anzuerkennen.

§ 16. Die Verwendung des ganzen Anwesens oder einzelner Teile desselben zu gewerblichen Zwecken in der Art, daß der Eigentümer sein Anwesen selbst zu diesem Zweck verwendet oder aber dasselbe oder Teile desselben zu gewerblichen Zwecken an Dritte überläßt, ist nur mit ausdrücklicher Genehmigung des Gemeinderats und unter den von demselben festgesetzten Bedingungen zulässig.

Der Grundstückseigentümer verpflichtet sich für sich und seine Rechtsnachfolger, weder selbst in seinem Anwesen ein Gewerbe oder einen Handel mit irgendwelchen Waren auszuüben noch auch an Dritte Teile desselben zu diesem Zweck abzugeben.

Macht sich der Eigentümer einer Verletzung dieser Verpflichtung schuldig, so steht der Stadtgemeinde das Wiederkaufsrecht nach Maßgabe der in den §§ 13—15 hiervor enthaltenen Bestimmungen zu, welche auf den vorliegenden Fall ausgedehnt werden.

Macht die Stadtgemeinde hiervon keinen Gebrauch, so wird bestimmt, daß der Eigentümer im Fall der Nichteinhaltung der über die Verwendung der Kleinwohnhäuser in Abs. 1 aufgestellten Bestimmungen verpflichtet ist, eine Vertragsstrafe im Betrag von 2000 GM (zweitausend Goldmark) an die Stadtkasse zu entrichten; der Gemeinderat behält sich übrigens vor, je nach Lage des Falls eine Ermäßigung der Vertragsstrafe eintreten zu lassen.

Die Vertragsstrafe ist durch Bestellung einer Sicherungshypothek mit 2000 GM auf dem Grundstück sicherzustellen.

§ 17. Die Stadtgemeinde Ulm behält sich an der Vorgartenfläche, welche vor der .... Front des Wohnhauses entlang der ganzen .... Eigentumsgrenze gelegen ist, ein Wiederkaufsrecht im Sinne der §§ 497 ff. BGB. auch für den Fall vor, daß die Stadtgemeinde diese Vorgartenfläche nach Bedarf (ganz oder teilweise) für die Zwecke einer in Ausführung kommenden Straßenverbreiterung zurückerwerben muß, worüber bestimmt wird:

a) Die Zurückerwerbung erfolgt zum Preis von .... GM pro Quadratmeter.

b) Für Aufwendungen auf die Vorgartenfläche hat der Eigentümer im Fall des Eintritts der Wiedererwerbung keine Entschädigung anzusprechen, dagegen ist er berechtigt, die Einrichtungen, welche eine Verbesserung herbeiführten, wieder zu entfernen.

c) Die Ausübung des Wiederkaufsrechts kann innerhalb 200 Jahren von heute ab erfolgen, nicht nur innerhalb der Frist des § 503 BGB.

§ 18. Die Ausübung der durch diesen Vertrag begründeten Wiederkaufsrechte und die Erhebung der Vertragsstrafe ist ohne weiteres möglich, wenn im einzelnen Fall die tatsächlichen Voraussetzungen dafür gegeben sind, also auch dann, wenn den Schuldner bezw. Grundstückseigentümer an der Nichterfüllung seiner Verpflichtungen aus diesem Vertrag kein Verschulden trifft, insbesondere kann der Schuldner bezw. Grundstückseigentümer sich nicht auf die Veränderung der Umstände berufen.

Die Entscheidung darüber, ob der Schuldner bezw. Grundstückseigentümer seine Verpflichtungen erfüllt hat, trifft die Stadtgemeinde.

§ 19. Die Bestimmungen über die Wiederkaufsrechte §§ 12—18 oben werden gemäß § 883 BGB. im Grundbuch vorgemerkt.

§ 20. Der Stadtgemeinde steht außerdem das Recht zu, im Fall der Veräußerung des Anwesens durch den Schuldner oder seine Erben (entgeltlich oder unentgeltlich), ebenso beim Eintreten eines der Fälle von § 13 lit. a und c bis i—k oben die sofortige bare Zahlung der noch rückständigen Schuldigkeiten statt der Ausübung eines Wiederkaufsrechts zu verlangen.

§ 21. Die Räume zwischen den einzelnen Wohnhäusern dürfen nur zur Herstellung kleinerer, rasch und leicht entfernbarer Gebäude (Gartenhäuschen usw.), keinesfalls aber zur Erstellung massiver Gebäude benützt werden. In jedem Fall bedarf aber die Erstellung solcher Gebäude, insbesondere auch von Kleintierstallungen, der vorherigen Genehmigung der Stadtgemeinde, ebenso die Entfernung oder das starke Beschneiden der im Vorgarten stehenden Bäume.

§ 22. Das Aufhängen von Wäsche in den Vorgärten ist nicht gestattet.

§ 23. Eine Goldmark im Sinne dieses Vertrags entspricht dem Preis von $1/_{2790}$ kg Feingold, mindestens jedoch einer Reichsmark.

§ 24. Die Stadtgemeinde erklärt sich zur Aufhebung der Bestimmungen über Wiederkaufsrecht und Vertragsstrafe auf Wunsch des Käufers bezw. seiner Rechtsnachfolger bereit, jedoch nur unter der Bedingung, daß

a) die Kaufschillingsschuld an die Stadt und das Baudarlehen der Wohnungskreditanstalt vollständig zurückbezahlt sind;

b) der Grundstückseigentümer mit der Stadt einen neuen Vertrag unter Berücksichtigung des den seinerzeitigen Verhältnissen entsprechenden Kaufpreises abschließt und durch diesen Vertrag der Stadt ein Vorkaufsrecht für alle Verkaufsfälle einräumt.

§ 25. Die in dem verkauften Grundstück liegenden Wasserleitungen (Haupt- und Quellwasserleitung) sind nicht mitverkauft.

Die Käufer verpflichten sich der Stadtgemeinde Ulm gegenüber, diese Leitungen in dem erkauften Grundstück, so wie sie seither bestanden haben, dauernd zu dulden. Den von der Stadtgemeinde beauftragten Personen ist jederzeit der Zutritt zu dem belasteten Grundstück und die Arbeit darin zwecks Vornahme von Ausbesserungen gestattet. Der infolge dieser Arbeiten etwa entstehende Schaden ist von der Stadtgemeinde zu ersetzen und von ihr der seitherige Zustand wiederherzustellen.

Zugunsten der Stadtgemeinde Ulm ist die Eintragung dieser persönlichen Dienstbarkeit als Belastung des erkauften Grundstücks gleichzeitig mit der Auflassung zu bewilligen.

§ 26. Für die Verbindlichkeiten aus diesem Vertrag haften die käuferischen Eheleute als Gesamtschuldner.

§ 27. Gleichzeitig mit der Hypothekbestellung für die Württembergische Wohnungskreditanstalt ist dieser ein Anspruch auf Übertragung des Eigentums gemäß den allgemeinen Bestimmungen der Anstalt vom Käufer einzuräumen und zur Sicherung dieses Anspruchs die Eintragung einer Vormerkung zu bewilligen.

§ 28. Hinsichtlich des Rangs der nach diesem Vertrag auf dem Grundstück zugunsten der Stadtgemeinde Ulm einzutragenden Belastungen wird bestimmt: ... [Nicht abgedruckt.]

... [Schlußformel nicht abgedruckt.]

II. Schenkung.

Nr. 57. Schenkung (Vertragsschluß vor Notar).

(Eingang wie Nr. 9, 1.)

Ich verpflichte mich hiermit, meinem Neffen Paul Behner zehn Jahre lang schenkungsweise monatlich 100 RM zuzuwenden, um ihm damit die Fortsetzung des Besuches einer höheren Lehranstalt und später des Studiums zu ermöglichen.

Die Nutznießung seines Vaters an der Zuwendung wird ausgeschlossen.

Bis zur Volljährigkeit meines Neffen soll das Geld von einem Pfleger verwaltet werden, der die Auszahlung im einzelnen nach seinem Ermessen verwendet und einen etwaigen Überschuß zugunsten meines Neffen bei der hiesigen Stadtsparkasse einzahlen soll.

Als Pfleger benenne ich meinen Vetter, den Rechtsanwalt Dr. Kurt Richter in Breslau, Am Wall 10.

Der siebzehnjährige Gymnasiast Paul Behner erklärte: „Ich nehme diese Schenkung an."

(Schluß wie Nr. 9, 1.)

III. Miete.

Nr. 58. Miete von Wohnräumen.

1. Vordruck des „Hausbesitzer-Vereins im Norden von Berlin".

Unter dem heutigen Tage ist zwischen den Unterschriebenen folgender Vertrag vereinbart und abgeschlossen:

§ 1. Es vermietet d.. an d..
Eheleute, nämlich Herrn.. und Frau ....,

welche damit eine Gesamtverpflichtung übernehmen, eine in .... Hause .... belegene Wohnung — Geschäftslokal zum Betriebe .... — bestehend aus . . . vom .....ten .... 19..... bis zum .....ten .... 19....., also auf die Dauer von .... Jahr..... .... Monat, und zwar beginnend mit dem .... mittags 12 Uhr und endigend mit dem .... mittags 12 Uhr, für eine jährliche — monatliche — Friedensmiete von .... Mark .... Pf., buchstäblich .... Mark .... Pf., und den jeweils geltenden gesetzlichen Zuschlägen.

§ 2. Mieter sind verpflichtet, die Miete und die festgesetzten Nebenabgaben monatlich — vierteljährlich — am ersten Tage eines jeden Monats — Quartals —, also im voraus, in der jedesmaligen Wohnung des Vermieters oder dessen Bevollmächtigten bis abends 6 Uhr mit .... Mark in barem Gelde zu entrichten.

Die Aufrechnung gegenüber der Mietzinsforderung des Vermieters wegen Gegenansprüchen des Mieters sowie die Geltendmachung des Zurückbehaltungsrechts an dem Mietzins seitens des Mieters wegen mangelnder Vorleistung des Vermieters oder der Beschaffenheit der Mieträume oder aus sonstigen Gründen ist ausgeschlossen. Die erste Mietrate ist am Tage des Einzuges beziehentlich am Tage des Beginnes dieses Vertrages zu zahlen, wenn auch der Mieter die Mieträume noch nicht bezogen hat. Der durch den verzögerten Auszug des Vormieters dem Mieter erwachsende Schaden geht zu Lasten des Mieters.

§ 3. Verabsäumt Mieter die Zahlung des Mietzinses mit Nebenabgaben an dem in § 2 festgesetzten Tage bis abends 6 Uhr oder zahlt er nur einen Teil dieses Zinses, so gilt das Mietverhältnis ohne Einhaltung einer Kündigungsfrist als vom nächsten Tage ab aufgelöst; Mieter ist daher verpflichtet, die innegehabten Räume sofort mit seinen Angehörigen und den sonstigen von ihm aufgenommenen Personen zu räumen. Durch eine Stundung der Miete geht Vermieter dieses Rechts nicht verlustig; auch steht dem Mieter nicht das Recht zu, die so geschehene Auflösung des Mietverhältnisses durch Befriedigung des Vermieters gemäß § 554 BGB. auszuschließen. — Vermieter ist außerdem berechtigt, bei der Räumung die Miete für die ganze noch nicht abgelaufene Zeit des Vertrages vom Mieter als Entschädigung oder Vertragsstrafe zu verlangen; das Recht des Mieters, einen entsprechenden Betrag dieser Summe vom Vermieter bei anderweitiger Vermietung der Räume zurückzuverlangen, wird hierdurch nicht berührt. Die nicht pünktliche oder nicht vollständige Mietzahlung seitens des Mieters am Fälligkeitstage gibt dem Vermieter außerdem das Recht, den Mietvertrag mit dreitägiger Frist dem Mieter aufzukündigen, so daß derselbe am vierten Tage nach der Kündigung aufgehoben ist; in diesem Falle hat Mieter vor seinem Auszuge noch die rückständige und die laufende Miete bis zum Ablaufe desjenigen Quartals, letztere als Vertragsstrafe, zu entrichten, in welchem die Aufkündigung erfolgt.

§ 4. Mieter bekennt — bekennen — hiermit, die Mieträume besichtigt und dieselben für gut und fehlerfrei befunden zu haben; sollten sich trotzdem beim Einzuge Mängel an den Räumen oder einem derselben herausstellen, so ist — sind — Mieter verpflichtet, diese dem Vermieter binnen 24 Stunden nach dem Einzuge anzuzeigen, andernfalls Mieter nicht berechtigt ist, den Vermieter für diese Mängel verantwortlich zu machen oder das Mietverhältnis zu lösen. — Ferner hat Mieter dem Vermieter die Ausführung aller notwendigen baulichen Änderungen und die Wiederherstellung der vermieteten Räume auf die Dauer von einem Monat zu gestatten, ohne dafür vom Vermieter Schadenersatz oder Minderung des Mietzinses beanspruchen zu können. — Sollten diese Änderungen und Verbesserungen die Zeit von einem Monat übersteigen, so kann Mieter nur eine entsprechende, durch einen Sachverständigen festzusetzende Ermäßigung des Mietzinses beanspruchen; die Wahl dieses Sachverständigen ist dem Vermieter überlassen. Die beim Einzuge etwa erforderlichen oder vereinbarten Reparaturen der Wohnung sowie etwaige Beseitigung von Ungeziefer erfolgen nach Einzug des Mieters in angemessener Frist. Mieter hat die Mieträume während der Dauer des Vertrages in gebrauchsfähigem Zustande zu erhalten und verzichtet auf Wegnahme etwaiger von ihm getroffener Ein- und Vorrichtungen sowie auf Beseitigung von Verbesserungen, ohne dafür vom Vermieter eine Entschädigung verlangen zu können. Sollte sich im Laufe des Mietvertrages die Notwendigkeit herausstellen, dem Vermieter obliegende Verbesserungen oder zur Beseitigung von Mängeln dienende Reparaturen in den Mieträumen vorzunehmen, so darf der Mieter aus der Verzögerung der Erfüllung dieser Verpflichtung seitens des Vermieters nicht das Recht herleiten, den Vertrag aufzuheben oder den Mietzins ganz oder zum Teil zurückzuhalten, auch ist Mieter bei Vermeidung des Verlustes seines Anspruches auf Beseitigung der Mängel verpflichtet, diese dem Vermieter binnen 24 Stunden anzuzeigen. Dienen die Mieträume ganz oder zum Teil gewerblichen Zwecken, so hat Mieter alle auf Anordnung der Behörden vorzunehmenden Änderungen sowie die durch die Abnutzung erforderlich werdenden Reparaturen und Erneuerungen in den Mieträumen auf seine Kosten zu bewirken, ferner etwaige Mehrabfälle an Schutt und Müll auf seine Kosten abfahren zu lassen beziehentlich dem Vermieter die zu dieser Abfuhr erforderlichen Mehrkosten zu erstatten.

§ 5. Mieter haftet für alle Beschädigungen in und an dem Hause sowie an unbeweglichen und beweglichen Zubehörstücken desselben, welche er selbst oder seine Beauftragten verursachen oder welche von seinen Familienangehörigen, Untermietern, Dienstboten und Angestellten sowie von solchen Personen verursacht werden, die sich auch nur vorübergehend in den Mieträumen aufhalten. Das gleiche gilt für Beschädigungen, welche bei Gelegenheit eines für ihn oder für seine Hausgenossen vorgenommenen Transportes von Möbeln, Geräten und sonstigen Sachen sowie bei Einbrüchen, Diebstählen und Hausfriedensbrüchen entstehen; auch hat der Mieter alle Beschädigungen, welche den Scheiben auch ohne sein Verschulden, durch Hagel, Zerspringen oder auf andere Weise zugefügt werden, auf eigene Kosten zu beseitigen. Die von dem Vermieter für Scheibenversicherung etwa entrichteten Prämien hat Mieter für die Dauer des Mietvertrages demselben bei jedesmaliger Fälligkeit der Prämien zu erstatten. Mieter erklärt, daß seine Familie, einschließlich seiner Dienstboten, aus .... Personen besteht; Mieter darf nur diese Personen in die Mieträume aufnehmen, und gibt die Verletzung dieser Pflicht dem Vermieter das Recht, die sofortige Räumung vom Mieter mit den Folgen des § 3 zu verlangen.

§ 6. Der Vermieter ist berechtigt, sobald es sein Interesse oder das Interesse der Mieträume erheischt, diese zu betreten oder durch einen Bevollmächtigten betreten zu lassen; Vermieter bezw. sein Beauftragter kann dabei Zeugen und Sachverständige zuziehen. Namentlich gilt dies behufs Feststellung etwaiger Reparaturbedürftigkeit der Mieträume oder zum Zwecke der Besichtigung durch Kauf- und Mietlustige. Diese Besichtigung ist im Notfalle zu jeder Zeit, in anderen Fällen von früh 8 Uhr bis abends 8 Uhr zu gestatten. Die Besichtigung der Mieträume durch Mietlustige hat Mieter von dem Tage ab zu gewähren, wo von ihm oder seitens des Vermieters die Mieträume gekündigt sind; falls Mieter nicht mehr im Hause wohnt, hat er zum Zwecke der Ermöglichung der Besichtigung die Schlüssel zu den Mieträumen beim Verlassen derselben an den Vermieter oder dessen Beauftragten abzuliefern.

Hat Mieter die Räume mit seinen Sachen im wesentlichen vor Ablauf der Mietzeit geräumt, so ist er verpflichtet, dem Vermieter die Erneuerung der Räume zum Zwecke anderweitiger Vermietung ohne Entschädigung zu erlauben, und gehalten, zu diesem Zwecke, selbst wenn die Räume anderweitig vermietet sind, die Schlüssel an den Vermieter beim Auszuge abzugeben. Die Nichtbefolgung obiger Vorschriften gibt dem Vermieter das Recht, die sofortige Räumung mit den Folgen des § 3 vom Mieter zu fordern.

§ 7. Der Tod des Vermieters oder der Tod des Mieters ändert an dem Bestand des Vertrages nichts, insbesondere darf derselbe in solchem Falle nicht vor Ablauf der vereinbarten Mietzeit gekündigt werden; desgleichen findet der § 570 BGB. auf diesen Vertrag keine Anwendung.

§ 8. Untervermietungen oder die sonstige Überlassung der Mieträume oder eines Teiles derselben an andere Personen sind in jeder Form ohne schriftliche Genehmigung des Vermieters ausgeschlossen, die Genehmigung des Vermieters dazu ist jederzeit widerruflich. Eine Kündigung ist dem Mieter wegen Nichtgenehmigung einer Untervermietung oder der sonstigen Überlassung der Mieträume oder eines Teiles derselben an andere Personen nicht gestattet.

Die Verletzung der Bestimmung dieses Paragraphen gibt dem Vermieter das Recht, die sofortige Auflösung des Mietvertrages und Räumung der Mieträume vom Mieter mit den Folgen des § 3 des Vertrages zu verlangen.

§ 9. Mieter hat die vom Vermieter aufgestellte, hier folgende Hausordnung gelesen und unterwirft sich derselben in allen Punkten; sollte(n) Mieter, dessen Angehörige, Untermieter, Dienstboten, Angestellte oder in den Mieträumen sich auch nur vorübergehend aufhaltende Personen (insbesondere auch Gäste usw.) derselben nicht nachkommen und sie in ihren einzelnen Bestimmungen verletzen, so soll Vermieter berechtigt sein, das Mietverhältnis ohne Einhaltung einer Kündigungsfrist zu lösen, und zwar mit den Folgen des § 3 dieses Vertrages; eine vorherige Verwarnung des Vermieters ist in diesen Fällen nicht erforderlich.

Hausordnung.

Der Vermieter hat für sein Grundstück folgende Hausordnung festgesetzt, und ist dieselbe von dem Mieter, seinen Angehörigen und sonstigen bei demselben angestellten oder einwohnenden Personen unbedingt und in allen Teilen innezuhalten.

1. Alle zum gemeinschaftlichen Gebrauche der Hausbewohner oder einzelner derselben dienenden Anlagen und Vorrichtungen dürfen nur nach Maßgabe der Anordnung des Vermieters benutzt werden; letzterer kann die einmal gegebenen Anordnungen jederzeit abändern oder ergänzen, auch steht ihm das Recht zu, die Anlagen und Vorrichtungen selbst abzuändern oder zu beseitigen.

2. Mieter darf das Wasser der Wasserleitung nur zu seinem eigenen Bedarf gebrauchen, dasselbe darf nicht verschwendet und nur soweit benutzt werden, als es im täglichen Gebrauch nötig und üblich ist; jede außergewöhnliche Benutzung der Wasserleitung bedarf der vorherigen Genehmigung des Vermieters.

Das Ausgußbecken, in welches übelriechende Stoffe nicht geschüttet werden dürfen, muß stets vor Überfüllung und Verstopfung bewahrt, auch der Raum unter demselben trocken gehalten werden; bei eintretender Verstopfung hat Mieter dieselbe auf seine Kosten beseitigen zu lassen, und dürfen, bis dies geschehen ist, der Ausguß und die Wasserleitung nicht benutzt werden. Die Badeeinrichtung ist nur zu Badezwecken zu benutzen; die dauernde Aufstellung einer Badewanne im Anschluß an die Wasserleitung bedarf der Genehmigung des Vermieters.

3. Jede Verletzung der Nr. 2, insbesondere der übermäßige Wasserverbrauch, berechtigt den Vermieter, eine Vertragsstrafe von 30 Mark vom Mieter zu fordern.

4. Die Reinigung der Wäsche, großer wie kleiner, darf nur im Waschraum, das Trocknen derselben nur im Bodenraum vorgenommen werden; die Benutzung dieser Räume, die den Zeitraum von drei Tagen nicht überschreiten darf, erfolgt in der Reihenfolge der Meldungen der Mieter oder nach den Bestimmungen des Vermieters; die Benutzung der Bodenräume zum Trocknen der Wäsche darf zwei Tage nicht übersteigen. Nach dem Gebrauche sind Waschraum und Trockenboden sorgfältig zu reinigen.

5. Müll, Scherben, Küchenabgänge usw. dürfen nur an den dazu bestimmten Orten niedergelegt und Gefäße mit übelriechenden Stoffen nur nach 10 Uhr abends und nur gut verschlossen ausgetragen werden. Strohsäcke, Stroh und Strohabfälle dürfen nicht in die Müllkästen geschafft, sondern müssen aus dem Hause gebracht werden. Die Abgänge von gewerblichen Betrieben, wie Asche und dergl., sind auf Kosten des Mieters vom Grundstücke wegzubringen.

6. Das Zerkleinern des Brennmaterials darf nur auf dem Hofe an dem dazu angewiesenen Orte vorgenommen werden, und zwar werktäglich von morgens 7 bis abends 7 Uhr. Das Ausklopfen und Reinigen der Teppiche, Decken, Zeug- oder Kleidungsstücke, ferner das Putzen und Reinigen des Schuhwerks ist dem Mieter nur an den dazu bestimmten Orten und nur an bestimmten Tagen nach den polizeilichen Vorschriften gestattet; insbesondere dürfen diese Reinigungen nicht auf dem Treppenflur und vor den Korridortüren vorgenommen werden. Aus den Fenstern darf nichts hinausgeworfen und hinausgegossen, auch Wäsche und andere Gegenstände nicht hinausgehängt werden.

7. Fuhrwerk jeder Art darf ohne Genehmigung des Vermieters nicht durch das Haus fahren. — Vorräte von Brennmaterial sind nach den Keller- oder Bodenräumen zu schaffen.

8. Das Aufstellen und Benutzen eiserner Öfen in den gemieteten Räumen ist nur mit Genehmigung des Vermieters erlaubt. Ebenso dürfen Schilder, Schriften und Blumenbretter in und am Hause nur mit Genehmigung des Vermieters angebracht werden. Vermieter hat das Recht, jederzeit hinsichtlich der bereits angebrachten Schilder und Schriften und der Stellen, wo dieselben sich befinden, anderweitige Anordnungen und Änderungen zu treffen, ohne daß Mieter diesen Anordnungen widersprechen darf.

9. Die Reinigung von Flur und Treppen nebst Zubehör hat Mieter nach der vom Vermieter eingeführten allgemeinen Ordnung und nach den besonderen Bestimmungen desselben auszuführen. — Der belästigende unnötige Aufenthalt in oder an den Haustüren, auf den Höfen, Treppen und Fluren, insbesondere das Spielen der Kinder an diesen Orten, ist nicht gestattet; auch muß der Eingang zum Hause stets frei gehalten werden. Das Betreten der Mieträume, Treppen und Flure in Holzpantinen ist untersagt.

10. Haustiere irgendwelcher Art dürfen nur mit schriftlicher Genehmigung des Vermieters gehalten werden. Die stillschweigend oder mündlich erteilte Erlaubnis kann vom Vermieter jederzeit widerrufen werden.

Der Hausschlüssel darf mißbräuchlich an niemanden außerhalb der Familie gegeben werden; Doppelschlüssel zum Hausflur oder zu den Mieträumen dürfen ohne Vorwissen des Vermieters nicht angefertigt und müssen beim Auszuge kostenfrei dem Vermieter übergeben werden.

11. Das Betreten der Ställe, Boden- und Kellerräume ist nur mit wohlverwahrtem Lichte (Laternen) gestattet; das Betreten dieser Räume mit Petroleumbeleuchtung ist verboten. — Jede Übertretung dieser Bestimmung wird außerdem vom Strafrichter verfolgt.

12. Jeder den Frieden und die Ruhe des Hauses und seiner Bewohner störende Lärm auf Treppen, Fluren, Höfen, vor dem Grundstücke und in den Mieträumen selbst ist untersagt; nach 10 Uhr abends hat jedes Musizieren, Tanzen, Singen usw. zu unterbleiben.

13. Näh-, Strick- und andere Maschinen müssen, um Ruhestörungen zu vermeiden, vor der Benutzung auf eine genügende Unterlage von Filz, Gummi oder Wollstoffen gestellt werden. Mieter hat für gehörige und ordnungsmäßige Isolierung dieser Maschinen Sorge zu tragen.

14. Mieter hat täglich für gehörige Lüftung der Mieträume während der Dauer des Mietvertrages Sorge zu tragen, insbesondere auch dann, wenn er vor Ablauf desselben die Mieträume verläßt.

§ 10. Mieter versichert ausdrücklich, daß das von ihm beim Beginn oder während des Mietvertrages eingebrachte beziehentlich das von ihm einzubringende Mobiliar sein freies Eigentum ist und nicht verkauft, verpfändet oder auf Leihvertrag entnommen ist; sollte sich diese Versicherung als unrichtig erweisen, so ist Vermieter berechtigt, mit den Folgen des § 3 des Vertrages die sofortige Räumung der Mieträume vom Mieter zu verlangen; wird die Unrichtigkeit der Angabe des Mieters in dieser Beziehung vor dem Einzuge desselben festgestellt, so kann Vermieter vom Vertrage zurücktreten.

§ 11. Mieter hat vor dem Einzuge dem Vermieter den Nachweis zu liefern, daß der frühere Vermieter befriedigt ist, widrigenfalls der jetzige Vermieter das Recht hat, den Einzug des Mieters bis zur Erbringung des Nachweises zu verbieten; die Verpflichtung des Mieters auf Zahlung der Miete wird dadurch nicht berührt. Wird der Nachweis binnen einer Woche nach dem Beginn des Mietvertrages nicht geführt, so hat Vermieter außerdem das Recht, ohne Kündigung den Vertrag mit den Folgen des § 3 aufzuheben.

§ 12. Eine Benutzung der Mieträume zu einem anderen Zwecke als dem im Vertrage ausdrücklich bezeichneten oder dem nach Beschaffenheit der Mieträume sich ergebenden ist dem Mieter untersagt; jede Verletzung dieser Bestimmung berechtigt den Vermieter, den Vertrag ohne jede Kündigungsfrist dem Mieter mit den Folgen des § 3 aufzukündigen. Das gleiche gilt, wenn der Mieter und seine Angehörigen oder von ihm aufgenommene Personen in den Räumen oder sonst auf dem Grundstücke unzüchtige Handlungen vornehmen, ferner wenn Mieter oder eine der bei ihm wohnenden Personen unter sittenpolizeilicher Kontrolle steht oder im Laufe des Vertrages gestellt wird. Maßgebend ist in letzterem Falle die Auskunft der Polizeibehörde ohne Rücksicht auf etwaige Rechtsmittel der betroffenen Personen. — Die in § 550 BGB. vorgesehene Abmahnung braucht der Geltendmachung dieser sofortigen Kündigung nicht vorauszugehen.

§ 13. Der § 544 BGB. findet auf den vorliegenden Vertrag nur dann Anwendung, wenn der gesundheitsgefährdende Zustand der vermieteten Sache ohne jede Verschuldung des Mieters entstanden ist. Die Feststellung, ob eine solche vorliegt oder nicht, erfolgt durch einen vom Vermieter zu ernennenden Sachverständigen auf Kosten des Mieters.

Für alle Feststellungen dieserhalb, die Mieter ohne Zustimmung und Zuziehung des Vermieters trifft, hat Mieter die Kosten zu tragen, und fällt jedwede Erstattungspflicht nach dieser Richtung auch bei Verzögerung der Erklärungen des Vermieters über den Auszug des Mieters weg.

§ 14. Die Kündigung dieses Vertrages hat spätestens .... Monate .... volle Tage vor Ablauf desselben schriftlich zu erfolgen; macht von dieser Kündigung keine der beiden Vertragsteile Gebrauch, so verlängert sich dieser Vertrag mit den obigen Bedingungen jedesmal auf .... Jahr...... .... Monate. Die Kündigung des Vermieters an einen der Mieter wirkt auch gegen den — die — anderen Mieter. Die Kündigung d...... Mieter...... an den Vermieter muß von jedem der Unterzeichneten des Vertrages, auch von der Ehefrau, unterschrieben sein. Fällt der Tag, an welchem die Kündigung spätestens zu erfolgen hat, auf einen Sonn- oder Feiertag, so muß dieselbe spätestens am vorhergehenden Werktage erfolgen.

§ 15. Spätestens einen Tag vor seinem Auszuge hat der Mieter mit dem Vermieter die Mieträume durchzugehen, um die etwaigen Ersatzansprüche des Vermieters wegen von ihm zu vertretender Veränderungen oder Verschlechterungen der Mietsache festzustellen; die Feststellung geschieht durch einen vom Vermieter zu bestellenden Sachverständigen auf Kosten des Mieters. — Verweigert oder verhindert der Mieter diese Feststellung, so hat Mieter eine innerhalb sechs Wochen nach seinem Auszuge auf seine — des Mieters — Kosten erfolgte Feststellung dieses Sachverständigen über die von ihm zu ersetzenden Schäden gegen sich ohne jeden Einwand gelten zu lassen.

§ 16. Die Erklärungen und Handlungen eines Mieters sind auch für den — die — anderen Mieter rechtsgültig und verbindlich.

§ 17. Mündliche Abreden sind, wie beide Vertragsteile anerkennen, neben diesem Vertrage nicht getroffen; etwa später getroffene Vereinbarungen zu demselben haben nur dann Wirkung und Gültigkeit, wenn sie schriftlich gemacht werden.

Im Falle der Veräußerung des Grundstückes wird Vermieter von den in diesem Vertrage übernommenen Verpflichtungen und von allen aus dem Mietverhältnisse sonst entstehenden Verbindlichkeiten frei; lediglich der Erwerber des Grundstückes ist für die weitere Erfüllung des Vertrages verantwortlich.

§ 18. Unrichtige Angaben des Mieters über seine und seiner Angehörigen persönliche Verhältnisse, insbesondere über seine bisherige Wohnung und über die Zahl der einziehenden Personen und deren Eigenschaften, sowie über das Verhalten der Mieter und gedachten Personen in der bisherigen und den früheren Wohnungen vor und beim Vertragsschlusse berechtigen den Vermieter, von dem Vertrage vor und nach dem Einzuge des Mieters zurückzutreten.

§ 19. Die zu diesem Vertrage nötige Stempelabgabe ist zu Lasten des Mieters und von diesem dem Vermieter bei der ersten Mietzahlung auf die ganze Vertragsdauer zu entrichten, bei Verlängerungen des Vertrages aber bei Beginn der jeweiligen Verlängerung.

(Datum und Unterschrift.)

2. Aus dem Mannheimer Normal-Mietvertrag.

(Entworfen von Vertretern des Stadtrats, des Landgerichts, Amtsgerichts, Gemeindegerichts, der Rechtsanwaltschaft, des Grund- und Hausbesitzervereins und der Mietervereinigung.)

§ 2. Die Miete beginnt am .... und dauert bis zum ....

Wird das Mietverhältnis nicht auf diesen Termin gekündigt, so dauert es auf unbestimmte Zeit — jeweils .... Jahr...... — fort. Die Kündigung, welche zu ihrer Gültigkeit der schriftlichen Form bedarf, ist nach Ablauf der in Abs. 1 genannten Mietzeit beiderseits vierteljährlich, sie kann nur erfolgen auf den letzten Tag eines Kalendervierteljahres und ist spätestens am dritten Werktag des Vierteljahres zu bewirken.

Auf eine Zeit nach dem 30. September und vor dem 31. März darf nicht gekündigt werden.

Die Bestimmungen der Abs. 2 und 3 gelten auch im Falle des Todes oder der Versetzung der Mieter (§§ 569, 570 BGB.).*)

Falls mehrere Personen Mieter sind, so gelten die Bestimmungen der §§ 569, 570 BGB. auch in dem Fall, daß nur einer der Mieter stirbt oder versetzt wird, sofern der Teil, in dessen Person das Ereignis eintritt, Haushaltungsvorstand oder erwerbstätig ist. Das Kündigungsrecht steht in diesen Fällen auch dem anderen Mieter als solchem zu.

§ 3. ... II. Der Mietzins ist dem Vermieter zu bringen oder zu schicken. Abzüge und die Aufrechnung von Gegenforderungen sind nach erfolgter Kündigung unzulässig, es sei denn, daß es sich um Ansprüche aus dem Mietverhältnis handelt, die schon vor der Kündigung geltend gemacht waren.

Neben dem Mietzins haben die Mieter für Wasser, Kanalgebühr bezw. Gruben- und Kaminreinigung im Verhältnis des Mietzinses Beitrag zu leisten.

§ 5. Die Mieter haben die Wohnung schonend zu behandeln und haften für jede Beschädigung und übermäßige Abnutzung, die durch einen nicht vertragsmäßigen Gebrauch verursacht ist.

Kleinere Reparaturen bis zu ......5...... Mark, die während des Mietverhältnisses erforderlich werden, wie z. B. an Türschlössern, Wasserhähnen, Fensterscheiben, Klingeln, Ofen- und Herdrosten und dergl., haben die Mieter ohne Rücksicht auf ein Verschulden zu tragen. Beträgt der Jahresmietzins über 1500 Mark, dann erstreckt sich diese Verpflichtung der Mieter auf Reparaturen bis zu ......10...... Mark und bei einem Jahresmietzins über 3000 Mark auf ......15...... Mark.

§ 6. Sofortige Kündigung mit Frist von drei Tagen steht, abgesehen von den gesetzlichen Fällen, zu:

a) dem Vermieter: ...

b) den Mietern: wenn der Vermieter oder dessen Familienmitglieder sich gröbliche Beleidigung oder Tätlichkeiten gegen die Mieter oder ihre Angehörigen zuschulden kommen lassen.

---

*) Sind im Original abgedruckt.

Nr. 59. Bedingungen für die Vermietung von Schrankfächern.*)

1. Die zu vermietenden Schrankfächer befinden sich in der Stahlkammer unserer Depositenkasse ....

Die Bank wird sich der Sicherung und Bewachung der Stahlkammer mit der im Verkehr erforderlichen Sorgfalt widmen, haftet jedoch hierfür nur bis zur Höhe der 500fachen Jahresmiete, im Höchstfalle bis zu 20 000 RM für jedes Fach und nicht über den tatsächlichen unmittelbaren Schaden zur Zeit des Verlustes hinaus. Es bleibt dem Mieter überlassen, das Risiko durch eine Versicherung zu decken, deren Abschluß die Bank zu vermitteln bereit ist.

2. Der Mieter hat der Bank die zum Zutritt berechtigten Personen zu bezeichnen und ihre Unterschrift niederzulegen. Er erhält eine auf den Namen der Zutrittsberechtigten lautende Einlaßkarte und in einem geschlossenen Umschlage das Schlüsselwort (Paßwort).

3. Die Schrankfächer werden auf die bei Abschluß des Mietvertrages vereinbarte Zeit vermietet. Die Miete ist jeweils im voraus zu entrichten. Der Mietvertrag verlängert sich fortlaufend um den erstmals vereinbarten Zeitraum, wenn er nicht vor Ablauf schriftlich gekündigt wird, oder wenn der Mieter zwar kündigt, aber nicht rechtzeitig sämtliche Fachschlüssel zurückgibt. Untervermietung ist nicht gestattet.

4. Die Schrankfächer stehen unter dem eigenen Verschluß des Mieters. Sie können nur geöffnet und geschlossen werden, wenn die Bank mit einem besonderen Schlüssel mitwirkt. Eine sonstige Mitwirkung bei der Öffnung lehnt die Bank ab.

Der Mieter erhält von der vermietenden Stelle der Bank zwei gleiche Schlüssel zum Schrankfach und auf Wunsch auch eine verschließbare Kassette mit zwei Schlüsseln; weitere Schlüssel sind nicht vorhanden. Der Mieter hat die Schlüssel sorgfältig aufzubewahren und den Verlust auch nur eines Schlüssels der vermietenden Stelle unverzüglich schriftlich anzuzeigen; er trägt dann die Kosten für die Änderung des Schlosses und die Anfertigung neuer Schlüssel.

Sind beide Schlüssel zum Schrankfach abhanden gekommen, so hat sich der Mieter wegen gewaltsamen Öffnens seines Schrankfaches mit der Bank zu verständigen. Die Bank bestimmt die Stunde der Öffnung und wählt die Handwerker aus. Die Kosten für die Öffnung und Erneuerung hat der Mieter zu ersetzen.

5. Die Stahlkammer ist während der Kassenstunden geöffnet. Der Eintritt in die Stahlkammer ist dem Mieter des Schrankfaches und den zu seiner Vertretung berechtigten Personen nur in Begleitung von dazu bestellten Beamten der Bank gestattet.

6. Vor dem Zutritt zum Schrankfach hat sich der Mieter oder sein Vertreter auszuweisen, und zwar durch Abgabe der Unterschrift und — auf Verlangen der Bank — durch Nennung des Schlüsselwortes. Außerdem kann der einmalige Zutritt zum Schrankfach demjenigen gewährt werden, der ein hierzu ermächtigendes Schreiben des Mieters überreicht und sich durch Schrankfachschlüssel, Einlaßkarte und — auf Verlangen der Bank — durch Nennung des Schlüsselwortes ausweist. Die Bank darf den Besitz der Einlaßkarte und des Schrankfachschlüssels bei Richtigbefund der Unterschrift als genügenden Ausweis ansehen.

7. Die Bank darf das Mietverhältnis jederzeit ohne Einhaltung einer Frist kündigen. Sie erstattet einen verhältnismäßigen Teil der Miete zurück, sofern nicht der Mieter einen wichtigen Grund zur Kündigung gegeben hat. Als solcher Grund ist es insbesondere anzusehen, wenn der Mieter seine Rechte aus dem Mietvertrage oder am Inhalt des Schrankfaches abtritt oder verpfändet.

8. Bei Beendigung des Mietverhältnisses hat der Mieter die beiden Schlüssel und, wenn ihm zum Schrankfach eine Kassette zur Verfügung gestellt ist, auch diese mit den zugehörigen Schlüsseln in unbeschädigtem Zustande zurückzugeben.

Durch Rückgabe der Schlüssel erlöschen sämtliche Ansprüche gegen die Bank aus dem Mietvertrage.

9. Wenn bei Beendigung des Mietverhältnisses nach schriftlicher Aufforderung der Bank die Schlüssel zum Schrankfach und zur Kassette nicht binnen drei Tagen an die vermietende Stelle zurückgegeben werden, so kann die Bank das Schrankfach und die Kassette auf Kosten des Mieters gewaltsam öffnen und erneuern lassen.

10. Diejenigen Personen, die die Schrankfächer benutzen, haben sich im Interesse der Sicherheit und Ordnung den Weisungen der Bank und ihrer Beamten zu fügen.

11. Zuschriften des Mieters sind stets mit der genauen Anschrift der vermietenden Stelle zu versehen.

12. Zur Vertretung der Bank bei dem Stahlkammermietverhältnis sowie zur Leistung von Quittungen und Unterzeichnung von Mitteilungen sind je zwei hierzu bestellte Beamte berechtigt, deren Namen durch Aushang in der vermietenden Stelle bekanntgegeben sind.

Mitteilungen gelten, auch wenn sie als unbestellbar zurückkommen, als dem Mieter zugegangen, wenn sie an seine letzte der vermietenden Stelle bekanntgegebene Anschrift abgesandt sind. Jede Änderung der Anschrift des Mieters ist der vermietenden Stelle unverzüglich schriftlich anzuzeigen. Auch Bekanntmachungen der Bank in Berliner Tageszeitungen oder durch Aushang in den Schalterräumen der Stadtzentrale oder der vermietenden Depositenkasse gelten als dem Mieter zugegangen.

13.—16. . . . [Nicht abgedruckt.]

*) Deutsche Bank und Disconto-Gesellschaft.

Nr. 60. Allgemeine Bedingungen für die Vermietung von regelspurigen Eisenbahnwagen.

(Aufgestellt von der Berliner Industrie- und Handelskammer 1930.)

§ 1. Mietdauer, Kündigung. Der Vermieter überläßt dem Mieter die vereinbarte Zahl Eisenbahnwagen bestimmter Art zu dem vereinbarten Mietzins auf die vereinbarte Mietdauer. Der Vertrag verlängert sich jeweils mangels einer Kündigung um die zuletzt vereinbarte Mietdauer, jedoch nicht über ein Jahr hinaus. Die Kündigungsfrist beträgt bei Verträgen auf unbestimmte Zeit sowie unter einem Jahre einen Monat, bei allen übrigen drei Monate.*) Eine Kündigung ist stets nur zum Schluß eines Kalendermonats zulässig, auch wenn die Laufzeit des Vertrages innerhalb eines Kalendermonats beginnt.

*) Bei Verträgen unter einem Monat ist gegebenenfalls eine besondere Kündigungsfrist zu vereinbaren (Anmerkung des Originals).

§ 6. Prüfungspflicht des Mieters, Haftung des Vermieters. Der Mieter ist verpflichtet, sich von dem ordnungsmäßigen Zustand der Wagen bei ihrer Übergabe zu überzeugen. Bei ordnungswidrigem Zustande der Wagen können Ansprüche auf Schadensersatz nur bis zur Höhe der vereinbarten Miete geltend gemacht werden.

§ 10. Verfügungsrecht des Mieters. Die Wagen stehen während der Mietdauer zur alleinigen Verfügung des Mieters, dürfen jedoch von ihm nur für seine eigenen Transporte und nur zu dem aus dem Mietvertrage ersichtlichen Zwecke verwendet werden.

Der Mieter ist nur mit schriftlicher Erlaubnis des Vermieters berechtigt, die Wagen an Dritte weiterzuvermieten. Er hat in solchem Fall ein dem Untermieter zur Last fallendes Verschulden wie sein eigenes zu vertreten. Konzernfirmen, die aus mehreren juristischen Personen bestehen, sind jedoch nicht als „Dritte" anzusehen.

Nr. 61. Bezugsbedingungen für das Verleihen von Filmen.

(Vereinbart zwischen Zentralverband der Filmverleiher Deutschlands e. V. und Reichsverband deutscher Lichtspieltheaterbesitzer e. V., beide in Berlin.)

1. Bestellung. Der Vertrag kommt erst mit Annahme der Bestellung durch den Verleiher zustande; die Frist zur Annahme beträgt, falls das Theater am Orte des Hauptsitzes der Verleihfirma gelegen ist, vier Tage, andernfalls zehn Tage, vom Datum der Bestellung an gerechnet. Der Besteller ist bis zum Ablauf dieser Frist an die Bestellung gebunden. Wird innerhalb dieser Fristen keine Bestätigung zur Post gegeben, so gilt die Bestellung als abgelehnt.

Die bestellten Filme können nur zusammen bestätigt werden, jedoch gilt jeder Film als besonders abgeschlossen.

Der Vertrag gilt für diejenigen Filme, welche infolge endgültigen Zensurverbotes oder Widerrufs der Zulassung nicht geliefert werden können oder welche aus sonstigen Gründen ohne Verschulden der Verleihfirma bei dieser nicht erscheinen, als aufgehoben.

Am Orte des Bestellers bezw. in den Orten oder in den Stadtbezirken, welche der Besteller üblicherweise ausschließt, darf keiner der umstehend verzeichneten Filme an Schulkinos, Kulturfilmbühnen, Zusammenschlüsse solcher Unternehmungen oder sonstige Unternehmungen öffentlicher Hand, die regelmäßig Filmvorführungen veranstalten, früher als zehn Monate nach dem Tage, an dem der Film in dem Theater des Bestellers abgespielt wurde (Abspieltag heißt letzter Lauftag des betreffenden Films), geliefert werden. Lehr- und Kulturfilme sind von dieser Bestimmung frei, ebenso Filme von besonderem kulturellen oder wissenschaftlichen Wert.

2. Zahlung. Der Rechnungsbetrag ist, wenn der Film beim Verleiher abgeholt wird, Zug um Zug gegen Auslieferung der Kopie zu zahlen. Sollen die Filme versandt werden, so muß er drei Tage vor dem Spieltermin im Besitze des Verleihers sein, widrigenfalls eine Haftung für pünktliche Absendung der Kopie nicht besteht. Dasselbe gilt hinsichtlich der Garantiesumme, wenn der Verleiher an dem Ergebnis der Vorführung prozentual beteiligt ist. Der Verleiher kann beim prozentualen Spielen täglich Abrechnung und die Zahlung des die Garantiesumme übersteigenden Betrages verlangen. Bei prozentualer Beteiligung ist dem Verleiher jegliche Kontrolle der an den Vorführungstagen erzielten Gesamteinnahmen gestattet; zur Abrechnung ist das vom Zentralverband der Filmverleiher Deutschlands e. V. und vom Reichsverband deutscher Lichtspieltheaterbesitzer e. V. gemeinsam aufgestellte Formular zu verwenden. Sind die Eintrittspreise des Theaters zur Zeit der Abrechnung niedriger als zur Zeit der Bestellung, so sind letztere Preise der Abrechnung zugrunde zu legen, wenn die Herabsetzung ohne Zustimmung des Zentralverbandes, des Reichsverbandes und des zuständigen Unterverbandes erfolgt ist.

Kommt der Theaterbesitzer mit der Bezahlung zweier vom Verleiher gemäß § 5 Abs. 3 terminierter Filme in Rückstand, oder verweigert er die Vertragserfüllung, so kann der Verleiher nach vorheriger Androhung und vierzehntägiger Wartefrist alle Mieten fällig machen. Der Verleiher braucht die Filme in diesem Falle nur soweit zu liefern, als ihm selbst das Aufführungsrecht zusteht und vorführungsfähige Kopien bei ihm vorhanden sind.

Der Besteller verpflichtet sich, angemessene Eintrittspreise zu erheben und keine übermäßig langen Programme zu spielen. Unterbietung von Konkurrenztheatern oder Vorführung übermäßig langer Programme berechtigen den Reichsverband, nach Herbeiführung des Einverständnisses des Zentralverbandes, entsprechende Erhöhung der Eintrittspreise bezw. Kürzung der Programme zu verlangen. Kommt ein Theaterbesitzer dem Verlangen nicht nach, so kann der Zentralverband seine Mitglieder von jeder weiteren Lieferung entbinden, bis die Mißstände abgestellt sind. Die umstehend bezeichnete Verleihfirma ist berechtigt, die Lieferung einzustellen, falls dies von ihr vom Zentralverband im Einvernehmen mit dem Reichsverband verlangt wird. Ein Vorspielrecht fällt in diesem Falle fort. Sind die Mißstände nicht binnen vier Wochen nach Entbindung von der Lieferungspflicht behoben, so ist die Verleihfirma berechtigt, sämtliche Filmmieten als Vertragsstrafe fällig zu machen. Nach Abstellung der Mißstände bleibt der Besteller zur Abnahme verpflichtet unter Anrechnung der eventuell gezahlten Vertragsstrafe. Wenn die umstehend bezeichnete Verleihfirma eine in der besprochenen Weise angesagte Maßregel böswillig durchbricht, so ist der umstehend bezeichnete Besteller wie jeder andere Besteller in deutschen Verleihbezirken, sofern sich die Maßregel nicht gegen ihn richtet, berechtigt, auf Anordnung des Reichsverbandes, die nur im Einvernehmen mit dem Zentralverband erfolgen kann, für die Terminfestsetzung die doppelte Frist zu beanspruchen, wie sie in § 5 für die Terminfestsetzungen festgelegt ist.

Die Preise für das Reklamematerial werden unter Zugrundelegung der vom Zentralverband festgelegten Mindestsätze berechnet.

Das Reklamematerial ist in gutem, reinlichem und brauchbarem Zustande spätestens zehn Tage vor dem Spieltermin abzusenden oder auszuhändigen. Bei Beschädigung oder unvollkommener Rücksendung erfolgt Berechnung zum Wiederbeschaffungspreise.

Die auf dem Abschluß ruhende Stempelsteuer wird von beiden Parteien je zur Hälfte getragen und für alle Filme bei der ersten Lieferung erhoben. Der Besteller ist ferner verpflichtet, durch den Verleiher an die Spitzenorganisation der Deutschen Filmindustrie einen Organisationsbeitrag in der von der Spitzenorganisation festzusetzenden Höhe zu zahlen, der bei der Lieferung eines Films mit dem Mietbetrage eingezogen wird.

3. Aufführungsrecht. Das Aufführungsrecht geht erst mit der Bezahlung auf den Besteller über. Der Film darf nur in dem Theater vorgeführt werden, für welches das Aufführungsrecht erworben ist. Daher ist Pendeln sowie jede sonstige Benutzung eines Films, dessen Aufführungsrecht nicht ordnungsmäßig erworben wurde, ausdrücklich verboten und gemäß § 32 des Kunstschutzgesetzes strafbar.

Jede Veränderung am Film oder an Teilen desselben, an der Einteilung, in der Reklame sowie die Verwendung selbstgewählter Titel oder Untertitel ist verboten und als Verletzung des Urheberrechtes strafbar. Untersagt ist insbesondere Reklame, welche geeignet ist, das Ansehen des Filmgewerbes in der Öffentlichkeit herabzusetzen.

Der Besteller haftet im Falle der Übertretung der Vorschriften dieser Ziffer für sich, seine Angestellten und sonstige Dritte. Er haftet nicht für bei dieser Ziffer angeführte Übertretungen, welche nach Übergabe des Theaters an einen Rechtsnachfolger von diesem begangen werden.

Jeder Fall der Zuwiderhandlung verpflichtet bei Pendeln zur Zahlung einer Konventionalstrafe in Höhe von 500 Mark und bei sonstiger Übertretung zu dieser Ziffer zur Zahlung einer Konventionalstrafe in Höhe der einfachen Spielmiete des Bestellers, mindestens aber von 100 Mark, unter Verzicht auf richterliche Ermäßigung. Weitergehende Ansprüche gegen den Besteller sowie gegen Dritte bleiben vorbehalten.

Aus technischen Gründen notwendig gewordene Ausschnitte müssen der Verleihfirma zurückgeliefert werden.

4. Erstaufführung. Ist Erstaufführungs- oder Vorspielrecht vereinbart, so darf der Film in den ausgeschlossenen Theatern auch nicht zur gleichzeitigen Vorführung eingesetzt werden.

Sofern nicht besondere Abnahmefristen vereinbart sind, muß der Berechtigte den Film auf Verlangen des Verleihers spätestens binnen zwei Monaten nach Mitteilung von dem Erscheinen abnehmen, widrigenfalls er dieses Erstaufführungs- oder Vorspielrechts verlustig geht.

Wird das Vorspielrecht durch den Verleiher böswillig verletzt, so hat er dem Berechtigten den Schaden, und zwar mindestens in Höhe der doppelten Filmmiete, zu ersetzen. Außerdem hat der Besteller das Recht, vom Vertrage für diesen Film zurückzutreten.

Der Besteller kann kein Recht daraus herleiten, daß der Film bei einem Vorspieler nicht vorgeführt wird.

5. Terminfestsetzung. Die Spieltermine werden durch gegenseitige Vereinbarungen festgesetzt. Der Verleiher kann die Festsetzung derselben unmittelbar nach Annahme der Bestellung verlangen.

Der Verleiher ist auf Wunsch des Bestellers, sofern dieser es zwei Wochen vor dem vereinbarten Spieltermin unter Angabe eines neuen Spieltermins beantragt, verpflichtet, den Film auf höchstens drei Monate zu verlegen. Für diesen Fall verzichtet der Besteller auf den ihm vertraglich zustehenden Platz in der Reihe der Aufführungsrechte sowie auf Beanstandung der Kopie, sofern deren Zustand sich infolge inzwischen stattgehabter Vorführung verschlechtert haben sollte.

Kommt nach der zweiten Aufforderung, Spieltermine aufzugeben, oder nach dem zweiten schriftlichen Angebot von Spielterminen eine Einigung nicht zustande, so kann der Verleiher die Termine einseitig festsetzen. Zwischen den einzelnen Aufforderungen muß eine Frist von mindestens einer Woche liegen.

Auch der Verleiher hat das Recht, bis spätestens vierzehn Tage vor dem Spieltermin eine einmalige Verlegung von höchstens drei Monaten zu verlangen. Der Besteller geht jedoch in diesem Falle des ihm vertraglich zustehenden Platzes in der Reihenfolge der Aufführungsrechte nicht verlustig.

6. Lieferung. Die Lieferung der Filme und des Reklamematerials geschieht auf Kosten des Bestellers. Die Versendungsart, ob Post oder Bahn, bleibt dem Verleiher überlassen.

Der Verleiher hat die Filme so früh abzusenden, daß sie unter Benutzung der üblichen Verkehrsmittel rechtzeitig eintreffen können. Nur wenn den Verleiher an der nicht rechtzeitigen Absendung ein Verschulden trifft, entfällt der Mietbetrag für die Tage, an denen die Filme nicht vorgeführt werden konnten, und der Verleiher ist verpflichtet, sofern der Besteller ihm das nicht rechtzeitige Eintreffen unverzüglich telegraphisch bekanntgibt und der Theaterbesitzer keinen anderen Film beschaffen kann, diesem für die ausfallenden Spieltage

Schadenersatz durch Zahlung eines Betrages der doppelten auf die ausfallenden Spieltage entfallenden Spielmiete zu leisten. Ein weiterer Schadenersatzanspruch bleibt vorbehalten. Außerdem haben beide Parteien das Recht, unverzüglich mittels eingeschriebenen Briefes einen neuen Spieltermin zu verlangen, der in die nächsten acht Wochen fallen muß.

Auch bei nicht rechtzeitigem Eintreffen hat der Besteller den Film abzunehmen und gemäß der Versandorder auf Kosten des Verleihers weiterzusenden, widrigenfalls er für alle durch die Unterlassung dem Verleiher entstandenen Schäden diesem gegenüber und für die dem Nachspieler entstehenden Schäden unmittelbar diesem gegenüber haftet.

Die Verleihfirma haftet nicht, wenn Krieg, Landestrauer, Streik, Aussperrung, Beschädigung oder Abhandenkommen des Negativs oder Positivs, Nichtlieferung seitens der Herstellerfirma, behördliche Verbote, Widerruf der Zulassung, überhaupt Umstände, die vom Willen der Verleihfirma unabhängig sind, insbesondere auch Verschulden der Verkehrsanstalt oder des Vorspielers, die Lieferung oder Ausführung verhindern oder verzögern. Die Verleihfirma ist außer bei Verschulden der Verkehrsanstalt oder des Vorspielers berechtigt, von der Lieferung zurückzutreten; sie ist jedoch verpflichtet, ihre Ersatzansprüche gegen Verkehrsanstalt oder Vorspieler dem Besteller abzutreten bezw. für Rechnung des Bestellers einzuziehen. Trifft den Verleiher kein Verschulden, so sind binnen vierzehn Tagen neue Spieltermine zu vereinbaren, falls die Verleihfirma ihr Rücktrittsrecht nicht ausübt.

Filme, die bis zum Ende der Spielsaison, d. i. die letzte Augustwoche, nicht erschienen sind, braucht der Besteller nicht abzunehmen, der Verleiher nicht zu liefern. Der Verleiher ist jedoch gehalten, dem Theaterbesitzer die ausfallenden Filme bei einem späteren Erscheinen vor der Konkurrenz anzubieten.

7. Gefahrtragung und Versicherung. Der Besteller trägt die Gefahr des Hin- und Rücktransportes sowie des Aufenthaltes der Filme bei ihm. Der Verleiher ist berechtigt, das Risiko des Transportes sowie des Feuer- und Einbruchdiebstahls zu versichern und von dem Besteller die Bezahlung der jeweils vom Zentralverband der Filmverleiher Deutschlands e. V. festzusetzenden Prämie gleichzeitig mit Entrichtung der Spielmiete zu verlangen. Der Theaterbesitzer ist verpflichtet, von jedem Schaden der zuständigen Polizeibehörde und dem Verleiher unverzüglich Mitteilung zu machen und die von den Versicherungsgesellschaften erforderten Nachweise und Erklärungen beizubringen.

Versichert sich der Theaterbesitzer selbst, so ist er von der Prämienzahlung befreit, wenn die Selbstversicherung bei einer vom Zentralverband genehmigten Versicherungsgesellschaft demselben nachgewiesen wird.

Geht der Film in beschädigtem Zustande beim Theaterbesitzer ein, so hat er dem Verleiher unverzüglich unter kurzer Bezeichnung der Mängel telegraphische Mitteilung zu machen; unterläßt er dies, so haftet er für die Beschädigung.

Im übrigen sind alle Reklamationen nach drei Tagen seit Eintreffen des Films ausgeschlossen.

8. Benutzung. Der Besteller hat die Filme auf einer einwandfreien Maschine und in normalem Tempo laufen zu lassen. Besteht der Verdacht, daß die Vorführungseinrichtungen Mängel haben oder die Vorführung übermäßig schnell erfolgt, so unterwirft sich der Besteller der Kontrolle eines vom Zentralverband der Filmverleiher Deutschlands e. V. oder seiner Untergruppen ernannten Fachmannes, dem der Zutritt zum Vorführungsraum und entsprechende Unterstützung gegen Vorzeigung eines Ausweises zu gewähren ist. Hat dieser Fehler in der Behandlung des Films oder Mängel am Apparat festgestellt, oder wird ihm der Zutritt zum Vorführungsraum verweigert, so kann der Verleiher die Lieferung der Filme einstellen, bis ihm die Beseitigung des Mangels nachgewiesen wird. Der Zentralverband der Filmverleiher Deutschlands e. V. kann bestimmen, daß sämtliche Lieferungen eingestellt werden, bis ihm die Beseitigung des Mangels nachgewiesen ist. Die Parteien unterwerfen sich dem Gutachten des Fachmannes über Zustand und Behandlung von Film und Maschine.

Die Anwendung von Ölverfahren ist nicht gestattet.

Filmstreifen dürfen nur vom Verleiher mit Markierungen versehen werden.

Wird bei Verwendung einer Spiegellampe mit einer Stromstärke von 10 Ampere oder mehr gearbeitet, so ist eine besondere Kühlvorrichtung für das Bildfenster des Projektionsapparates anzubringen.

9. Rücksendung. Der Besteller verpflichtet sich, die Filme sofort nach Beendigung der Vorstellung genau nach der Versandorder des Verleihers franko zurück- bzw. weiterzusenden. Sollte bis zur Beendigung der Spielzeit keine Versandorder bei dem Besteller eingelaufen sein, so hat er die Filme „per Eilboten dringend" oder per Bahn als „Expreßgut" franko an den Verleiher zurückzusenden.

Wohnen Verleiher und Besteller am gleichen Ort, so hat der Theaterbesitzer den Film abzuholen und zurückzuliefern. Der Film muß spätestens drei Stunden vor Beginn der Vorstellung zur Verfügung gestellt und spätestens bis vormittags 11 Uhr des auf die letzte Vorführung folgenden Tages, auch wenn dieser Tag ein Sonntag oder Feiertag ist, zurückgegeben werden, widrigenfalls die Spielmiete für eine weitere halbe Woche zu zahlen ist.

Werden die Rücksendungs- bzw. Rückgabevorschriften nicht beachtet, so hat der Verleiher das Recht, eine Vertragsstrafe in Höhe der doppelten von dem betreffenden Theaterbesitzer zuletzt gezahlten Miete zu fordern, unbeschadet weiterer Schadenersatzansprüche.

Der Besteller verzichtet ausdrücklich auf jedes Zurückbehaltungsrecht an den Filmen und dem Reklamematerial, insbesondere darf er keines von beiden mit Nachnahme belasten. Zuwiderhandlungen verpflichten zur Zahlung einer Konventionalstrafe in Höhe des zuletzt gezahlten Mietpreises.

Reklamematerial ist sofort nach Ablauf der Spielzeit an die Verleihfirma zurückzusenden.

Die Verpackung des Films und des Reklamematerials hat beiderseits auf das sorgfältigste zu erfolgen.

Nicht zurückgesandte Emballagen werden zum Neubeschaffungspreis berechnet.

10. ... [Nicht abgedruckt; vgl. oben Nr. 50, 2.]

11. Störungen des Theaterbetriebes. Abzüge für Tage, an denen der Betrieb ohne Einwirkung höherer Gewalten ruht oder der Film nicht aufgeführt werden kann, sind unzulässig. Für Tage, an denen allgemeine staatliche Spielverbote bestehen, darf die Spielmiete oder bei prozentualem Spielen ein entsprechender Teil der Garantiesumme gekürzt werden. Wird das Theater infolge höherer Gewalt nicht länger als zwei Monate geschlossen, so sind die in diese Zeit fallenden Spieltermine zu verlegen. Bei einer Schließung von längerer Zeitdauer kann der Verleiher vom Abschluß zurücktreten.

12. Streitigkeiten. Bei Streitigkeiten ist es dem Kläger überlassen, an Stelle des ordentlichen Gerichts ein Schiedsgericht anzurufen. Durch eine Klage auf Feststellung des Nichtbestehens eines Rechts oder einer Pflicht beim Schiedsgericht wird die Anrufung des ordentlichen Gerichts durch denjenigen, der eine Leistung fordert, nicht ausgeschlossen. In diesem Falle ist die Entscheidung des ordentlichen Gerichts maßgebend.

Gerichtsstand ist nach Wahl des Klägers der Hauptsitz der Verleihfirma oder der Sitz derjenigen Filiale, zu deren Bezirk das Theater gehört.

Erfüllungsort ist der Hauptsitz der Verleihfirma.

IV. Pacht.

Nr. 62. Allgemeine Pachtbedingungen für die Preußischen Staatsdomänen (APB.) 1926.

I. Pachtzeit.

§ 1. Das Pachtjahr läuft vom 1. Juli bis 30. Juni. Die Regierung kann die Übergabe sowie die Rücknahme der Pachtgegenstände bis zu zwei Wochen vor oder nach dem vertragsmäßigen Tage des Pachtbeginns bzw. des Pachtablaufs stattfinden lassen, ohne daß hieraus der Pächter irgendwelche Ansprüche herleiten darf.

II. Pachtgegenstände.

§ 2. A. Verpachtet sind nur die im besonderen Vertrage ausdrücklich benannten Grundstücke und ihre Gerechtigkeiten auf nichtfiskalischen Grundstücken mit Ausschluß aller anderen Berechtigungen und aller Nutzungen auf anderen fiskalischen Grundstücken.

Der Umfang der dem Pächter zustehenden Jagdnutzung wird durch den besonderen Vertrag bestimmt.

B. Das zur Nutzung der Pachtgegenstände erforderliche Inventar (Zubehör im Sinne der §§ 97, 98 BGB.) hat der Pächter selbst zu beschaffen.

C. Wegen der Saaten und Bestellungen wird auf § 35 verwiesen.

§ 3. Es wird weder bei der Übergabe noch während der Pachtzeit für das Maß, den Ertrag, die Tauglichkeit oder die sonstige Beschaffenheit der Pachtgegenstände, auch wenn darüber Angaben, z. B. über die Kulturarten der Grundstücke, in dem besonderen Vertrage enthalten sind, Gewähr geleistet. Ausgeschlossen ist insbesondere, soweit nicht nachstehend oder in dem besonderen Vertrage etwas anderes bestimmt ist, jede Haftung des Fiskus für Mängel der Pachtgegenstände oder für daran haftende Rechte Dritter, mögen sie beim Pachtbeginne vorhanden gewesen oder später entstanden sein.

§ 4. Der Fiskus überträgt, ohne dafür eine Vertretung zu übernehmen, dem Pächter seine Ansprüche an den abziehenden Pächter auf Ersatz von Schäden und Herstellung des ordnungsmäßigen Zustandes, soweit diese Pflichten dem letzteren gesetzlich oder vertragsmäßig obliegen und die Mängel vom Pächter bei der Übergabe angezeigt werden. Andererseits ist der Pächter, indem er in dieser Beziehung die Obliegenheiten des Fiskus übernimmt, verpflichtet, bei der Übergabe der Pachtgegenstände die Ansprüche des abziehenden Pächters hinsichtlich des Inventars, der Saaten und Bestellungen sowie des Baumbestandes aus eigenen Mitteln und ohne Beihilfe des Fiskus zu befriedigen. Mit diesen Maßgaben hat der Pächter, indem er zugleich in allen Fällen auf die in den §§ 536 bis 539, 541 bis 543 BGB. gewährten Befugnisse verzichtet, die Pachtgegenstände in dem Zustande zu übernehmen, in dem sie sich zur Zeit der Übergabe befinden.

§ 5. Der Pächter tritt in die beim Pachtbeginne mit den Angestellten und Arbeitern (Arbeiterinnen) bestehenden Dienstverträge ein und hat im letzten Jahre, falls nicht etwa das Gegenteil von dem Pacht- oder Wirtschaftsnachfolger gewünscht und dies rechtzeitig erklärt wird, alle Verträge so zu schließen, daß Angestellte und Arbeiter (Arbeiterinnen) bei dem Nachfolger bis zur nächsten Ziehzeit im Dienste zu bleiben verbunden sind. In beiden Fällen werden die Gehälter und Löhne, ferner die Aufwendungen für die Anwerbung und die Hin- und Rückbeförderung von Wanderarbeitern vom Pächter nach Verhältnis der Zeit berichtigt.

Der Pächter ist verpflichtet, die von der zuständigen Arbeitsgemeinschaft oder von den Organisationen der Arbeitgeber und Arbeitnehmer tariflich festgesetzten oder für allgemeinverbindlich erklärten Lohn- und Arbeitsbedingungen ständig einzuhalten und die Bestimmungen der Vorläufigen Landarbeitsordnung vom 24. Januar 1919 oder die an ihre Stelle tretenden oder sie ergänzenden anderweitigen gesetzlichen Bestimmungen ständig zu beobachten.

§ 6. Alle die Pachtgegenstände betreffenden Auseinandersetzungen, insbesondere Um- und Zusammenlegungen, Aufhebung von Gemeinheiten sowie Ablösung von Dienstbarkeiten zugunsten und zu Lasten der Pachtgegenstände und von Reallasten, mögen sie im Wege des geordneten Verfahrens oder des Vergleichs durchgeführt werden, hat der Pächter sich auch ohne seine Zuziehung in der Art gefallen zu lassen, daß seine Rechte und Pflichten auf die bezüglich des Fiskus festgesetzte Abfindung und, wenn diese ein Kapital ist, auf die davon mit jährlich bis zu 6 v. H. zu berechnenden Zinsen übergehen. Auf eine weitere Entschädigung aus Anlaß dieser Verfahren, auf die Befugnis, die Errichtung neuer oder die Vergrößerung vorhandener Gebäude oder anderer Anlagen sowie die Vermehrung des Inventars auf fiskalische Kosten zu verlangen, die Pacht zu kündigen oder den Pachtzins zu mindern, leistet der Pächter Verzicht.

§ 7. A. Der Pächter ist verpflichtet, diejenigen Grundstücke, die

1. im Wege des Enteignungsverfahrens in Anspruch genommen werden oder nach dem Ermessen der Regierung entweder in diesem Wege in Anspruch genommen werden können oder zur Abgabe an Dritte auf Grund gesetzlicher Bestimmung (z. B. Reichssiedlungsgesetz) in Frage kommen,

sowie diejenigen Grundstücke, die

2. sonst zu öffentlichen oder fiskalischen Zwecken,
3. zur Erfüllung von privatrechtlichen Verpflichtungen des Fiskus, gleichviel ob diese vor oder nach Abschluß des Pachtvertrages entstanden sind,
4. zur Gewinnung von Ziegelerde, sofern nicht eine Ziegelei mitverpachtet worden, und aller anderen Bodenschätze, wie Torf, Ton, Kalk, Kies, Bernstein, Gestein, Mineralien, Kohlen, Öl, Quellen usw., sowie zu deren Bearbeitung und Abfuhr

nach dem Ermessen der Regierung geeignet und erforderlich sind, jederzeit aus der Pacht herauszugeben.

Der Pächter ist ferner verpflichtet, auf Verlangen der Regierung auch zu anderen, nach ihrem Ermessen zu bestimmenden Zwecken weitere Grundstücke nach ihrer Wahl bis zu dem im besonderen Vertrage angegebenen Flächeninhalt jederzeit aus der Pacht herauszugeben.

B. 1. Für die nach den vorstehenden Bestimmungen aus der Pacht herausgegebenen Flächen wird dem Pächter, sofern nicht im besonderen Vertrag etwas anderes bestimmt ist, derjenige Anteil am Pachtzins einschließlich der auf die Trennfläche entfallenden Bodenverbesserungszinsen erlassen, der auf diese Flächen nach dem Verhältnis ihres Grundsteuerreinertrages zum Grundsteuerreinertrage der gesamten Pachtung entfällt. Für Flächen, die zur Grundsteuer nicht veranlagt sind, wird der Pachterlaß mangels gütlicher Einigung durch Sachverständige bestimmt.

Außerdem werden dem Pächter die Bestellungskosten nach den Vorschriften des § 35 vergütet.

Für die Herausgabe von Hof- und Baustellen, Wegen, Gräben und Unland wird ein Pachterlaß nicht gewährt.

Auf den herauszugebenden Flächen stehende Obst- und wilde Bäume werden dem Pächter nicht besonders vergütet, sie sind aber vom Bauminventar abzusetzen.

2. Wenn durch die Herausgabe von Flächen dem Pächter erhebliche wirtschaftliche Nachteile entstehen, so kann ihm nach billigem Ermessen der Regierung noch eine besondere Entschädigung oder ein weiterer Erlaß am Pachtzinse gewährt werden.

C. In Anrechnung auf Pachterlaß oder eine besondere Entschädigung können dem Pächter jederzeit nach dem Ermessen der Regierung geeignete Grundstücke zur Pachtnutzung unter den Bedingungen seines Vertrages gegen einen durch Sachverständige zu ermittelnden Zins überwiesen werden.

D. Grundstücke, die nach dem Ermessen der Regierung auf andere als die bisherige Art zum Besten der Pachtgegenstände selbst verwendet werden sollen, muß der Pächter jederzeit ohne alle Entschädigung ihrer neuen Bestimmung überlassen. Hierzu können auch nach den Bestimmungen zu A erfolgende Abtretungen von Grund und Boden zu Eisenbahnen, Kanälen, Deichbauten, Kunststraßen und anderen Wegebauzwecken sowie zu elektrischen Starkstromleitungen und Anlagen gerechnet werden, wenn nach dem Ermessen der Regierung die neue Anlage dem Pächter mehr Vorteile gewährt, als ihm die Abtretung Nachteile bringt.

§ 8. A. Der Pächter hat die Pachtgegenstände so zu bewirtschaften, daß die Wirtschaftsführung der Aufgabe der Domäne, als Musterwirtschaft für die betreffende Gegend vorbildlich zu wirken, entspricht. Der Ertrag der Pachtgegenstände darf nicht geschmälert, sondern muß nach Möglichkeit erhöht werden. Der Pächter darf bei Vermeidung einer Vertragsstrafe von 100 RM für jedes angefangene Ar nicht ohne Erlaubnis der Regierung Änderungen in der wirtschaftlichen Bestimmung der Pachtgrundstücke vornehmen, die auf die Art der Bewirtschaftung über die Pachtzeit hinaus von Einfluß sind (§ 583 BGB.).

Zum 1. Juli des drittletzten Pachtjahres hat der Pächter der Regierung auf ihr Verlangen einen Wirtschaftsplan für die drei letzten Pachtjahre einzureichen, von dem er zum Nachteil der Futter- oder Düngergewinnung nur mit Genehmigung der Regierung abweichen darf.

Der Pächter hat die Rechte des Fiskus hinsichtlich der Pachtgegenstände zu wahren und darüber zu wachen, daß die bestehenden Berechtigungen dem Gute erhalten werden und der Besitzstand nicht gestört wird. Auch hat er nach Kräften alle den Pachtgegenständen drohenden Schäden auf eigene Kosten abzuwenden und insbesondere darauf zu achten, daß auf den Nachbargrundstücken nicht Anlagen hergestellt und gehalten werden, von denen vorauszusehen ist, daß sie eine unzulässige Einwirkung auf die Pachtgrundstücke haben werden. Prozeßkosten, die nach Ansicht der Regierung zur zweckentsprechenden Rechtsverfolgung notwendig waren, werden dem Pächter erstattet.

Die auf den Pachtgrundstücken etwa vorhandenen Natur- und Kunstdenkmäler hat er nach Maßgabe des besonderen Vertrages zu schützen und zu erhalten. Von vor- und frühgeschichtlichen Funden ist der Regierung sofort Mitteilung zu machen. Bis auf weitere Anordnung durch die Regierung ist dafür Sorge zu tragen, daß die Funde vor Zerstörung gesichert werden. Der Pächter verzichtet auf die Ansprüche, die ihm auf das Miteigentum an

Schatzfunden auf den Pachtgrundstücken nach § 984 BGB. zustehen, und verpflichtet sich, die Schatzfunde dem Fiskus auszuantworten.

B. Zum Anbau von Rüben, Beta vulgaris L., gleichviel ob sie als Wurzel- oder Samengewächse, ob sie zur Futter- oder Zuckergewinnung oder zu anderen Zwecken dienen sollen, darf ein und dasselbe Grundstück nicht öfter als zweimal in je sechs Pachtjahren benutzt werden. Auch dürfen niemals zwei Ernten von Rüben unmittelbar aufeinanderfolgen. — Rotklee oder Rotkleegemenge darf auf demselben Grundstück nur alle sechs Jahre einmal angebaut werden.

Für jedes anders, als hiernach zulässig ist, mit Rüben, Rotklee oder Rotkleegemenge bebaute Hektar hat der Pächter eine Vertragsstrafe von 500 RM zu zahlen.

Die Regierung behält sich vor, den Pächter von diesen Anbaubeschränkungen auf Antrag ausnahmsweise zu befreien, wenn die besonderen Verhältnisse der Domäne und die Wirtschaftsführung des Pächters dies rechtfertigen.

C. Die auf und unter den Pachtgrundstücken befindlichen Bodenschätze aller Art, insbesondere Ton, Mergel, Kalk, Steine, Kies, nicht aber Torf (vgl. § 11 unter B), darf der Pächter zwar soweit tunlich als Dungmittel auf den Pachtgrundstücken sowie zur Unterhaltung der zu den Pachtgegenständen gehörenden Bauanlagen und Wege, dagegen bei Vermeidung von 100 RM Vertragsstrafe für jedes angebrochene Ar und jeden Fall der Zuwiderhandlung nicht zu anderen Zwecken verwenden. Kalk und Mergel dürfen jedoch nur aus den von der Regierung besonders zugewiesenen Flächen entnommen werden.

Die Regierung ist berechtigt, auf den Pachtgrundstücken befindliche Rohstoffe, als Steine, Kies, Sand usw., zu baulichen Anlagen, die ganz oder teilweise mit fiskalischen Mitteln auf den Pacht- oder anderen fiskalischen Grundstücken herzustellen sind, zu verwenden, ohne daß dem Pächter deswegen ein Entschädigungsanspruch zusteht. Diese Berechtigung erstreckt sich auch auf die unter § 14 II A und B bezeichneten Wegebauten.

D. Ohne Einwilligung der Regierung darf der Pächter auf den verpachteten oder auf anderen fiskalischen Grundstücken weder bergbauliche Anlagen machen noch Bergwerkseigentum erwerben oder behalten, noch als Gewerke, Aktionär, Gesellschafter oder sonst in irgendwelcher Weise an einem bergbaulichen Unternehmen beteiligt sein, das die Gewinnung von Mineralien auf den verpachteten oder auf anderen fiskalischen Grundstücken zum Zwecke hat.

§ 9. A. Der Pächter ist verpflichtet, während der Pachtzeit auf den Pachtgrundstücken dauernd ein ihm e i g e n t ü m l i c h gehörendes, dem gesetzlichen Pfandrecht des Verpächters unterliegendes lebendes und totes Inventar nach folgenden Bestimmungen zu halten:

1. Das lebende Inventar muß, sofern die Regierung dem Pächter nicht aus besonderen Gründen vorübergehend Erleichterungen zuläßt, mindestens der im besonderen Vertrage geforderten Stückzahl Großvieh entsprechen. Hierbei gilt als Stück Großvieh ein solches von 500 kg Lebendgewicht. Dieser Einheit sind gleichzurechnen: je zwei Fohlen oder zwei Stück Jungvieh oder vier Kälber oder vier große Schweine oder zehn Läuferschweine oder zehn Mutterschafe oder zwanzig Lämmer.

2. Das tote Inventar ist in dem Umfange zu beschaffen und dauernd zu erhalten, wie es nach den Grundsätzen einer ordnungsmäßigen Bewirtschaftung für die Bodenverhältnisse und für gleichartige Wirtschaftsbetriebe der Gegend als angemessen zu erachten ist. Im Streitfall haben über das zu haltende tote Inventar Sachverständige zu entscheiden.

B. Der Pächter darf Gras, Heu, Grummet, Klee, Rübenblätter und -köpfe und andere Futterpflanzen sowie die bei Verarbeitung der Kartoffeln in Spiritus- oder Stärkefabriken und der Zuckerrüben in Zuckerfabriken ihm verbleibenden oder ihm zurückgelieferten, als Futter dienenden Rückstände, ferner Schilf, Stroh und natürlichen Dünger ohne Einwilligung der Regierung bei Vermeidung einer Vertragsstrafe von 100 RM je Fuder nicht verkaufen noch sonst, den Fall einer Landeslieferung ausgenommen, von den Pachtstücken entfernen; auch darf er nicht außerhalb der gepachteten Grundstücke, bei gleicher Strafe für jede Nacht Hordenschlag, pferchen lassen.

Die Einwilligung wird in der Regel erteilt werden, wenn der Erwerb einer nach dem Ermessen der Regierung gleichwertigen Menge Dung- oder Futtermittel nachgewiesen werden kann.

C. Ist mit der Domäne eine Brennerei verpachtet, so ist der Pächter verpflichtet, sie in regelmäßigem und ordnungsmäßigem Betriebe zu erhalten, soweit es die Aufrechterhaltung des Brennrechts erfordert. Insbesondere darf er ohne Genehmigung der Regierung keine Handlungen oder Unterlassungen begehen, die ein Erlöschen oder eine Minderung des Brennrechts herbeizuführen geeignet sind.

Wenn der Pächter gegen die vorstehenden Bestimmungen verstößt, so verfällt er in eine Vertragsstrafe bis zu 500 RM für jeden Übertretungsfall. Auch ist die Regierung berechtigt, außerdem noch für jedes Liter reinen Alkohols, um den das Brennrecht durch das Verhalten des Pächters eine Minderung erfährt, eine besondere Vertragsstrafe bis zu 5 RM festzusetzen.

§§ 10, 11. . . .

§ 12. I. A. Der Pächter muß ohne besondere Aufforderung auf eigene Kosten und ohne Ersatzanspruch alle zu den Pachtgegenständen beim Pachtbeginne gehörenden oder während der Pachtzeit hinzutretenden oder in irgendeiner Beziehung zu ihnen stehenden Gebäude und sonstigen baulichen Anlagen und Einrichtungen aller Art ohne Ausnahme, insbesondere ohne Beschränkung auf die im § 582 BGB. genannten, namentlich die baulichen Wirtschafts-, Fabrikations-, Schutz-, Wasser- und Verkehrsanlagen und Einrichtungen jeder Art mit allem Zubehör in guten, den polizeilichen und bautechnischen Anforderungen und den Unfallverhütungsvorschriften der Berufsgenossenschaften entsprechenden Stand setzen, in solchem unterhalten sowie die zur Sicherung des Bestandes erforderlichen baulichen Änderungen und Ergänzungen vornehmen, zu diesem Zweck auch das Holzwerk an den Außenwänden nebst Außentüren und Fenstern mit geeignetem Schutzanstrich, so oft es von der Regierung für erforderlich erachtet wird, versehen lassen. Er hat nötigenfalls die Gebäude, baulichen Anlagen und Einrichtungen auf eigene Kosten neu herzustellen, sofern nicht die Bestimmungen unter B bis D Anwendung finden. Die Rückgewähr hat in gutem Zustande zu erfolgen.

Der Pächter hat sich in bezug auf Art und Umfang der Ausübung seiner Unterhaltungspflicht im Zweifelsfalle den Anordnungen der Regierung zu unterwerfen.

Der Pächter hat auch die dem Fiskus wegen der Unterhaltung baulicher Anlagen gegen Dritte obliegenden Verbindlichkeiten zu erfüllen.

. . .

D. Falls fiskalische Gebäude, Brunnen und Wasserleitungen ungeachtet der vollständigen Erfüllung der Bauverbindlichkeiten seitens des Pächters nach dem Ermessen der Regierung nicht mehr erhalten werden können oder fiskalische Gebäude infolge ansteckender Krankheit unter dem lebenden Inventar der Pachtung nach dem Befinden der Regierung für ihre bisherige Bestimmung unbrauchbar geworden sind, so behält sich die Regierung vor, den Ersatzbau zu bewirken. Der Pächter hat in diesem Fall außer der unentgeltlichen Leistung der Fuhren ein Fünftel der gesamten übrigen Kosten ohne Ersatzanspruch beizutragen. Erfolgt jedoch die Ausführung des Ersatzbaues erst innerhalb der letzten drei Pachtjahre, so hat der Pächter außer der Leistung der Fuhren nur ein Zehntel der übrigen Kosten beizutragen, es sei denn, daß er vor Beginn der Ausführung die Domäne für eine weitere mindestens dreijährige Pachtdauer gepachtet oder die bindende Zusage erhalten hat, daß ihm die Nutzung der Domäne noch für mindestens die gleiche Dauer verbleiben soll.

E. 1. Bei allen Bauten, die nach den Bestimmungen unter B bis D ausgeführt werden, bleiben die Festsetzung des Zeitpunktes der Ausführung, der Lage, der Zahl, des Umfanges und der Einrichtung der herzustellenden Gebäude sowie die Wahl der Baustoffe der Regierung allein überlassen, deren Festsetzungen auch für die dem Pächter hinsichtlich der Fuhren obliegenden Verpflichtungen sowie für die Berechnung des von dem Pächter zu den übrigen Kosten zu leistenden Beitrages maßgebend sind.

2. Kann ein nach den Bestimmungen unter B bis D auszuführender Ersatzbau durch zweckmäßige Einrichtung eines in einem anderen Gebäude vorhandenen Raumes ohne Erschwerung des wirtschaftlichen Gebrauchs und der Beaufsichtigung dieses Gebäudes und ohne Beeinträchtigung des wirtschaftlichen Gebäudebedürfnisses nach dem Ermessen der Regierung umgangen werden, so ist sie berechtigt, zur Vermeidung des Ersatzbaues diese Einrichtung mit den vorbestimmten Leistungen des Pächters zu bewirken, auch wenn dem anderweit einzurichtenden Gebäude dadurch ganz oder teilweise eine veränderte wirtschaftliche Bestimmung gegeben wird.

II. A. Der Pächter hat gegen den Fiskus in keinem Fall einen Anspruch auf Herstellung bisher nicht vorhandener oder auf irgendeine Veränderung, Erweiterung oder Verbesserung schon vorhandener Gebäude, baulicher Anlagen und Einrichtungen.

B. Entschließt sich die Regierung auf Antrag des Pächters gleichwohl zur Ausführung von Neubauten, Umbauten oder Erweiterungsbauten, so bleibt Art und Maß der Beteiligung des Pächters an den Kosten besonderer Festsetzung vorbehalten.

C. Wenn die Regierung verlangt oder genehmigt, daß

a) die dem Pächter nach den Bestimmungen unter I A obliegende Wiederherstellung von Bauanlagen von ihm in einem anderen Baustoff oder in anderer Bauweise und Gestaltung bewirkt werde oder daß

b) an oder in fiskalischen Gebäuden im Interesse der besseren und längeren Erhaltung des Gebäudes Verbesserungen, Verstärkungen oder anderweitige bisher nicht vorhandene bauliche Einrichtungen ausgeführt werden,

und diese Leistungen (zu a oder b) nach dem Ermessen der Regierung über das Maß der dem Pächter nach I A obliegenden Verpflichtungen hinausgehen, so hat der Pächter sich an diesen Mehrleistungen neben der unentgeltlichen Fuhrenleistung noch mit einem Fünftel der Ausführungskosten ohne Ersatzanspruch zu beteiligen.

§ 13. Alle auf der Domäne vorhandenen Bodenverbesserungen (Meliorationen) hat der Pächter, solange sie nach dem Ermessen der Regierung durch Ausbesserungen erhalten werden können, mit sämtlichem Zubehör auf seine Kosten in guten Zustand zu setzen und in diesem zu erhalten. Art und Umfang der Unterhaltungspflicht bestimmt sich nach § 12 I Abschnitt A.

Entschließt sich die Regierung auf Antrag des Pächters, durch diesen nach den von ihr aufgestellten oder genehmigten Entwürfen neue Bodenverbesserungen auf der Domäne ausführen zu lassen, so hat der Pächter neben unentgeltlicher Fuhrenleistung die ihm von der Regierung zu bewilligende Beihilfe zu einem von ihr festzusetzenden Zinsfuß, der 6 v. H. im Jahre nicht übersteigen soll, vom Zahlungstage ab bis zum Ablauf der Pacht zu verzinsen.

Die Regierung ist berechtigt, auch ohne Antrag des Pächters weitere Bodenverbesserungen, die sie für notwendig erachtet, auf der Domäne ausführen zu lassen. In diesem Falle ist der Pächter verpflichtet, die Ausführung zu dulden und neben unentgeltlicher Fuhrenleistung die von der Regierung aufzuwendenden Mittel vom Tage ihrer Zahlung an den Unternehmer nach Maßgabe des vorhergehenden Absatzes zu verzinsen.

Der Pächter hat die ihm übergebenen Pläne, Kostenanschläge und Zeichnungen über Bodenverbesserungen sorgfältig aufzubewahren und bei seinem Abzuge von der Domäne zurückzugeben.

§ 14. ...

§ 15. I. Der Pächter darf die Herstellung neuer oder die Abänderung vorhandener Gebäude, baulicher Anlagen und Einrichtungen nur nach vorheriger schriftlicher Einwilligung der Regierung vornehmen; die ohne diese Einwilligung ausgeführten Anlagen hat er nach Wahl der Regierung entweder unter Wiederherstellung des vorigen Zustandes jederzeit zu beseitigen oder ohne Ersatzanspruch auf der Domäne zurückzulassen.

II. Die mit vorheriger schriftlicher Einwilligung der Regierung vom Pächter auf eigene Kosten ausgeführten Neubauten und baulichen Anlagen der unter I bezeichneten Art hat der Pächter nach Ablauf seiner Pachtzeit nach Wahl der Regierung entweder unter Wiederherstellung des vorigen Zustandes zu beseitigen oder in gutem baulichen Zustande auf der Domäne zurückzulassen. In letzterem Fall wird ihm, sofern keine besonderen Vereinbarungen getroffen sind und insoweit die Ausführung der Arbeiten sich nach dem Ermessen der Regierung nicht als eine nach § 12 I A dem Pächter obliegende Verpflichtung darstellt, bei Pachtablauf der nach der Taxe des Ortsbaubeamten festzustellende Wert der Anlage zur Zeit der Übernahme abzüglich der Fuhrkosten und eines Fünftels der übrigen Kosten erstattet, jedoch nicht mehr als die tatsächlich aufgewendeten Gestehungskosten abzüglich der Fuhrkosten und eines Fünftels der Barkosten.

Die Regierung behält sich vor, in geeigneten Fällen auf Antrag des Pacht- oder Wirtschaftsnachfolgers, statt die Beseitigung der Anlage durch den abziehenden Pächter zu verlangen, ihre Übernahme durch den Pacht- oder Wirtschaftsnachfolger zu gestatten. Auch diesem gegenüber gelten alsdann die vorstehenden Bestimmungen.

III. Verbesserungen, die der Pächter an fiskalischen Anlagen der unter I bezeichneten Art vornimmt, muß er dagegen, gleichviel ob sie mit oder ohne Einwilligung der Regierung erfolgt sind, ohne Ersatzanspruch zurücklassen, sofern nicht von der Regierung die Wiederherstellung des alten Zustandes verlangt wird. Was als Verbesserung im Sinne dieser Bestimmung anzusehen ist, hängt in jedem Einzelfall ausschließlich von dem Ermessen der Regierung ab.

IV. Werden die vorbezeichneten Anlagen mit dem Grund und Boden oder den Gebäuden des Fiskus fest verbunden, so daß ihre Trennung ohne Wesensänderung der einen oder anderen Sache oder ohne Beeinträchtigung des Wirtschaftsbetriebes nicht möglich ist, worüber im Streitfalle die Regierung nach freiem Ermessen entscheidet, so gehen sie mit ihrer Errichtung oder Herstellung in das Eigentum des Fiskus über. Ein Wegnahmerecht des Pächters besteht nicht. Die schuldrechtlichen Ansprüche regeln sich nach Ziffer I bis III. Die Gefahr für die Neuanlagen oder die baulichen Änderungen trägt der Pächter bis zur Beendigung des Pachtvertrages oder bis zur endgültigen Auseinandersetzung nach Ziffer II. Der Pächter ist zur Wiederherstellung der vorbezeichneten Anlagen im Falle ihres zufälligen Unterganges nicht verpflichtet, unbeschadet der Vorschriften des Regulativs des Domänenfeuerschädenfonds.

V. Für Bodenverbesserungen und Wegeanlagen, die der Pächter außerhalb der in den §§ **13** und **14** getroffenen Regelung ausführt, steht ihm ein Anspruch auf Vergütung nicht zu. Sofern solche Anlagen ohne vorherige schriftliche Einwilligung der Regierung hergestellt sind, kann die Regierung die Wiederherstellung des früheren Zustandes in den Grenzen des Möglichen jederzeit verlangen. Wird die Einwilligung erteilt, so kann die Regierung einen entsprechenden Vorbehalt für den Zeitpunkt des Pachtablaufs machen.

§ 16. A. Der Pächter hat in keinem Fall Anspruch auf Entschädigung für Nachteile und Unbequemlichkeiten, die ihm etwa bei Gelegenheit von Bauausführungen auf der Domäne erwachsen.

B. Auf die beim Abbruch oder Umbau fiskalischer Gebäude anfallenden Baustoffe hat der Pächter keinen Anspruch. Gelangen solche aber zur Wiederverwendung bei einem fiskalischen Bau, so werden sie zugunsten des Pächters nach dem maßgebenden Beitragsverhältnis berücksichtigt.

Der Pächter ist verpflichtet, die auf der Domäne lagernden Baustoffe und Baugeräte in seine Obhut zu nehmen; für etwa eintretende Verluste und Beschädigungen ist er der Regierung verantwortlich.

C. In allen Fällen, in denen dem Pächter die Verpflichtung obliegt, die Fuhren unentgeltlich zu leisten, gehört zu dieser Verpflichtung auch das Aus-, Auf- und Abladen der Baustoffe usw. Im übrigen wird der Umfang der Fuhrenleistungen von Fall zu Fall durch die Regierung festgesetzt. Der Pächter hat auf Verlangen der Regierung an Stelle der unentgeltlichen Fuhrenleistung den in dem betreffenden Bauunternehmungsvertrage hierfür vorgesehenen Barbetrag an die fiskalische Kasse zu entrichten und für die Unterkunft und Verpflegung der Werkleute und Arbeiter soweit als nötig und gegen Entgelt, dessen endgültige Festsetzung bei Streitigkeiten nach dem Ermessen der Regierung erfolgt, Sorge zu tragen.

D. Bei allen fiskalischen Bauten, zu denen der Pächter einen baren Kostenbeitrag zu leisten hat, ist er auf Verlangen der Regierung verpflichtet, zu den dem Unternehmer nach seinem Bauvertrage zustehenden Abschlagszahlungen anteilig beizutragen. — Der Pächter hat für alle aus einer verspäteten Zahlung etwa entstehenden Weiterungen aufzukommen.

E. Wenn zur Aufstellung von Baubestandsbüchern oder Bau- und Bodenverbesserungsentwürfen oder zu anderen Zwecken auf Anordnung oder mit Genehmigung der Regierung Vermessungs- oder andere Vorarbeiten ausgeführt werden sollen, so hat der Pächter auf Wunsch des mit der Ausführung Betrauten die nach dessen Ermessen etwa erforderlichen Arbeitskräfte für mechanische Hilfeleistungen unentgeltlich zur Verfügung zu stellen, wenn ihm mindestens drei Tage vor der Inangriffnahme der Arbeiten eine entsprechende Mitteilung gemacht wird.

§ 17. . . .

III. Pachtzins.

§ 18. Den Pachtzins und alle vertraglichen Zinsen hat der Pächter für jedes Pachtjahr in vier gleichen Raten im voraus am 1. Juli, 1. Oktober, 1. Januar und 1. April, und zwar wie alle sonstigen Zahlungen an den Fiskus, auf eigene Gefahr und eigene Kosten in Reichswährung bei Vermeidung der Einziehung im Verwaltungszwangsverfahren an die Hauptkasse der verpachtenden Regierung oder an jede andere Kasse zu entrichten, die von der Regierung bestimmt werden sollte. Die erste Teilzahlung für das erste Pachtjahr ist vor der Übergabe zu leisten. Der Einwand der Aufrechnung ist dem Pächter außer dem Fall des § 20 ebensowenig gestattet wie die Zurückbehaltung des Pachtzinses.

Das Pachtgeld für die Jagdnutzung auf den dem Jagdbezirke der Domäne etwa angeschlossenen nichtfiskalischen Grundstücken hat der Pächter dem Empfangsberechtigten unmittelbar zuzuführen.

IV. Pachtnebenverbindlichkeiten.

§§ 19, 20. . . .

§ 21. Ist der Pächter durch höhere Gewalt oder durch einen nicht in seiner Person sich ereignenden Zufall zur Ausübung seines Nutzungsrechts an den Pachtgegenständen in ihrer Gesamtheit ein ganzes Jahr hindurch oder länger völlig außerstand gesetzt, so ist er für diese Zeit von der Entrichtung des Pachtzinses befreit.

Zur Beseitigung von Versandungen und Abspülungen leistet der Fiskus keine Beihilfe; indessen hat der Pächter, falls nach dem Ermessen der Regierung die ohne Verschulden des Pächters versandeten Flächen in Größe von mindestens einem Hektar ertraglos geworden sind oder wenn die abgespülten Flächen eine Größe von mindestens einem Hektar erreichen, hinsichtlich dieser Flächen Anspruch auf den nach § 7 festgesetzten Nachlaß am Pachtzins.

Außer den vorstehend angegebenen Fällen hat der Pächter alle Gefahr zu tragen. Er kann daher auch wegen solcher Umstände, durch die der vertragsmäßige Gebrauch und Fruchtgenuß aufgehoben oder gemindert wird, weder gänzliche oder teilweise Befreiung von der Entrichtung des Pachtzinses noch Schadensersatz verlangen. Bei Wildschaden verzichtet der Pächter auf jeden Ersatz, der etwa nach bestehenden Bestimmungen aus fiskalischen Mitteln, sei es unmittelbar, sei es infolge einer Inanspruchnahme im Wege des Rückgriffes, zu leisten wäre.

§ 22. . . .

§ 23. I. Der Pächter ist verpflichtet, den auf den Pachtgrundstücken in Dienstgeschäften sich aufhaltenden staatlichen Kommissaren und den sie im amtlichen Auftrage begleitenden Personen passende, mit den nötigen Möbeln und Betten versehene Zimmer in seinem Wohnhause einzuräumen, zu erleuchten und nötigenfalls auch zu heizen. Auch hat er ihnen Fuhrwerk von und bis zu der von den Kommissaren bezeichneten Bahnstation oder auf eine entsprechende Entfernung gegen angemessene Vergütung zu stellen. Reisen die Kommissare mit eigenem Fuhrwerk, so muß Pächter den erforderlichen Unterbringungsraum und das etwa nötige Futter stellen.

II. Der Pächter hat auf Anfordern der Gestütverwaltung auf dem Fußmarsch befindlichen Pferden staatlicher Gestüte und dem zugehörigen Begleitpersonal vorübergehend Unterkunft zu gewähren und zur Verpflegung der Pferde das erforderliche Hart- und Rauhfutter sowie Streustroh gegen Vergütung nach den jedesmaligen monatlichen Durchschnittsmarktpreisen der im besonderen Vertrage bestimmten Stadt herzugeben.

Hat die Gestütverwaltung den Wunsch, auf der Domäne eine staatliche Deckstelle einzurichten, und ist nach ihrem und der Regierung Ermessen die Bereitstellung oder Einrichtung der erforderlichen Räumlichkeiten möglich, so hat der Pächter die für die Deckstelle vorgesehenen Beschäler und das dazugehörige Wärterpersonal für die Dauer der in dem jeweiligen Gestütbezirk maßgeblichen Deckzeit unter den gleichen Bedingungen aufzunehmen, wie sie zwischen der Gestütverwaltung und den sonstigen Deckstellenhaltern des Bezirks vertraglich vereinbart werden.

§ 24. Der Pächter ist verpflichtet,

A. falls ihm nach § 20 die Abführung von Abgaben unter Aufrechnung gegen den Pachtzins übertragen wird, über diese Abgaben sowie über den nach Abzug derselben abzuführenden Überschuß des Pachtzinses richtig Buch zu führen und der Regierung die darüber nach ihrer Anweisung zu legende Rechnung mit den nötigen Belegen alljährlich zu dem bestimmten Zeitpunkt sowie jederzeit auf ihr Verlangen Auszüge aus dieser Rechnung auf seine Kosten einzusenden;

B. wenn der Flächeninhalt der von ihm gepachteten Domäne die Größe von 100 ha übersteigt, das Ministerialblatt der Preußischen Verwaltung für Landwirtschaft,

Domänen und Forsten während der Pachtzeit auf seine Kosten ständig zu halten, ordnungsmäßig geheftet oder gebunden aufzubewahren und bei Pachtablauf unentgeltlich zurückzulassen;

C. auf Verlangen der Regierung bis auf deren Widerruf den Fiskus als Eigentümer der Pachtgrundstücke in allen diese betreffenden öffentlichen und Privatangelegenheiten im Umkreise von 20 km von seinem Wohnsitz unentgeltlich und ohne Entschädigung für Unkosten zu vertreten, insbesondere auch unter diesen Bedingungen das Amt eines Guts- und Gemeindevorstehers zu übernehmen;

D. die auf der Domäne befindlichen staatlichen Aktenbestände sorgfältig aufzubewahren und in Ordnung zu halten;

E. schriftliche Anfragen der Regierung binnen einer angemessenen Frist sachgemäß und portofrei zu beantworten. Kommt er dieser Verpflichtung auch nach erfolgter Mahnung nicht nach, so ist die Regierung befugt, Vertragsstrafen bis zu 300 RM anzudrohen und nach fruchtlosem Ablauf der darin gesetzten weiteren Frist festzusetzen.

Die Androhung und Festsetzung der Strafe kann nötigenfalls für denselben Fall mehrmals wiederholt werden.

V. Sicherungsmittel des Fiskus.

§§ 25—27. . . .

§ 28. Für die rechtzeitige Übernahme der Pachtstücke und für die Erfüllung aller seiner Verbindlichkeiten aus dem Pachtvertrage einschließlich Ersatz von Schäden, Vertragsstrafen, Kosten und Verzugszinsen hat der Pächter binnen zwei Wochen nach Vollziehung des Vertrages durch ihn eine Sicherheit in Höhe von einem Zehntel der Jahrespacht zu leisten. Die Sicherheitsleistung erfolgt durch Verpfändung und Übergabe von Wertpapieren, die in Preußen für mündelsicher erklärt worden sind, in Höhe von drei Vierteln des Kurswertes (§ 234 Abs. 3 BGB.), ausnahmsweise auch durch Verpfändung anderer inländischer sicherer Wertpapiere zum gleichen Kurswerte, wobei jedoch die Regierung jederzeit nach ihrem freien Ermessen den Umtausch gegen mündelsichere Wertpapiere verlangen kann.

Das Pfand bleibt so lange verhaftet, bis die Verbindlichkeiten des Pächters nach vollendeter Pachtrückgewähr von der Regierung als erfüllt anerkannt worden sind. Die Zinsscheine mit Ausschluß der Erneuerungsscheine werden dem Pächter für einen von der Regierung zu bestimmenden Zeitraum von längstens vier Jahren belassen bezw. nach Ablauf dieses Zeitraums oder nach Ausreichung neuer Zinsscheine verabfolgt.

Die Regierung kann nach ihrem freien Ermessen jederzeit eine Erhöhung der Sicherheitsleistung bis zu einem Drittel des jährlichen Pachtzinses fordern. Der Pächter hat der Aufforderung zur Erhöhung der Pachtsicherheit innerhalb von drei Wochen nachzukommen.

Die Regierung kann jederzeit die verpfändeten Wertpapiere zur Deckung unerfüllter Verbindlichkeiten des Pächters in der Art verwenden, daß sie auf Höhe des von ihr festgesetzten Geldbetrages jener Verbindlichkeiten die Papiere — und zwar ohne die Zinsscheine, wenn solche vom Pächter, der Aufforderung ungeachtet, nicht eingereicht werden — durch Verkauf aus freier Hand gemäß § 1221 BGB. einzieht, ohne dabei an die Vorschriften der §§ 1234 bis 1238, 1241 daselbst gebunden zu sein. Insbesondere steht der Regierung frei, wenn der Pächter die Erfüllung einer der in den §§ 12—17 gedachten Obliegenheiten verweigert oder verzögert, die nach einem für ihn unbedingt verbindlichen Gutachten eines von der Regierung zu bestimmenden staatlichen Baubeamten erforderliche bauliche Ausführung bewirken zu lassen und die Kosten aus dem Pfande zu decken. Der Pächter hat das Pfand, wenn es während der Pachtzeit ganz oder zum Teil eingezogen wird, alsbald bis zur vertragsmäßigen Höhe zu ergänzen.

§ 29. . . .

§ 30. Eine Abtretung der Pacht ganz oder zum Teil, eine Unterverpachtung, eine Untervermietung sowie jede andere Begründung eines Rechtsverhältnisses, das wirtschaftlich einer Unterpacht gleichsteht oder nahekommt, z. B. eine sogenannte Pachtadministration, ist dem Pächter ohne Einwilligung der Regierung nicht gestattet.

Für den Fall der Einwilligung behält sich die Regierung die Zustimmung zu der Bemessung des Unterpacht- oder Mietzinses vor.

In jedem Falle darf der Domänenpächter eine Unterverpachtung oder Untervermietung nur unter der in den Unterpacht- oder Untermietvertrag aufzunehmenden Bedingung bewirken, daß

a) die Regierung befugt ist, in Anrechnung auf die vom Domänenpächter zu zahlende Pacht den Zins des Unterpächters oder Untermieters unmittelbar einzuziehen, wobei der Unterpächter oder Untermieter nicht den Einwand der Aufrechnung erheben darf,

b) Vorauszahlungen des Unterpacht- oder Mietzinses auf mehr als ein Vierteljahr der Regierung nicht entgegengesetzt werden dürfen,

c) die §§ 8 und 15 dieser Bedingungen entsprechende Anwendung finden mit der Maßgabe, daß die Einwilligung zur Errichtung der im § 15 bezeichneten Bauten durch die Regierung erfolgt.

Als Unterverpachtung (Untervermietung) wird nicht angesehen die Überweisung von Land als Lohnbestandteil und die Überlassung von Wohnungen an Arbeiter und Angestellte der Domäne. Die sogenannte Verpachtung von Obstnutzungen bedarf keiner besonderen Genehmigung, wegen der Obstnutzung im letzten Kalenderjahre vgl. jedoch § 35 I B.

§ 31. A. Der Pächter ist verpflichtet:

1. seinen Wohnsitz nur auf den Pachtgrundstücken zu nehmen und sich der Leitung ihrer Bewirtschaftung selbst zu unterziehen;
2. er darf innerhalb einer Entfernung von 20 km von den Pachtgrundstücken weder für sich noch für seine Ehefrau oder Kinder oder sonstige nahe Anverwandte Grundbesitz kaufen, pachten oder bewirtschaften;
3. er haftet für alle Schäden, die dem Fiskus zugefügt werden durch Handlungen oder Unterlassungen der in seinem Dienst befindlichen sowie derjenigen Personen, die sich mit seiner Zulassung als Glieder seiner Familie oder besuchsweise längere oder kürzere Zeit auf der Domäne aufhalten, oder deren er sich zur Erfüllung seiner Verbindlichkeiten dem Fiskus gegenüber oder zur Vornahme sonstiger Verrichtungen bedient, wie für seine eigenen, als Selbstschuldner;
4. er muß, wenn er sich verheiratet, binnen acht Wochen nach der Eheschließung, wenn er beim Pachtabschluß aber bereits verheiratet ist, vor der Übergabe der Regierung eine Urkunde einreichen, in der seine Ehegattin sich als Selbstschuldnerin für die Erfüllung aller von ihm übernommenen Obliegenheiten rechtsgültig verbürgt und er selbst dieser Bürgschaftsübernahme zustimmt; dieselben Bestimmungen finden sinngemäß Anwendung bei einer Pächterin;
5. er muß alle im Laufe eines Pachtjahres etwa entstandenen Ansprüche an den Verpächter vor dem nächstfolgenden 1. Januar bei Vermeidung des gänzlichen und unbedingten Verlustes der betreffenden Ansprüche bei der Regierung schriftlich anmelden.

B. . . .

VI. Erlöschen der Pacht.

§ 32. Eine Verlängerung des Pachtvertrags findet unter Ausschluß des § 568 BGB. ohne ausdrückliche schriftliche Erklärung der Vertragschließenden nicht statt.

§§ 33, 34. . . .

VII. Rückgewähr.

§ 35. Für die Rückgewähr der Pachtgegenstände gelten, soweit nicht über die gegenseitigen Ansprüche zwischen dem anziehenden und dem abziehenden Pächter unter Zustimmung der Regierung eine gütliche Einigung stattgefunden hat, unter Ausschluß der §§ 102, 592 und 593 BGB. die nachfolgenden Bestimmungen:

I. A. 1. Die gesamte nutzbare Fläche muß der Pächter ordnungsmäßig bestellt, bedüngt, besät, bepflanzt und erforderlichenfalls abgeerntet zurückliefern (vgl. § 8). Er muß die Vorräte an Stroh und Dünger (auch Kompost), soweit letzterer auf der Domäne gewonnen ist, unentgeltlich, diejenigen an Heu jeder Art gegen Vergütung der ausweislichen Werbungskosten zurücklassen.

Er darf im letzten Halbjahre der Pachtzeit die Wiesen gar nicht, den Klee sowie Kleegrasgemenge und Rieselwiesen, die mit Abwässern gespeist werden, höchstens zu einem Drittel abweiden oder in diesem Umfange ihren Ertrag grün verfüttern lassen. Für das geschonte Futter steht dem abziehenden Pächter keine besondere Entschädigung zu. Der Pächter kann von dieser Bestimmung nur ausnahmsweise aus besonderen wirtschaftlichen Gründen, z. B. bei nicht selbstverschuldeter Futternot, durch die Regierung entbunden werden. Ein Schadenersatz steht in diesem Falle dem anziehenden Pächter nicht zu.

Allen auf der Domäne gewonnenen Dünger muß er bei Vermeidung einer Vertragsstrafe bis zu 25 RM für jedes ordnungsmäßig beladene Fuder Dünger, welches er weniger ausgefahren hat, als nach dem Gutachten von Sachverständigen hätte geschehen müssen, bis zur Rückgewähr der Pachtgrundstücke auf den Acker schaffen und daselbst verbreiten und unterpflügen lassen.

2. Die hiernach bewirkten Saaten und Bestellungsarbeiten, sofern sich dagegen nach wirtschaftlichen Grundsätzen nichts zu erinnern findet, werden ihm in folgender Art vergütet: . . .

3. Wenn die vom Pächter bei der Rückgewähr der Pacht bestellt zu übergebenden Felder durch Frost, Nässe, Mäuse-, Schneckenfraß oder andere dem Pächter nicht zur Last fallende Ereignisse, mit Ausnahme von Hagel, Schaden gelitten haben und infolgedessen nach dem Ermessen der Regierung Nachsaaten nötig sind, so hat der Pächter letztere auf Verlangen gegen Ersatz des Wertes des aufgewendeten Samens nach den derzeitigen mittleren Marktpreisen der im besonderen Vertrage benannten Stadt, also ohne eine Vergütung für das Zubereiten des Landes zur Nachsaat und das Nachsäen, bewirken zu lassen.

4. Den Ernteertrag der Wiesen und des Ackers hat der Pächter unverkürzt abzuliefern.

Sämtliche Arbeiten und Fuhren, welche zur Aberntung im letzten Kalenderjahre bis zur Rückgewähr der Pachtstücke erforderlich werden, hat der Pächter gegen Erstattung seiner erweislichen Aufwendungen ordnungsmäßig zu besorgen. Verständigen sich die Parteien über die Höhe der Aufwendungen nicht, so entscheiden die Sachverständigen.

5. Fischteiche sind mit einem wirtschaftlich vollständigen, nach der Schätzung von Sachverständigen zu vergütenden Besatze zurückzugewähren, zu dessen Ermittelung die Teiche im Herbste nach Ablauf der Pachtzeit unter Beiladung des früheren Pächters ausgefischt werden.

B. Im letzten Pachtjahr hat der Pächter auf Verlangen der Regierung dem Pacht- oder Wirtschaftsnachfolger zu gestatten, von der Ackerbestellung Kenntnis zu nehmen. Auch hat er auf Anordnung der Regierung zuzulassen, daß die betreffenden Arbeiten ganz oder teilweise von dem Pacht- oder Wirtschaftsnachfolger auf eigene Kosten ausgeführt werden.

Über die Verwertung der Obstanlagen im letzten Kalenderjahr entscheidet die Regierung.

II. A. Der Pächter ist auf Verlangen der Regierung verpflichtet, das gesamte Wirtschaftsinventar, soweit es zum regelmäßigen und gemeinüblichen Betriebe der Pachtung erforderlich und brauchbar ist, jedoch mit Ausnahme etwa vorhandener Stammherden, gegen Vergütung des Wertes zurückzulassen. Dieses Verlangen muß aber spätestens sechs Monate vor dem Pachtablauf dem Pächter schriftlich mitgeteilt werden. Unter diesem Wirtschaftsinventar sind namentlich zu verstehen: . . .

§ 36. Der Pächter darf für Verwendungen, auch für notwendige und genehmigte, keine Vergütung fordern, sofern sie ihm nicht schriftlich ausdrücklich zugesichert worden ist; über die Zusicherung hinaus findet ein Entschädigungsanspruch selbst in dem Falle nicht statt, wenn die Pacht vor Ablauf der bedungenen Zeit aus irgendeinem Grunde geräumt werden muß.

Auf das Zurückbehaltungsrecht und das gesetzliche Pfandrecht an allen oder einzelnen Pachtgegenständen leistet der Pächter Verzicht, desgleichen auf das Recht der Aufrechnung gegen Forderungen des Fiskus irgendwelcher Art.

. . .

(Die Abschnitte VIII bis X [Ernennung der Sachverständigen, Formvorschriften, Kosten] sind nicht abgedruckt.)

V. Darlehen.

Nr. 63. Darlehensvorverträge.

1. Die Stadtschaft der Provinz Brandenburg hat mir — uns — auf obiges Grundstück — Erbbaurecht — ein erststelliges Stadtschaftsdarlehn in Höhe von
.... Goldmark (1 Goldmark = $^1/_{2790}$ kg Feingold)
.... bewilligt. Die Auszahlung des Darlehns erfolgt mittels Ausgabe von ....prozentigen Goldpfandbriefen der Preußischen Zentralstadtschaft, Körperschaft des öffentlichen Rechts in Berlin.

Ich — Wir — verpflichte... mich — uns — als Gesamtschuldner —, indem ich mich — wir uns — den Bestimmungen der Satzung der Stadtschaft der Provinz Brandenburg unterwerfe... und die Mitgliedschaft übernehme..., das Stadtschaftsdarlehn vom Tage der Hingabe ab mit .... v. H. jährlich zu verzinsen und die satzungsmäßigen Beiträge, zurzeit $^5/_8$ v. H. Verwaltungskosten, $^1/_8$ v. H. Sonderrücklage, ... v. H. Tilgung, zu leisten. Im übrigen gelten die Bedingungen des Bewilligungsschreibens vom ....

2. Aus einem (formularmäßigen) Schreiben an die Berliner Hypothekenbank A.-G.

„Sie sollen berechtigt sein — unbeschadet Ihres Rechts, die Erfüllung des Darlehnsvertrages zu fordern —, vom Vertrage zurückzutreten und Zahlung einer Entschädigung von .... v. H., der Prüfungsgebühren und der Notar- und Gerichtskosten zu verlangen, wenn .... nicht unverzüglich alles zur schleunigsten Abwickelung des Geschäftes Erforderliche bewirke.......

Erfüllungsort ist Berlin, und zwar auch für die Verpflichtungen aus dem Darlehnsvorvertrage.“

*

Wegen des Dienstvertrages vgl. den Abschnitt „Arbeitsrecht“.

VI. Werkvertrag.

Nr. 64. Allgemeine Vertragsbedingungen für die Ausführung von Bauleistungen.

(Festgestellt vom „Reichsverdingungsausschuß“, einem Sachverständigenausschuß, in dem vertreten waren: die Reichs- und Landesregierungen, Deutscher Städtetag, Reichsverband der Deutschen Industrie, Reichsverband des Deutschen Handwerks, Arbeitnehmer-Gewerkschaften, Architekten- und Ingenieurvereine, 1926.) *)

§ 1. Art und Umfang der Leistung. Die auszuführende Leistung wird nach Art und Umfang durch den Vertrag bestimmt. Bei Widersprüchen im Vertrage gelten nacheinander:

1. die Beschreibung der Leistung und die Besonderen Vertragsbedingungen,
2. die Technischen Vorschriften für Bauleistungen und
3. die Allgemeinen Vertragsbedingungen für die Ausführung von Bauleistungen.

Durch die vereinbarten Preise werden alle Leistungen und Aufwendungen abgegolten, die nach den Besonderen Vertragsbedingungen, den Technischen Vorschriften oder der gewerblichen Verkehrssitte zur vertraglichen Leistung gehören.

Abänderungen des Bauentwurfes anzuordnen, bleibt dem Auftraggeber vorbehalten; Leistungen, die im Vertrage nicht vorgesehen sind, können dem Auftragnehmer nur mit seiner Zustimmung übertragen werden.

§ 2. Vergütung. Die Vergütung wird nach den vertraglichen Einheitspreisen und den wirklich ausgeführten Leistungen berechnet, wenn keine andere Berechnungsart (z. B. Pauschpreis) festgesetzt ist.

*) (Din 1961.) Die Wiedergabe erfolgt mit Genehmigung des Deutschen Normenausschusses; auf seinen Wunsch wird darauf hingewiesen, daß die jeweils neueste vollständige Ausgabe des Normblattes durch den Beuth-Verlag G. m. b. H., Berlin S 14, zu beziehen ist.

Weichen die ausgeführten Massen einer unter einem Einheitspreis zusammengefaßten Leistung nicht mehr als 10 v. H. von dem im Vertrage vorgesehenen Umfange ab, so gilt der vertragliche Einheitspreis; für Mehrleistungen über 10 v. H. ist auf Verlangen ein Preis zu vereinbaren, für Minderleistungen ist für die über 10 v. H. hinausgehende Verminderung der Massen § 8 Ziff. 1 entsprechend anzuwenden.

Wird eine Leistung gefordert, die im Vertrage nicht vorgesehen ist, oder werden durch Abänderung des Bauentwurfes oder durch andere Anordnungen des Auftraggebers die Grundlagen der Preisberechnung für eine im Vertrage vorgesehene Leistung wesentlich verändert, so soll die Vergütung vor der Ausführung vereinbart werden.

Leistungen, die der Auftragnehmer ohne Auftrag oder unter eigenmächtiger Abweichung vom Vertrage ausführt, werden nicht vergütet. Solche Leistungen hat er auf Verlangen innerhalb einer angemessenen Frist zu beseitigen, widrigenfalls dies auf seine Kosten geschehen kann. Er haftet außerdem für andere Schäden, die dem Auftraggeber hieraus entstehen. Eine Vergütung steht ihm jedoch zu, wenn der Auftraggeber solche Leistungen nachträglich anerkennt oder wenn sie für die Durchführung des Vertrages notwendig waren, dem mutmaßlichen Willen des Auftraggebers entsprachen und wenn diesem unverzüglich Anzeige erstattet wurde.

Stundenlohnarbeiten werden nur vergütet, wenn sie entweder im Vertrage als solche vorgesehen oder vor ihrem Beginn als solche in Auftrag gegeben worden sind.

§ 3. Ausführungsunterlagen. ... [Nicht abgedruckt.]

§ 4. Ausführung. 1. Der Auftraggeber hat für die Aufrechterhaltung der allgemeinen Ordnung auf der Baustelle zu sorgen und das Zusammenwirken der verschiedenen Auftragnehmer zu regeln. Er hat die baupolizeiliche und die etwa erforderliche gewerbepolizeiliche Genehmigung herbeizuführen.

Der Auftraggeber hat das Recht, die vertragsmäßige Durchführung der Leistung zu überwachen. Zu diesem Zweck hat er Zutritt zu den Arbeitsplätzen, Werkstätten und Lagerräumen, wo die Vertragsleistung oder Teile von ihr hergestellt oder die hierfür bestimmten Werkstoffe gelagert werden. Auf Verlangen sind ihm die Werkzeichnungen oder andere Ausführungsunterlagen zur Einsicht vorzulegen und die erforderlichen Auskünfte zu erteilen, wenn hierdurch keine Geschäftsgeheimnisse preisgegeben werden.

Der Auftraggeber ist befugt, unter Wahrung der dem Auftragnehmer zustehenden Leitung (Ziff. 2) Anordnungen zu treffen, die zur vertragsmäßigen Durchführung der Leistung erforderlich sind. Hält der Auftragnehmer die Anordnungen für unberechtigt oder unzweckmäßig, so hat er seine Bedenken geltend zu machen, die Anordnung jedoch auf Verlangen auszuführen, wenn nicht gesetzliche oder polizeiliche Bestimmungen entgegenstehen. Wenn eine ungerechtfertigte Erschwerung dadurch verursacht wird, hat der Auftraggeber die Mehrkosten zu tragen.

2. Der Auftragnehmer hat die Leistung unter eigener Verantwortung nach dem Vertrage auszuführen. Dabei hat er die anerkannten Regeln der Technik und die gesetzlichen und polizeilichen Vorschriften zu beachten. Es ist seine Sache, die Ausführung seiner Vertragsleistung zu leiten und für Ordnung auf seiner Arbeitsstelle zu sorgen.

Er ist für die Erfüllung der gesetzlichen, polizeilichen und berufsgenossenschaftlichen Verpflichtungen gegenüber seinen Arbeitnehmern allein verantwortlich. Es ist ausschließlich seine Aufgabe, die Vereinbarungen und Maßnahmen zu treffen, die sein Verhältnis zu den Arbeitnehmern regeln.

Dazu Runderlaß des Preußischen Ministers des Innern vom 25. Oktober 1930 (MBl. f. d. i. V. S. 995).

Bei der bisherigen probeweisen Anwendung der vom Reichsverdingungsausschuß aufgestellten Verdingungsordnung für Bauleistungen (VOB.) hat sich herausgestellt, daß die VOB. insofern lückenhaft ist, als eine vertragliche Bestimmung über die Erfüllung der dem Unternehmer seinen Handwerkern und Arbeitern gegenüber obliegenden Verbindlichkeiten fehlt. Die in Betracht kommenden Reichs- und Staatsbehörden haben Anweisung erhalten, bei der weiteren probeweisen Anwendung der VOB. u. a. zu prüfen, ob es empfehlenswert und ausreichend ist, § 4 Ziff. 2 durch einen dritten Absatz etwa folgenden Wortlauts zu ergänzen:

„Sollte der Auftragnehmer die ihm aus den Verträgen mit seinen Handwerkern und Arbeitern obliegenden Verpflichtungen nicht oder nicht pünktlich erfüllen, so bleibt dem Auftraggeber das Recht vorbehalten, die von dem Auftragnehmer geschuldeten Beträge für dessen Rechnung aus seinem Guthaben oder der gestellten Sicherheit unmittelbar an die Berechtigten zu zahlen. Dem Auftragnehmer ist jedoch vorher Gelegenheit zu geben, sich über die Höhe und die Berechtigung der betreffenden Forderungen in einer bestimmten Frist zu äußern. Geht eine Äußerung nicht pünktlich ein, so kann der Auftragnehmer dem Auftraggeber gegenüber nachträglich keine Ansprüche geltend machen."

3. Hat der Auftragnehmer Bedenken gegen die vorgesehene Art der Ausführung, gegen die Güte der vom Auftraggeber gelieferten Werkstoffe oder gegen die Leistungen anderer Unternehmer, so hat er sie dem Auftraggeber vor der Inangriffnahme der Arbeiten schriftlich mitzuteilen; der Auftraggeber bleibt jedoch für seine Angaben, Anordnungen oder Lieferungen verantwortlich.

4. Der Auftraggeber hat, wenn nichts anderes vereinbart ist, dem Auftragnehmer unentgeltlich zur Verfügung zu stellen:

a) die erforderlichen Lager- und Arbeitsplätze auf der Baustelle,
b) vorhandene Zufahrtswege und Anschlußgleise,
c) die Mitbenutzung vorhandener Wasser-, Gas- oder Stromanschlüsse. Die Kosten für den Verbrauch und den Messer oder Zähler trägt der Auftragnehmer, mehrere Auftragnehmer tragen sie anteilig.

5. Angestellte oder Arbeiter, die sich dem Auftraggeber gegenüber ungebührlich benehmen, sind auf sein Verlangen von der Baustelle zu entfernen.

6. Werkstoffe oder Bauteile, die dem Vertrage oder den Proben nicht entsprechen, sind auf Anordnung des Auftraggebers innerhalb einer von ihm bestimmten Frist von der Baustelle zu entfernen, widrigenfalls sie auf Kosten des Auftragnehmers entfernt oder für seine Rechnung veräußert werden können.

7. Leistungen, die schon während der Ausführung als mangelhaft oder vertragswidrig befunden werden, hat der Auftragnehmer auf eigene Kosten und unter Haftung für jeden Schaden durch mangelfreie zu ersetzen.

8. Wenn Arbeitskräfte, Geräte, Gerüste oder Werkstoffe so unzureichend sind, daß die Ausführungsfristen offenbar nicht eingehalten werden können, muß der Auftragnehmer auf Verlangen Abhilfe schaffen.

9. Verzögert der Auftragnehmer den Beginn der Ausführung, gerät er mit der Vollendung in Verzug oder kommt er den in Ziff. 7 und 8 erwähnten Verpflichtungen nicht nach, so kann ihm der Auftraggeber eine angemessene Frist zur Vertragserfüllung setzen und erklären, daß er ihm nach fruchtlosem Ablauf der Frist den Auftrag entziehe. Nach fruchtlosem Ablauf der Frist kann der Auftraggeber den Vertrag mit den Folgen des § 8 Ziff. 3 kündigen.

10. Der Auftragnehmer soll die Leistung im eigenen Betriebe durchführen. Die Übertragung an andere ist nur mit Zustimmung des Auftraggebers zulässig; ausgenommen sind Teilleistungen, auf die der Betrieb des Auftragnehmers nicht eingerichtet ist.

11. Werden bei Ausführung der Leistung auf einem Grundstück Gegenstände von Altertums-, Kunst- oder wissenschaftlichem Werte entdeckt, so hat der Auftragnehmer vor jedem weiteren Aufdecken oder Ändern dem Auftraggeber den Fund anzuzeigen, und ihm die Gegenstände nach näherer Weisung abzuliefern. Mehrkosten sind dem Auftragnehmer zu vergüten. Die Rechte des Entdeckers (§ 984 BGB.) hat der Auftraggeber.

§ 5. Beginn, Fortführung und Vollendung der Leistung.... [Nicht abgedruckt.]

§ 6. Behinderung und Unterbrechung der Ausführung. 1. Glaubt sich der Auftragnehmer in der ordnungsmäßigen Durchführung der übernommenen Leistung behindert, so hat er dies dem Auftraggeber unverzüglich schriftlich anzuzeigen. Unterläßt er die Anzeige, so hat er nur dann Anspruch auf Berücksichtigung der hindernden Umstände, wenn dem Auftraggeber offenkundig die Tatsachen und deren hindernde Wirkung bekannt waren.

2. Die Ausführungsfrist wird entsprechend verlängert, wenn die Behinderung vom Auftraggeber zu vertreten oder wenn sie verursacht ist durch Streik, Verrufserklärung oder durch eine von der Berufsvertretung der Arbeitgeber angeordnete Aussperrung im Betriebe

des Auftragnehmers oder in einem für ihn unmittelbar arbeitenden Betriebe. Dasselbe gilt, wenn die Behinderung auf höhere Gewalt oder andere Umstände zurückzuführen ist, deren Abwendung nicht in der Macht des Auftragnehmers lag. Witterungseinflüsse, mit denen bei Abgabe des Angebots in der Ausführungsfrist normalerweise gerechnet werden mußte, gelten nicht als Behinderung.

3. Der Auftragnehmer hat alles zu tun, was ihm billigerweise zugemutet werden kann, um die Weiterführung der Arbeiten zu ermöglichen; sobald das Hindernis fortfällt, sind die Arbeiten ohne weiteres unverzüglich wiederaufzunehmen.

4. Die Fristverlängerung wird berechnet nach der Dauer der Behinderung mit einem Zuschlage für die Wiederaufnahme der Arbeiten und die etwaige Verschiebung in eine ungünstigere Jahreszeit.

5. Wird die Ausführung für voraussichtlich längere Dauer unterbrochen, ohne daß die Leistung dauernd unmöglich wird, so sind die ausgeführten Leistungen nach den Vertragspreisen abzurechnen und außerdem die Auslagen zu vergüten, die dem Auftragnehmer bereits entstanden sind und in den Vertragspreisen des nicht ausgeführten Teiles der Leistung enthalten waren. Sind die hindernden Umstände von einem Vertragsteil zu vertreten, so hat der andere Teil Anspruch auf Ersatz des nachweislich entstandenen unmittelbaren Schadens, nicht aber des entgangenen Gewinns.

6. Dauert eine Unterbrechung länger als drei Monate, so kann jeder Teil nach Ablauf dieser Zeit den Vertrag kündigen.

§ 7. Verteilung der Gefahr. Wird die Bauleistung vor der Abnahme durch höhere Gewalt, Krieg, Aufruhr oder andere unabwendbare vom Auftragnehmer nicht zu vertretende Umstände beschädigt oder zerstört, so hat dieser für die ausgeführte Teilleistung die Ansprüche nach § 6 Ziff. 5; für andere Schäden besteht keine gegenseitige Ersatzpflicht. Auf Verlangen hat der Auftragnehmer die angelieferten Werkstoffe oder Bauteile und das Bauwerk selbst, wenn diese in das Eigentum des Auftraggebers übergegangen sind, gegen Feuersgefahr für Rechnung des Auftraggebers zu versichern mit der Bestimmung, daß im Schadensfalle die Entschädigung an diesen auszuzahlen ist.

§§ 8—10. Kündigung des Vertrages. Haftung der Vertragsparteien. ... [Nicht abgedruckt.]

§ 11. Vertragsstrafe. ... [Vgl. oben Nr. 37, 2.]

§ 12. Abnahme. 1. Der Auftraggeber hat die Leistung abzunehmen, sobald der Auftragnehmer dies nach Fertigstellung verlangt, unter Umständen auch vor Ablauf der festgesetzten Ausführungsfrist.

2. Eine in sich abgeschlossene Teilleistung ist auf Antrag besonders abzunehmen, ebenso auch Teile einer Leistung, die durch weitere Ausführung der Prüfung und Feststellung entzogen werden.

3. Wegen wesentlicher Mängel kann die Abnahme bis zu der Beseitigung verweigert werden.

4. Wenn eine Vertragspartei es verlangt, hat eine förmliche Abnahme stattzufinden. Jeder Teil kann auf seine Kosten einen Sachverständigen zuziehen. Der Befund ist in gemeinsamer Verhandlung schriftlich niederzulegen. In die Niederschrift sind etwaige Vorbehalte wegen bekannter Mängel und wegen Vertragsstrafen aufzunehmen, ebenso etwaige Einwendungen des Auftragnehmers. Jeder Teil erhält eine Ausfertigung. Die förmliche Abnahme kann in Abwesenheit des Auftragnehmers stattfinden, wenn der Termin vereinbart war oder der Auftraggeber mit genügender Frist dazu eingeladen hatte. Das Ergebnis der Abnahme ist dem Auftragnehmer alsbald mitzuteilen.

5. Wird keine Abnahme verlangt, so gilt die Leistung als abgenommen mit Ablauf von zehn Werktagen nach schriftlicher Mitteilung über die Beendigung der Leistung. Hat der Auftraggeber die Leistung oder eine Teilleistung bereits in Benutzung genommen, so gilt die Abnahme nach Ablauf von sechs Werktagen nach Beginn der Benutzung als erfolgt. Vorbehalte wegen bekannter Mängel oder wegen Vertragsstrafen hat der Auftraggeber spätestens zu diesen Zeitpunkten geltend zu machen. Die Benutzung von Einzelteilen eines Bauwerkes zur Weiterführung des Baues gilt nicht als Abnahme.

6. Mit der Abnahme geht die Gefahr auf den Auftraggeber über.

§§ 13—16 (Gewährleistung, Rechnung, Stundenlohnarbeiten, Zahlung) sind nicht abgedruckt. Wegen § 17 (Sicherheitsleistung) vgl. oben Nr. 19. § 18 (Streitigkeiten) ist nicht abgedruckt.

VII. Mäklervertrag.

Nr. 65. Allgemeine Geschäftsbedingungen des Reichsverbandes Deutscher Makler (RDM.) für Immobilien, Hypotheken und Finanzierungen E. V.

1. Der Makler übernimmt die Verpflichtung, den Auftrag sorgfältig zu bearbeiten und den Auftraggeber auf dessen Wunsch jederzeit über den Stand der Verhandlungen zu unterrichten.

2. Angebote, Eingaben, Mitteilungen des Maklers sind vom Auftraggeber vertraulich zu behandeln und dürfen ohne Einwilligung des Maklers an Dritte nicht weitergegeben werden. Von einem Vertragsabschluß oder einer Vereinbarung, die das Auftragsobjekt betreffen, ist der Makler sofort schriftlich zu verständigen, auch wenn diese ohne Mitwirkung des Maklers zustande gekommen sind. Sollte ein Angebot des Maklers bereits von anderer Stelle bekannt sein, so ist hierüber unverzüglich schriftlich Nachweis zu führen. Unterbleibt dies, so wird damit dem Makler gegenüber anerkannt, daß das frühere Angebot für den Vertragsabschluß ohne Bedeutung geblieben ist.

3. Bei Verhandlungen mit dem vom Makler benannten Dritten ist auf den Makler Bezug zu nehmen.

4. Die Maklergebühr ist fällig mit Vertragsabschluß oder einem formgültigen Vertragsangebot einer der Vertragsparteien, bei Vorkaufsrechten auch bei Eintritt des Berechtigten in den Vertrag, bei Darlehensaufnahmen mit der Darlehenszusage. Durch nachträgliche Aufhebung, Anfechtung oder Eintritt einer auflösenden Bedingung wird der Gebührenanspruch nicht berührt.

5. Kommt an Stelle des vom Makler eingeleiteten Geschäfts ein anderes zustande, so ist die hierfür übliche Gebühr zu bezahlen. Die widerspruchslose Annahme des Angebotes des Maklers oder sonstiges Nutzbarmachen seiner Tätigkeit verpflichtet bei Geschäftsabschluß zur Zahlung der Maklergebühr, auch wenn lediglich der Nachweis, nicht auch die Vermittlung erfolgt ist. Tätigkeit für den anderen Teil ist dem Makler gestattet.

6. Die Höhe der Maklergebühr bestimmt sich nach den Gebühren des RDM-Vereins, in dessen Gebiet das Objekt sich befindet. Die Gebühr berechnet sich nach den gesamten Vertragsleistungen. Die Maklergebühr ist auch dann zu bezahlen, falls der ursprünglich bestimmte Preis, Darlehensbetrag oder Zinssatz bei Geschäftsabschluß nicht erreicht wird.

7. Ist Alleinauftrag erteilt, so sind direkte oder durch Dritte benannte Interessenten an den beauftragten Makler zu verweisen. Bei Verstoß gegen die Verpflichtungen aus dem Alleinauftrag hat der Auftraggeber im Falle eines Vertragsabschlusses die nach § 6 entstehende Gebühr zu bezahlen.

8. Erfüllungsort und Gerichtsstand ist der Sitz des Maklers.

9. Anderweitige Abmachungen haben nur dann Gültigkeit, wenn sie schriftlich getroffen sind.

10. Der Makler ist ermächtigt, das Grundbuch und die Einheitswertakten einzusehen.

Nr. 66. Bedingungen für die Vermittlung des Wohnungsaustausches.*)

1. Die angebotenen Wohnungen sind nach erfolgtem Angebot schnellstens zu besichtigen. Das Resultat ist der nebenstehenden Firma baldmöglichst bekanntzugeben, andernfalls kann eine weitere prompte Bearbeitung der Wohnungsangebote und -gesuche nicht stattfinden.

2. Von einer Verständigung über einen Wohnungsaustausch ist sofort Anzeige zu machen.

3. Die gelieferten Adressen darf der Auftraggeber nur für sich benutzen und nicht weitergeben.

4. Die zum Tausch angebotene Wohnung muß der Auftraggeber zu den auf dem Anmeldeformular vermerkten Zeiten besichtigen lassen.

5. Der Auftraggeber hat seinen Umzug nach erfolgter Verständigung über den Wohnungstausch und nach Genehmigung durch das Wohnungsamt durch die nebenstehende Firma

mittels eines der Größe des Haushalts entsprechenden Möbelwagens ausführen zu lassen, sofern die Vermittlung des Wohnungstausches durch diese geschehen ist. Die Ausführung des Umzuges erfolgt zu den jeweils gültigen Tarifsätzen des Neuen Internationalen Transport-Verbandes e. V.

6. Für Rechtsstreitigkeiten aus dem Auftrage ist das Amtsgericht bezw. das Landgericht des Wohnortes des Auftragnehmers als ausschließlicher Gerichtsstand zuständig.

*) Aufgestellt vom Neuen Internationalen Transport-Verband.

VIII. Auslobung.

Nr. 67. Anschlag.

Mord an einem Zigarrenhändler!
(Folgt Beschreibung der Tat und Hinweise auf den mutmaßlichen Täter.)

Für Nachrichten aus dem Publikum, die zur Ergreifung des Täters führen, ist eine Belohnung von 1000 RM ausgesetzt, deren Verteilung unter Ausschluß des Rechtsweges erfolgt. Angaben, die auf Wunsch vertraulich behandelt werden, nimmt jedes Polizeirevier sowie Kriminalkommissar Dr. Tüchtig im Polizeipräsidium . . . entgegen.

(Datum.) Der Polizeipräsident (Abt. IV).
I. V.: (Unterschrift.)

Nr. 68. Otto-Fischer-Stiftung.

Zum Andenken an das langjährige Mitglied der Rechts- und Staatswissenschaftlichen Fakultät, den am 1. Dezember 1929 verstorbenen Geh. Justizrat Professor Dr. Otto Fischer, haben die Hinterbliebenen die Summe von 1200 RM gestiftet. . . .

Die Fakultät stellt demgemäß zur Bearbeitung das Thema:
„Die fehlerhafte Gerichtshandlung im Zivilprozeß."

Berechtigt, am Wettbewerb teilzunehmen, ist, wer in einem der drei folgenden Semester . . . bei der hiesigen Fakultät immatrikuliert war.

Die Arbeiten müssen deutlich geschrieben und gut geheftet bis zum 1. Mai 1931, vormittags 12 Uhr, im Universitätssekretariat abgegeben werden. . . .

Die Entscheidung über den Wettbewerb steht allein der Fakultät unter Ausschluß des Rechtsweges zu.

Die eingelieferten Stücke der Abhandlungen gehen in das Eigentum der Fakultät über.

Rechts- und Staatswissenschaftliche Fakultät
der Universität Breslau.

IX. Gesellschaft.

Nr. 69. Gelegenheitsgesellschaft.

§ 1. Der Generalleutnant a. D. von Rohmer in Nikolassee, Gudrunstraße 3, und der Schriftsteller Dr. Hans Steeger in Nikolassee, Gudrunstraße 5, verbinden sich zu Verhandlungen mit dem Eigentümer des Grundstückes Gudrunstraße 4, welche zum Ziel haben, diesen von dem geplanten Bau einer Garage auf seinem Grundstück abzuhalten.

§ 2. Der Generalleutnant a. D. von Rohmer stellt zu diesem Zweck 1000 RM, Dr. Hans Steeger 2000 RM zur Verfügung. Das Geld wird der Immobilienfirma Schulz Söhne in Berlin überwiesen, welche die Verhandlungen mit dem Eigentümer des Grundstückes Gudrunstraße 4 namens der Vertragschließenden führen soll.

Eine höhere Abstandsumme als 3000 RM darf auf keinen Fall zugesagt werden; es soll versucht werden, mit einem geringeren Betrage auszukommen.

§ 3. Wenn die Verhandlungen der Firma Schulz Söhne nicht binnen drei Monaten ein positives Ergebnis haben, wird dieser Vertrag hinfällig.

§ 4. Kosten und Stempel dieses Vertrages tragen beide Parteien zu gleichen Teilen.

(Datum und Unterschriften.)

Nr. 70. Syndikatsvertrag.*)

Die Gruppe A einerseits und die Gruppe B andererseits schließen sich zu einer Verkaufsgemeinschaft unter der Bezeichnung X-Syndikat nach Maßgabe der folgenden Bestimmungen zusammen. Sie unterwerfen sich für sich und ihre Rechtsnachfolger den Bestimmungen dieses Vertrages sowie den Anordnungen und Maßnahmen der zuständigen Organe des X-Syndikats.

Soweit in diesem Vertrage den beiden Gruppen Rechte zugewiesen sind, werden diese Rechte bei der Gruppe A durch die . . ., bei der Gruppe B durch besondere Bevollmächtigte ausgeübt. Die Erklärungen der Gruppenvertreter sind für die Gruppenmitglieder verbindlich.

Der Vereinigung der . . . bezw. ihren Mitgliedern bleibt der Eintritt in die Verkaufsgemeinschaft unter den Bedingungen dieser Satzung offen (vgl. auch § 13 Ziff. 4 b).

I.

§ 1. 1. Zweck des Zusammenschlusses ist die Förderung der gemeinschaftlichen Interessen der Zuckerrübenproduzenten, insbesondere durch einheitliche Verwertung der Vertragserzeugnisse, Regelung der Beziehungen zu Abnehmern und Abnehmerorganisationen und die damit im Zusammenhang stehenden Maßnahmen.

2. Das Syndikat ist berechtigt, alle im gemeinschaftlichen Interesse der Zuckerrübenproduzenten liegenden Maßnahmen zu beschließen und durchzuführen, insbesondere auch die zentrale Gewährung und Finanzierung von Krediten zum Zwecke des Ankaufs von . . . und des Absatzes der Fertigprodukte zu übernehmen.

§ 2. Vertragserzeugnisse sind . . . Die Mitgliederversammlung kann den Kreis der Vertragserzeugnisse erweitern.

II.

§ 3. Organe des Syndikats sind:

1. die Zuckerrübenzentrale G. m. b. H.,
2. der Aufsichtsrat,
3. der Verwaltungsrat,
4. die Mitgliederversammlung.

§ 4. 1. Die Zuckerrübenzentrale G. m. b. H. (Geschäftsstelle) ist geschäftsführendes Organ und Rechtsträger. Sie vertritt das Syndikat gerichtlich und außergerichtlich. Sie kann Gewinne nicht erzielen und hat, abgesehen vom Stammkapital, kein eigenes Vermögen.

2. Sie verwaltet das Vermögen des Syndikats treuhänderisch.

Aufsichtsrat.

§ 5. 1. Der Aufsichtsrat hat die Aufgabe, die gesamte Geschäftsführung der Gesellschaft zu überwachen. Er hat die Befugnisse eines Aufsichtsrats einer Aktiengesellschaft gemäß § 246 HGB.

2. Demgemäß hat er die Geschäftsführung in allen Zweigen der Verwaltung zu überwachen und sich zu dem Zwecke von dem Gange der Angelegenheiten zu unterrichten. Er kann jederzeit über diese Angelegenheiten Berichterstattung von der Geschäftsstelle verlangen und selbst oder durch Ausschüsse oder durch einzelne von ihm zu bestimmende Mitglieder die Bücher und Schriften der Geschäftsstelle einsehen sowie den Bestand der Gesellschaftskasse und die Bestände an Wertpapieren und Waren untersuchen. — Er hat die Jahresrechnungen, die Bilanzen und die Vorschläge zur Gewinnverteilung zu prüfen und darüber der Mitgliederversammlung Bericht zu erstatten.

3. Der Einwilligung des Aufsichtsrats bedürfen ferner

a) die Errichtung von Zweigniederlassungen,
b) die Beteiligung an anderen Unternehmungen,
c) die Festsetzung von Vergütungen für die Teilnahme an den Sitzungen, für die Tätigkeit der Mitglieder des Verwaltungsrats, für besondere Funktionen der Mitglieder des Aufsichtsrats und Verwaltungsrats sowie für bestimmte Leistungen,
d) die Genehmigung der Bildung von besonderen Fonds der Geschäftsstelle zur Beherrschung des Marktes und zur Förderung des Absatzes,
e) er hat weiterhin die ihm in dieser Satzung besonders zugewiesenen Aufgaben.

§ 6. 1. Der Aufsichtsrat besteht aus mindestens sechs Mitgliedern. Die Mitgliederversammlung bestimmt die Zahl der Mitglieder des Aufsichtsrats und etwaiger Stellvertreter für den Fall der Behinderung.

2. Die Gruppen entsenden unter Berücksichtigung ihrer Gesamtkontingente die entsprechende Zahl von Mitgliedern in den Aufsichtsrat, und zwar jeweils für die Zeit von einer ordentlichen Mitgliederversammlung bis zur folgenden.

§ 7. 1. Der Aufsichtsrat wählt unmittelbar nach jeder ordentlichen Mitgliederversammlung aus seiner Mitte einen Vorsitzenden und einen oder mehrere stellvertretende Vorsitzenden.

2. Die Berufung des Aufsichtsrats erfolgt durch den Vorsitzenden oder dessen Stellvertreter, oder in deren Auftrag durch die Geschäftsstelle. Die Einberufung muß erfolgen, wenn sie von einem Drittel der Aufsichtsratsmitglieder oder durch die Geschäftsstelle beantragt wird.

3. Der Aufsichtsrat ist beschlußfähig, wenn wenigstens die Hälfte seiner Mitglieder, darunter der Vorsitzende oder einer seiner Stellvertreter, anwesend sind.

4. Die Beschlüsse und Wahlen erfolgen mit einfacher Mehrheit der vertretenen Stimmen. Bei Stimmengleichheit gilt der Antrag als abgelehnt.

5. Auch ohne Einberufung einer Sitzung ist schriftliche oder telegraphische Abstimmung zulässig, es sei denn, daß ein Drittel der Aufsichtsratsmitglieder widerspricht.

6. Der Aufsichtsrat kann Ausschüsse oder einzelne seiner Mitglieder mit der Erledigung bestimmter Angelegenheiten betrauen. Er kann für solche besonderen Leistungen angemessene Vergütungen zu Lasten der Geschäftsstelle festsetzen.

7. Der Aufsichtsrat wird nach außen sowie gegenüber der Geschäftsstelle durch den Vorsitzenden oder einen seiner Stellvertreter vertreten.

Verwaltungsrat.

§ 8. Der Verwaltungsrat hat die Aufgabe, die Geschäftsstelle in allen wichtigen Angelegenheiten zu beraten. Es liegen ihm insbesondere die folgenden Aufgaben ob:

a) die Beratung der Geschäftsstelle in allen Fragen der Einkaufs- und Verkaufspolitik, insbesondere auch des Exports, der Belieferung von weiterverarbeitenden Industrien und der Produktionshöhe,
b) die Beurteilung der Marktlage und der Aufnahmefähigkeit des Marktes;
c) der Ausgleich von Differenzen zwischen den Mitgliedern unter sich und mit der Geschäftsstelle, Untersuchungen von Vertragsverletzungen und Beschlußfassung über Vertragsstrafen,
d) die Überwachung der gleichmäßigen Behandlung der Mitglieder,
e) die Beratung der Geschäftsstelle bei Festsetzung der Grundpreise für die Lieferungen der Mitglieder,
f) die Aufstellung von Richtlinien für die Verkaufspreise, Provisionen und Handelsrabatte,
g) die Zustimmung zur Festsetzung der Lieferungsbedingungen,
h) die Aufstellung von Richtlinien über den Umfang der Vorratshaltung,
i) die Beratung von Anträgen an den Aufsichtsrat über die Aufstellung von Grundsätzen für die Beleihung von Ware durch die Geschäftsstelle,
k) die Beratung von Anträgen an den Aufsichtsrat über die Bildung von besonderen Fonds oder Gesellschaften zur Beherrschung des Marktes und zur Förderung des Absatzes aus Mitteln, die die Ware belasten, sowie über die Beteiligung an anderen Unternehmungen,
l) die Zustimmung zu Bestimmungen über Qualitätsnormierung, über die Schaffung von Einheitsmarken, über die Kennzeichnung der Qualitäten und des Herkunftsortes der Ware,
m) etwaige weitere ihm durch diesen Vertrag oder jeweils durch die Mitgliederversammlung oder den Aufsichtsrat übertragene Aufgaben.

§ 9. 1. Der Verwaltungsrat wird alljährlich in der ordentlichen Mitgliederversammlung für die Zeit bis zur nächsten ordentlichen Mitgliederversammlung neu gebildet. Die Mitgliederversammlung bestimmt die Zahl der Mitglieder und stellvertretenden Mitglieder. Er wählt alljährlich aus seiner Mitte einen Vorsitzenden und einen stellvertretenden Vorsitzenden.

Die Gruppen entsenden unter Zugrundelegung ihrer Gesamtkontingente die entsprechende Zahl von Mitgliedern in den Verwaltungsrat.

2. Die Mitglieder des Aufsichtsrats können zugleich dem Verwaltungsrat angehören und umgekehrt.

3. Der Verwaltungsrat kann zur Behandlung der verschiedenen Angelegenheiten aus seiner Mitte Ausschüsse bilden, die an seiner Stelle befugt sind, Entschließungen zu fassen. Er kann ferner einzelne seiner Mitglieder mit besonderen Funktionen betrauen.

Die Ausschüsse sollen im gleichen Verhältnisse besetzt sein wie der Verwaltungsrat selbst.

4. Der Verwaltungsrat und seine Ausschüsse können ferner außenstehende Personen, insbesondere Vertreter der Wissenschaft, der Technik sowie des Handels, zu den Beratungen zuziehen, auch einen wissenschaftlichen Beirat bilden.

§ 10. 1. Der Verwaltungsrat und seine Ausschüsse werden durch die Geschäftsstelle berufen. Die Berufung muß erfolgen, wenn mindestens ein Drittel der ordentlichen Mitglieder des Verwaltungsrats bezw. Ausschusses dieses verlangt.

2. Jedes ordentliche Mitglied kann sich in den Sitzungen durch ein von ihm bezeichnetes stellvertretendes Mitglied vertreten lassen. In diesem Falle hat das stellvertretende Mitglied für die Dauer der Vertretung die gleiche Stimmbefugnis wie das ordentliche Mitglied.

3. Den Vorsitz in den Sitzungen führt der Vorsitzende des Verwaltungsrats oder dessen Stellvertreter.

4. Die Vorsitzenden und der Delegierte des Aufsichtsrats sind berechtigt, an allen Sitzungen des Verwaltungsrats und seiner Ausschüsse beratend teilzunehmen.

5. Bei Stimmengleichheit gilt ein Antrag als abgelehnt.

Mitgliederversammlung.

§ 11. 1. Die Mitgliederversammlungen werden vom Vorsitzenden des Aufsichtsrats oder dessen Stellvertreter oder in deren Auftrag von der Geschäftsstelle durch eingeschriebenen Brief unter Mitteilung der Tagesordnung einberufen.

Die Einladungsfrist beträgt sieben Tage.

2. Außerordentliche Mitgliederversammlungen sind einzuberufen, wenn der Aufsichtsrat oder die Geschäftsstelle es für nötig erachten oder wenn Mitglieder, welche einzeln oder zusammen über ein Kontingent von mindestens 10 v. H. verfügen, unter Angabe des Gegenstandes der Tagesordnung es verlangen.

§ 12. 1. In den Mitgliederversammlungen gewähren je 100 dz Kontingent eine Stimme.

2. Jedes Mitglied kann auch durch einen Bevollmächtigten sich auf Grund schriftlicher Vollmacht vertreten lassen, jedoch muß der Bevollmächtigte Geschäftsinhaber, Vorstandsmitglied, Aufsichtsratsmitglied, Geschäftsführer, Prokurist oder Handlungsbevollmächtigter eines Mitgliedes sein.

3. Ohne besondere schriftliche Vollmacht können vertreten werden Aktiengesellschaften, Gesellschaften m. b. H., Genossenschaften durch ein Vorstandsmitglied oder einen Geschäftsführer; Offene Handelsgesellschaften oder Kommanditgesellschaften durch einen persönlich haftenden Gesellschafter oder Prokuristen; Minderjährige oder sonst Bevormundete durch einen ihrer Vormünder oder einen ihrer Pfleger.

§ 13. 1. Den Vorsitz in den Mitgliederversammlungen führt der Vorsitzende des Aufsichtsrats oder einer seiner Stellvertreter, oder in Verhinderung dieser ein von den anwesenden Mitgliedern des Aufsichtsrats aus ihrer Mitte zu bestimmendes Mitglied, oder endlich eine von der Mitgliederversammlung zu wählende Person.

2. Der Vorsitzende leitet die Beratung, er bestimmt die Reihenfolge der Gegenstände der Tagesordnung, gegebenenfalls auch abweichend von der Einladung; er bestimmt ferner die Art der Abstimmung.

3. Über die Mitgliederversammlung ist ein schriftliches Protokoll aufzunehmen, das von einem Geschäftsführer der Geschäftsstelle, dem Vorsitzenden und zwei Mitgliedern oder Vertretern von Mitgliedern, die in der Mitgliederversammlung anwesend sind, zu unterzeichnen ist.

4. Die ordentliche Mitgliederversammlung ist zuständig zur Entgegennahme des Geschäftsberichts und zur Beschlußfassung über die Jahresschlußrechnung. Die Mitglieder-

versammlung ist im übrigen oberstes Organ des Syndikats. Sie ist insbesondere zuständig zur Beschlußfassung über

a) die Abänderung dieses Vertrages,
b) Aufnahme neuer Mitglieder, unter Bestimmung von deren Kontingent,
c) Ausschluß von Mitgliedern,
d) vorzeitige Auflösung dieses Vertrages.

5. Die Beschlüsse der Mitgliederversammlung bedürfen, soweit das Gesetz oder diese Satzung nicht ein anderes bestimmen, einer einfachen Mehrheit der vertretenen Stimmen. Die Beschlüsse zu **4 a, 4 b** und **4 c** bedürfen einer Mehrheit von drei Vierteln aller Stimmen. In den Fällen zu a—d ist eine Mitgliederversammlung nur beschlußfähig, wenn zwei Drittel sämtlicher Mitglieder anwesend oder vertreten sind. Ist hiernach eine zur Beschlußfassung über Gegenstände zu **4 a—d** einberufene Mitgliederversammlung nicht beschlußfähig, so muß binnen vier Wochen eine neue Mitgliederversammlung stattfinden, welche ohne Rücksicht auf die Zahl der anwesenden oder vertretenen Stimmen beschlußfähig ist, wenn hierauf in der Einladung besonders hingewiesen ist.

6. Die Mitgliederversammlung beschließt über die Beiträge, die nach Verhältnis der Kontingente zu leisten sind.

§ 14. Das Geschäftsjahr des Syndikats läuft vom 1. September bis 31. August. Das erste Geschäftsjahr endet am 31. August 1931.

III. Wirtschaftliche Bestimmungen.

§ 15. 1. Die Mitglieder sind verpflichtet, der Geschäftsstelle ihre gesamten Vertragserzeugnisse (gemäß § 2) zur Verfügung zu stellen, und zwar zu den vom Verwaltungsrat festgesetzten Bedingungen.

2. Die Mitglieder haben sich jeglicher Veräußerung von Vertragserzeugnissen an Dritte, soweit nicht ausdrücklich Ausnahmen zugelassen sind, zu enthalten. Sie haben alle bei ihnen vorhandenen oder eingehenden Aufträge, Angebote und Anfragen sofort der Geschäftsstelle zur Erledigung zu überlassen. — Sie sind nicht berechtigt, selbständig Angebote abzugeben.

3. Die Geschäftsstelle vertreibt die ihr von den Mitgliedern überlassenen Vertragserzeugnisse im eigenen Namen für Rechnung ihrer Mitglieder.

4. Fabriken, die eingeführte Marken (Warenzeichen) haben, können auf Antrag diese Marken weiterführen.

§ 16. Den Mitgliedern ist die Herstellung von Vertragserzeugnissen in Lohn für Dritte nicht gestattet.

§ 17. Von dem Alleinvertrieb durch die Geschäftsstelle sind ausgeschlossen:

1. Vertragserzeugnisse, die zur Verwendung (auch Weiterverarbeitung) im eigenen Betriebe und im Konzernbetriebe der Hersteller, bei Genossenschaften und genossenschaftsähnlichen Unternehmungen im Betriebe ihrer Mitglieder erforderlich sind. Diese Mengen dürfen keinesfalls — von wem auch immer — in Form von Fertigprodukten wieder auf den Markt gebracht werden.

Die hiernach im eigenen bezw. Konzernbetriebe verwandten Vertragserzeugnisse sind allmonatlich der Geschäftsstelle zu melden, ebenso die Mengen der daraus hergestellten Veredelungsprodukte.

2. . . .

3. Die Geschäftsstelle kann den einzelnen Fabriken auf Antrag eine Menge bis zu . . . pro Kampagne zum Verkauf an die ortsansässigen Kolonialwarenhändler bezw. bei Genossenschaften zur Abgabe an deren Mitglieder freistellen.

4. Vor Neuaufnahme eines Veredelungsbetriebes ist die Geschäftsstelle zu benachrichtigen.

§ 18. Die Mitglieder sind nicht berechtigt, . . . zu kaufen, vielmehr hat der Ankauf derselben ausschließlich durch die Geschäftsstelle zu erfolgen.

§ 19. 1. An dem Absatz in Vertragserzeugnissen durch die Geschäftsstelle sind die Mitglieder nach Maßgabe ihrer Erzeugung in den drei Kampagnen 1927/28, 1928/29, 1929/30 beteiligt, soweit nicht im Einzelfalle eine andere Grundlage vereinbart ist. Die hiernach in Betracht kommenden Kontingente sind alsbald nach Konstituierung der Gesellschaft vom Aufsichtsrat mit Wirkung vom Inkrafttreten des Vertrages festzustellen.

2. Die Geschäftsstelle ist berechtigt, die maßgebenden Kontingentsziffern nachzuprüfen. Die Mitglieder sind zu entsprechender Auskunft verpflichtet.

3. Vor oder während der Kampagne — zu geeignetem Zeitpunkt — setzt der Aufsichtsrat auf Vorschlag des Verwaltungsrates fest, welcher Prozentsatz des Gesamtkontingents verarbeitet werden soll.

4. Eine Einschränkung des Kontingents um mehr als 20 v. H. bedarf eines Beschlusses des Aufsichtsrates mit Fünfsechstelmehrheit.

5. Durch Beschluß des Aufsichtsrates — mit Vierfünftelmehrheit — können ferner Ausgleichssätze für Über- oder Unterschreitung des Kontingents eingeführt werden.

§ 20. 1. Die Mitglieder sind verpflichtet, Mengen von Vertragserzeugnissen, deren Umfang die Geschäftsstelle bestimmt, auf eigene Kosten auf Lager zu halten und mit der Sorgfalt eines ordentlichen Kaufmanns zu behandeln.

2. Die Ausfuhr von Vertragserzeugnissen erfolgt ausschließlich durch die Geschäftsstelle. Die Geschäftsstelle kann mit Zustimmung des Aufsichtsrates Ausnahmen zulassen.

3. Die Einfuhr von Vertragserzeugnissen kann mit Vierfünftelmehrheit des Aufsichtsrates beschlossen werden.

4. Der Vertrieb der eingeführten Erzeugnisse erfolgt durch die Geschäftsstelle.

5. Die Geschäftsstelle ist mit Zustimmung des Verwaltungsrates berechtigt, Vertragserzeugnisse von dritten nicht angeschlossenen Fabriken zu vertreiben.

§ 21. 1. Die von den Mitgliedern der Geschäftsstelle zur Verfügung zu stellenden Vertragserzeugnisse müssen von guter handelsüblicher Beschaffenheit sein.

2. Beschwerden von Abnehmern über mangelhafte Qualität oder Gewicht der von den Mitgliedern gelieferten Vertragserzeugnisse sind seitens der Geschäftsstelle unverzüglich an das Mitglied zur Stellungnahme mitzuteilen.

Das Mitglied ist zu etwaigen Verhandlungen mit dem Abnehmer hinzuzuziehen.

3. Wird die Berechtigung der Beschwerde von der Geschäftsstelle anerkannt, so ist das Mitglied verpflichtet, die an den Kunden zu zahlende Entschädigung zu erstatten und auch alle sonstigen sich hieraus ergebenden Kosten zu ersetzen. Im Streitfalle entscheidet das in § 31 vorgesehene Schiedsgericht.

§ 22. 1. Die Geschäftsstelle setzt mit Zustimmung des Verwaltungsrates Abschlagspreise für bestimmte Zeiten fest.

2. Die Zahlung des Abschlagspreises erfolgt am 10., 20. und Letzten jedes Monats für die jeweils zur Verfügung gestellten Mengen von Vertragserzeugnissen.

3. Die Schlußzahlung erfolgt tunlichst vierteljährlich im Verhältnis zum Fakturenwert der zur Verfügung gestellten Vertragserzeugnisse unter Berücksichtigung einerseits der Verkaufspreise der Geschäftsstelle, andererseits der Abschlagspreise, der Unkosten und etwa notwendiger Rückstellungen für Ausfälle, Prozesse usw.

4. Außer diesen Abrechnungen erhalten die Mitglieder halbmonatlich Übersichten über den Stand der zur Verfügung gestellten verkauften und abgelieferten Vertragserzeugnisse.

5. Die endgültige Abrechnung erfolgt als Jahresabrechnung. Nach ihr bestimmt sich der endgültige Preis für die zur Verfügung gestellten Vertragserzeugnisse.

6. Ein Ausgleich zwischen den einzelnen Jahresabrechnungen findet nicht statt.

§ 23. Die Geschäftsstelle ist berechtigt, sich zur Durchführung ihrer Aufgaben des Fachhandels sowie der Mitglieder und deren Verkaufsorgane zu bedienen.

§ 24. 1. Die Mitglieder sind verpflichtet, der Geschäftsstelle alle erforderlichen Auskünfte zu erteilen sowie ihr die Einsichtnahme in Bücher, Belege und Briefwechsel zu gestatten.

2. Die Geschäftsstelle ist berechtigt, durch ihre Organe oder durch besondere Vertrauensmänner die Kontrolle durchzuführen.

3. Über Geschäfts- und Betriebsgeheimnisse ist unbedingtes Stillschweigen zu bewahren.

§ 25. Die Übertragung von Kontingenten, ganz oder teilweise, mit oder ohne Übertragung des Betriebes, ist zulässig.

§ 26. 1. Tritt in der Person eines Mitgliedes ein Umstand ein, wie Konkurs, Kündigung, Ausschluß, der an sich die Auflösung dieses Vertrages zur Folge haben könnte, so scheidet nur das Mitglied aus.

2. Im Falle der Beendigung eines Konkurses hat das Mitglied, sobald es die freie Verfügung über sein Vermögen wiedererhält, dem Vertrage wieder beizutreten.

§ 27. Im Falle der Veräußerung oder sonstigen Betriebsübertragung haften die Mitglieder dafür, daß der Erwerber der Verkaufsgemeinschaft beitritt.

§ 28. 1. Erwirbt oder pachtet ein Mitglied eine Außenseiterfabrik, welche Vertragserzeugnisse herstellt, so erhöht sich das Kontingent des betreffenden Mitgliedes entsprechend. Für die Bemessung des Kontingents sind die Grundsätze des § 19 Ziff. 1 maßgebend; in Zweifelsfällen entscheidet der Aufsichtsrat.

2. Den Mitgliedern ist bei Vermeidung der in § 29 vorgesehenen Vertragsstrafe verboten, sich an Außenseiterfabriken, die Vertragserzeugnisse herstellen, direkt oder indirekt zu beteiligen oder sie durch Rat oder Tat zu unterstützen.

§ 29. 1. Im Falle der Zuwiderhandlung gegen die Bestimmungen dieses Vertrages verfällt der schuldige Teil in eine Vertragsstrafe, die sich nach demjenigen Betrage bemißt, den die Mitglieder als Abschlagszahlung (§ 22) erhalten. Als Mindestbetrag der Vertragsstrafe gilt eine Abschlagszahlung für 20 dz Vertragserzeugnisse; als Höchstbetrag eine Abschlagszahlung für 5000 dz Vertragserzeugnisse.

2. Die Vertragsstrafe wird vom Verwaltungsrat festgesetzt. Gegen die Entscheidung des Verwaltungsrats kann binnen vier Wochen die Entscheidung des in § 31 vorgesehenen Schiedsgerichts angerufen werden.

3. Durch die Geltendmachung und Zahlung der Vertragsstrafe werden weitere Ansprüche, insbesondere Erfüllungs- und Schadensersatzansprüche, nicht berührt.

§ 30. Der vorliegende Vertrag tritt mit Wirkung vom 27. Oktober 1930 in Kraft. Der Vertrag wird auf die Dauer von 5 (fünf) Jahren, d. h. bis zum 31. August 1935, geschlossen. Er verlängert sich jeweilig um fünf Jahre, wenn er nicht zwei Jahre vor Ablauf dieser Periode von dem einen oder anderen Vertragsteil auf den Schluß des Geschäftsjahres gekündigt wird.

§§ 31, 32 (Schiedsgerichtsklausel, Schutzbestimmungen): hier nicht abgedruckt.

*) Für die Überlassung dieses Syndikatsvertrags vom Herbst 1930 bin ich Herrn Rechtsanwalt Dr. H. Friedländer zu Dank verpflichtet. Die Angaben über Geschäftszweig und Firma sind geändert.

X. Bürgschaft.

Nr. 71. Bürgschaftsschein. (Vordruck der Dresdner Bank.)

Für alle Forderungen aus der Gewährung von Krediten irgendwelcher Form oder Art, welche der Dresdner Bank gegen .... jetzt oder künftig zustehen mögen, übernehme...... .... hiermit zugunsten der Dresdner Bank bis zum Betrage von .... RM, mit Buchstaben: .... RM, zuzüglich der auflaufenden Zinsen, Provisionen und Kosten die selbstschuldnerische, auf eine bestimmte Zeit nicht beschränkte Bürgschaft. Der Höchstbetrag der Bürgschaft erhöht sich jeweils insoweit, als bei Saldierung die aufgelaufenen Zinsen, Provisionen und Kosten dem Kapital zugeschlagen werden und hierdurch der neue Saldo den Betrag der Bürgschaft übersteigt.

Alle Maßnahmen, Vereinbarungen und Vergleiche, welche die Dresdner Bank bei Geltendmachung der Forderung für nützlich erachtet, ferner Änderungen in der Person des Inhabers oder der Inhaber oder den Rechtsverhältnissen der Schuldnerfirma berühren die Bürgschaft nicht. Auch bleibt die Bürgschaft unverändert in Kraft, wenn die Dresdner Bank anderweitig bestellte Sicherheiten freigibt.

Auf den aus der Bürgschaft in Anspruch Genommenen geht die Forderung der Bank erst dann über, wenn die Bank wegen ihrer sämtlichen Ansprüche an d......... Hauptschuldner befriedigt ist. Bis zur völligen Befriedigung der Dresdner Bank gelten sämtliche Leistungen der Bürgen nur als Sicherheit.

Als Erfüllungsort aller aus diesem Rechtsverhältnis entspringenden Verpflichtungen soll Berlin, und zwar der Bezirk des Landgerichts I, gelten.

(Datum und Unterschrift.)

Nr. 72. Selbstschuldnerische Bürgschaft. (Kürzere Fassung.)

1. „Für die von Herrn — Frau — .... durch diesen Vertrag eingegangenen Verpflichtungen übernehme ich hiermit die selbstschuldnerische Bürgschaft unter

Verzicht auf die Einreden der Teilung und der Vorausklage entsprechend den obigen und umseitig niedergelegten Bedingungen. Etwaige mündliche Vereinbarungen haben auch mir gegenüber keine Gültigkeit. Ich unterwerfe mich ausdrücklich dem oben vereinbarten Gerichtsstand.

Name: ....

Stand: ....

Beschäftigt bei ....

Geburtstag und -jahr: ....

Geburtsort: ....

Wohnung: ....“*)

*) Ein im Abzahlungsgeschäft häufig verwendetes Formular des Reichsverbandes des kreditgebenden Einzelhandels E. V.

2. „Für die Erfüllung der hieraus entstehenden Verbindlichkeiten verbürge...... ich mich — wir uns — selbstschuldnerisch unter Verzicht auf die Einreden der Anfechtung, der Aufrechnung und der Vorausklage (§§ 770 und 771 BGB.).

Auf Anzeige gemäß § 777 BGB. wird verzichtet.“ *)

*) Aus einem Vordruck der Deutschen Verkehrs-Kredit-Bank A.-G. (verwendet beim Frachtstundungsverfahren).

Nr. 73. Kreditauftrag.*)

„An die Deutsche Verkehrs-Kredit-Bank A.-G. in ....

Wir beauftragen Sie hiermit, der Firma .... Frachtstundung bis zum Höchstbetrage von .... RM zuzüglich Zinsen und Gebühren in der Weise zu gewähren, daß die Firma ihre aufkommenden Frachten nebst Zinsen und Gebühren fortlaufend am 1. und 16. jedes Monats an Sie zu erstatten hat.

Kommt die Firma mit der Kreditabdeckung in Verzug, so werden Sie nach Möglichkeit uns davon innerhalb 14 Tagen Mitteilung machen und Vorsorge treffen, daß die Frachtstundung eingestellt wird.

Dieser Kreditauftrag kann jederzeit durch eingeschriebenen Brief mit einmonatiger Frist zum 1. und 16. eines Monats gekündigt werden.

Erfüllungsort und Gerichtsstand ist ....“

*) Im Frachtstundungsverfahren übliches Formular (sofern Auftraggeber eine angesehene Bank ist).

XI. Vergleich.

Nr. 74. Außergerichtlicher Vergleich.

(Eingang wie bei Nr. 9, 1.)

§ 1. Der Schuldner verpflichtet sich, seine Gläubiger in folgender Weise zu befriedigen:

1. Gläubiger mit Forderungen bis zu 300 RM oder solche, welche ihre Forderung auf diese Summe ermäßigen, erhalten bis zum 1. Mai 1931 volle Befriedigung.
2. Die übrigen Gläubiger erhalten 50 v. H. ihrer Forderung, und zwar 30 v. H. am 1. Mai 1931, 10 v. H. am 1. Juni 1931, 10 v. H. am 1. Juli 1931.

Die Gläubiger erlassen dem Schuldner den darüber hinausgehenden Teil ihrer Forderung, vorbehaltlich des diesem Vertrage beigefügten Besserungsscheines.

§ 2. Der Schuldner unterwirft sich wegen der in § 1 Ziff. 2 genannten Forderungen der sofortigen Zwangsvollstreckung und beantragt die Erteilung einer vollstreckbaren Ausfertigung dieser Urkunde an die Gläubiger.

§ 3. Für die Erfüllung der in § 1 Ziff. 1 und 2 festgelegten Verbindlichkeiten des Schuldners übernimmt Herr Fritz Meyer die selbstschuldnerische Bürgschaft.

§ 4. Die Kosten und Stempel dieser Verhandlung trägt der Schuldner.

(Schluß wie bei Nr. 9, 1.)

Besserungsschein.

Falls sich die Lage des Schuldners bis zum 1. Juli 1931 gebessert haben sollte, erhalten die in der Anlage zu § 1 Ziff. 2 des notariellen Vertrages vom .... genannten Gläubiger weitere 10 v. H. am 1. August 1931.

Ob die Verhältnisse sich so gebessert haben, daß der Schuldner die Nachzahlung leisten kann, entscheidet in einer für alle Beteiligten unanfechtbaren Weise eine Kommission, als deren Mitglieder seitens der Gläubiger Herr Klaus und seitens des Schuldners Herr Rechtsanwalt Dr. Brodbach gewählt worden sind. Um Bestellung des unparteiischen Obmannes soll, sofern nicht beide Mitglieder einstimmig zu einer Entscheidung kommen, die Industrie- und Handelskammer in Berlin gebeten werden.

(Datum und Unterschriften der Beteiligten.)

XII. Schuldversprechen. Schuldanerkenntnis.

Nr. 75.

Ich erkenne an, daß ich dem Bankier Fritz Reich in Breslau 3000 RM schulde. Der Betrag wird am 1. Februar 1931 gezahlt werden.

(Datum und Unterschrift.)

Nr. 76.

Hiermit verspreche ich, dem Bankier Fritz Reich in Breslau am 15. August 1931 1000 RM zu zahlen.

(Datum und Unterschrift.)

XIII. Anweisung.

Nr. 77. Muster eines Frachten-Anweisungsscheines.

Heft Nr. .... Anweisungs-Nr. .... Verfügbare Stundungssumme RM .... Neu gestundet . . . RM .... Noch verfügbar . . RM .... Richtig: (Stempel der Eisenbahnkasse) Unterschrift und Datum:	*Deutsche Verkehrs-Kredit-Bank A.-G., Berlin*	Heft Nr. .... Erste Monatshälfte (1. bis einschl. 15.) Anweisungs-Nr. .... **An die** **Deutsche Verkehrs-Kredit-Bank A.-G.,** **Berlin.** Zahlen Sie für gestundete Frachten usw. an die Deutsche Reichsbahn-Gesellschaft RM ...., in Buchstaben .... Reichsmark. Richtig: (Stempel der ...., ... 19.... Eisenbahnkasse) Unterschrift und Datum: .... Firmenstempel und Unterschrift: ....

XIV. Schuldverschreibung auf den Inhaber und Verwandtes.

Nr. 78.

Serie 15 Januar — Juli 8 % * G.-M. 100 **Serie 15**
100 100

Ausgabe vom Jahre 1929

G **Serie 15** Lit. 8 %

Gold-Hypothekenpfandbrief

der

Berliner Hypothekenbank Aktiengesellschaft.

*

Die Berliner Hypothekenbank Aktiengesellschaft schuldet dem Inhaber dieses Gold-Hypothekenpfandbriefes den Geldwert von

100 Goldmark

gleich 35,842 Gramm Feingold

— nach dem Reichsmünzgesetz —

welcher vom 1. Januar 1929 ab mit 8 % jährlich, in halbjährlichen, am 2. Januar und 1. Juli jeden Jahres fälligen Teilbeträgen nachträglich verzinst wird.

Die Sicherheit der Gold-Hypothekenpfandbriefe und deren Zinsen wird gewährleistet durch die erworbenen und ausschließlich zur Deckung bestimmten Goldhypotheken und Goldgrundschulden, das Grundkapital und das sonstige Vermögen der Bank.

Der Gold-Hypothekenpfandbrief ist seitens des Inhabers unkündbar. Die Rückzahlung der Gold-Hypothekenpfandbriefe durch die Bank erfolgt nach vorangegangener einmonatiger Kündigung oder Auslosung, die für die ganze oder einen Teil der Anleihe zulässig sind und im Deutschen Reichsanzeiger mehrmals in angemessenen Zeitabständen bekanntgemacht werden. Eine Rückzahlung infolge Kündigung ist bis zum 1. Januar 1934 ausgeschlossen, eine Auslosung darf bis dahin nur in Höhe derjenigen Beträge erfolgen, welche der Bank durch Tilgungsbeträge oder außergewöhnliche Rückzahlungen auf die Deckungshypotheken zufließen. Vom Auszahlungstermine ab hört die Verzinsung der gekündigten Gold-Hypothekenpfandbriefe auf. Bei der Bekanntmachung wird auch der Geldwert der gekündigten Stücke bekanntgegeben.

Der Geldwert der Zinsscheine und ausgelosten und gekündigten Stücke wird errechnet nach dem für den 10. Tag des der Fälligkeit vorausgehenden Monats geltenden amtlich bekanntgegebenen Preise des Feingoldes. Die Umrechnung findet statt nach den gesetzlichen Bestimmungen. Sobald an der Berliner Börse eine amtliche Notierung für Feingold erfolgt, ist die Notiz des 10. Tages des der Fälligkeit vorangehenden Monats oder, wenn eine solche Notiz an diesem Tage nicht stattgefunden hat, die des letzten vorangegangenen Börsentages maßgebend. Ergibt sich aus dieser Umrechnung für das Kilogramm Feingold ein Preis von nicht mehr als 2820 Reichsmark und nicht weniger als 2760 Reichsmark, so ist für jede geschuldete Goldmark eine Reichsmark in gesetzlichen Zahlungsmitteln zu zahlen.

Die Zinsen der Gold-Hypothekenpfandbriefe werden jedesmal nach eingetretener Fälligkeit an der Kasse der Bank, sofern nicht weitere bekanntzumachende Stellen hierfür in Betracht kommen, ausgezahlt. Dort erfolgt auch die Auszahlung der Kapitalbeträge der einzulösenden Gold-Hypothekenpfandbriefe sowie der kostenfreie Austausch der Erneuerungsscheine gegen neue Zinsscheinbogen.

Alle Zahlungen erfolgen in deutscher Reichswährung.

[Für die Verjährung usw.]

Für die Verjährung der Gold-Hypothekenpfandbrief-Forderungen gelten die gesetzlichen Bestimmungen.

Berlin, den 2. Januar 1929.

Berliner Hypothekenbank Aktiengesellschaft.

Der Aufsichtsrat: (Unterschrift.) Der Vorstand: (Unterschriften.)

Für diesen Gold-Hypothekenpfandbrief ist die gesetzlich vorgeschriebene Deckung vorhanden und in das Gold-Hypothekenregister eingetragen.

Eingetr. im Reg. Seite .... Der staatlich bestellte Treuhänder:
Der Kontrollbeamte: ....

100 Goldmark.

Nr. 79.

8 % Januar — Juli Reihe XX Buchst. D 1000 Goldmark

Abgabefrei gemäß § 26 a Kapitalverkehrssteuergesetz. Durch Reichsfinanzministerialerlaß vom 29. Oktober 1927 — III Rv. 2069 — von den Förmlichkeiten des § 48 Absatz 1 bis 3 Ausführungsbestimmungen zum Kapitalverkehrssteuergesetz befreit.

Reichsmündelsicher auf Grund des Reichsratsbeschlusses und der Bekanntmachung des Reichsjustizministers vom 16. April 1924 (RGBl. S. 419).

Preußische Landespfandbriefanstalt
Körperschaft des öffentlichen Rechts
Errichtet durch Erlaß des Preußischen Staatsministeriums vom 22. Juli 1922.

Reihe XX Buchst. D 8 %

Kommunal-Obligation
der Preußischen Landespfandbriefanstalt

gedeckt nach Maßgabe des § 7 des Gesetzes vom 21. Dezember 1927 (RGBl. I 492), ausgegeben auf Grund der Genehmigung des Preußischen Staatsministeriums vom 31. Mai 1924 / 13. November 1924 über den Wert von

1000 Goldmark
= 358,42 Gramm Feingold

(1 Goldmark = 0,35842 Gramm Feingold nach dem Reichsmünzgesetz vom 30. August 1924.)

Die Preußische Landespfandbriefanstalt schuldet dem Inhaber dieser Kommunal-Obligation unter der in ihrer Satzung bestimmten Sicherheit den Wert von

Eintausend Goldmark = 358,42 Gramm Feingold,

der mit acht vom Hundert für das Jahr in halbjährlichen, am 2. Januar und 1. Juli jeden Jahres nachträglich fälligen Raten verzinst wird. Diese Kommunal-Obligation ist von seiten des Inhabers unkündbar und wird von der Preußischen Landespfandbriefanstalt nach Maßgabe der umstehend abgedruckten Bedingungen eingelöst. Berlin, den 14. April 1930.

Preußische Landespfandbriefanstalt.

Der Verwaltungsrat: Der Vorstand:
(Stempel.) (Unterschriften.)

Für diese Kommunal-Obligation ist die satzungsmäßig vorgeschriebene Deckung vorhanden und in das Kommunal-Darlehnsregister eingetragen.

Berlin, den .... 193...

Der Staatskommissar: Der Kontrollbeamte:

....

Gesamtkündigung bis zum 1. Juli 1935 ausgeschlossen.
Rückzahlung spätestens bis zum 31. Dezember 1966.

(Rückseite von Nr. 79.)

Anleihebedingungen.

Die Rückzahlung durch die Anstalt erfolgt drei Monate nach Kündigung oder Auslosung und öffentlicher Bekanntmachung im Deutschen Reichs- und Preußischen Staatsanzeiger, in der Berliner Börsenzeitung, Frankfurter Zeitung, Deutschen Bergwerkszeitung, Rheinisch-Westfälischen Zeitung und Kölnischen Zeitung. Eine Kündigung ist bis zum 1. Juli 1935 ausgeschlossen. Bis dahin darf eine Auslosung nur in der Höhe erfolgen, als die zur Deckung dienenden Kommunaldarlehen durch planmäßige Amortisation getilgt sind. Die Rückzahlung erfolgt in jedem Falle spätestens bis zum 31. Dezember 1966.

Die Einlösung dieser Kommunal-Obligation erfolgt am Verfalltage in deutscher Reichswährung an der Kasse der Anstalt oder den bekanntzumachenden sonstigen Einlösungsstellen. Der zu zahlende Betrag berechnet sich nach dem letzten in dem dem Monat des Verfalltages vorhergehenden Kalendermonat von der Devisenbeschaffungsstelle in Gemäßheit der Verordnung zur Durchführung des Gesetzes über wertbeständige Hypotheken vom 29. Juni 1923 veröffentlichten Preise für Feingold an der Londoner Börse, umgerechnet in deutsche Reichswährung nach der letzten in dem dem Monat des Verfalltages vorhergehenden Kalendermonat an der Berliner Börse erfolgten amtlichen Notierung für das englische Pfund (Mittelkurs Auszahlung London).

Nr. 80. Zinsschein; Erneuerungsschein.

1.

Berliner Hypothekenbank Aktiengesellschaft

1. Zinsschein zum **8** % Gold-Hypothekenpfandbrief über **100** Goldmark gleich **35,842** Gramm Feingold. — Ser. **15** Lit. G

Gegen diesen Zinsschein erhält sein Inhaber am **1. Juli 1929** als Halbjahreszins den Gegenwert von **4** Goldmark gleich **1,4336** Gramm Feingold gemäß den Anleihebedingungen. — Berlin, den 2. Januar 1929.

4 Goldmark
gleich 1,4336 Gramm Feingold
zahlbar am
1. Juli 1929

Berliner Hypothekenbank Aktiengesellschaft.

(Stempel.) (Unterschriften.)

Dieser Zinsschein ist nach dem **31. Dezember 1933** ungültig.

2.

Reihe ......12...... Reihe ......12......

Erneuerungsschein

......7...... % ......7...... %

zu dem Zinsscheinbogen des Pfandbriefes der Preußischen Zentralstadtschaft über RM ......5000......, zu ......8...... %.

Nr. ......13354......

Der Inhaber dieses Erneuerungsscheines erhält ohne weitere Prüfung seiner Berechtigung die für den vorstehend bezeichneten Pfandbrief neu anzufertigenden Zinsscheine für zehn Jahre vom ......1. Juli 1939 ab...... nebst einem neuen Erneuerungsschein, sofern dagegen seitens des Inhabers des Pfandbriefes nicht vorher schriftlicher Widerspruch bei der Preußischen Zentralstadtschaft eingereicht ist.

Berlin, den .... 19........

Preußische Zentralstadtschaft.
(Unterschriften.)

Nr. 81. Fahrscheine.

1.

Deutsche Luft Hansa A.G. B

No. 836 893 Preis / Fare ....

Von / From ....

Nach / To ....

Über / Via ....

Beförderungsbedingungen umseitig	Conditions for transport see over
Flugschein gültig für: Ticket only valid: Datum / Date ..../.........19....... Zeit / Dep. .... Dienst der / Service	Agentur / Agency

2. Teil der Rückseite eines Omnibus-Fahrscheins der Berliner Verkehrsgesellschaft.

Bestimmungen für Omnibus. Der Fahrschein gilt z. Erreichung **eines** Reisezieles. — Einmaliges Umsteigen auf eine Omnibuslinie mit Umsteigeberechtigung oder Umsteigen auf Straßenbahn oder U-Bahn ist gestattet. Die **2.** Fahrt muß zeitlich und räumlich eine unmittelbare Anschlußfahrt an die erste sein. Fahrtunterbrechungen zwecks Erledigung von Besorgungen und Zwischenfahrten mit anderen Verkehrsmitteln sind nicht gestattet. Ein Umsteigen auf einen anderen Wagen der schon zur ersten Fahrt benutzten Linie ist unzulässig. **Eine Stunde** nach der bei Fahrtantritt gekennzeichneten Zeit verliert der Fahrschein seine Gültigkeit zum Umsteigen. **Rückfahrten,** auch auf Umwegen, **sind nicht gestattet.** Beim Umsteigen auf einen Nacht-Omnibus sind die tarifmäßigen Zuschläge zu zahlen. — **Während der Fahrt aufzubewahren!** — Eine Gewähr für den Anschluß wird nicht übernommen. Fahrgelderstattung für nicht ausgenutzte Fahrtberechtigung wird nicht gewährt. Zerrissene, zerknitterte oder in der Erkennbarkeit der Kontrollmerkmale beeinträchtigte Fahrscheine sind ungültig.

Nr. 82. Kopf eines Sparkassenbuchs.

Sparbuch

der Sparkasse des Kreises Teltow.

Ausgefertigt unter Bezugnahme auf die Satzung.

Der Kreisausschuß des Kreises Teltow.
(Unterschriften.)

Nummer 355 771.

Paul Reichert in Berlin-Steglitz, Gartenstraße 3.

In der Spalte „Amtliche Vermerke“ am Schluß können sich Vermerke wie die folgenden finden:

„Mündelgeld“

oder

„Zahlung nur an Paul Reichert, seinen legitimierten Erben oder Bevollmächtigten oder sonst von ihm namhaft gemachte Personen.“

Nr. 83.

Jan. -5.

—0. 2. 00.

Meyers Söhne,

Kaffee, Tee, Kakao, Schokolade.

Berlin-Charlottenburg,

Carmerstraße 1.

Gegen 25RM dieser Bons erhalten Sie 1 Tafel ff. Speiseschokolade.

Nr. 84.

Berlin, den 1. Mai 1931.

Lagerschein Nr. 1134.

Der unterzeichnete Lagerhalter übernimmt hiermit die Lagerung der endstehend verzeichneten, von Herrn Paul Geber in Neukölln, Bahnhofstraße 3, heute eingelagerten Gegenstände unter folgenden Bedingungen:

Allgemeine Lagerbedingungen des Deutschen Möbeltransports.*)

*) Hier nicht abgedruckt. § 1 lautet: Der Einlagerer erhält über die eingelagerten Güter einen Lagerschein, der vor Auslieferung der Güter zurückzugeben ist. Der Lagerschein gilt nur als Empfangsbekenntnis im Sinne des § 808 BGB

Nr. 85. Maßnahmen beim Verlust von Inhaberschuldverschreibungen.

(Aus dem Reichsanzeiger.)

1.

In Verlust geraten: Auslosungsschein von der Kriegsanleihe im Betrage von 150 RM Nr. C 9, 49, 690 D 16, 36, 543, ferner Anleihe Auslosungsschuld Nr. C 1, 479, 190/D 1833343.

Schwiebus, den 17. November 1930.

Die Polizeiverwaltung.

2.

Zahlungssperre.

Auf Antrag des Pfarrers Wilhelm Wild in Altentrübingen wird der Reichsschuldenverwaltung in Berlin SW 68, Oranienstraße 106—109, betreffs des angeblich abhanden gekommenen Auslosungsscheins Gr. 8 Nr. 1146 über 100 RM zur Anleiheablösungsschuld des Deutschen Reichs von 1925 verboten, an einen anderen Inhaber als den obengenannten Antragsteller eine Leistung zu bewirken. — F 379/30.

Amtsgericht Berlin-Mitte, Abt. 216.

3.

Durch Ausschlußurteil des Amtsgerichts Charlottenburg vom 15. Dezember 1930 ist der 8 prozentige Pfandbrief der Preußischen Zentralstadtschaft zu Berlin Serie 12 Lit. F über 3000 RM für kraftlos erklärt worden. — 13 F 39/30.

Charlottenburg, den 15. November 1930.

Das Amtsgericht, Abt. 13.

4.

Das Aufgebot betreffend die Schuldverschreibung der Anleiheablösungsschuld des Deutschen Reiches von 1925 Nr. 178225 über 25 RM ist eingestellt worden. — F 654/30.

Amtsgericht Berlin-Mitte, Abt. 413.

Nr. 86. Reichsschuldbuchblatt (Normalvordruck).

Konto: Nr. Gläubiger:

Zweite Person: (d. h. diejenige, „welche nach dem Tode des Gläubigers der Reichsschuldenverwaltung gegenüber die Gläubigerrechte auszuüben befugt ist", § 7 des Reichsschuldbuchgesetzes — Fassung vom 31. Mai 1910 —).*)

1. Forderung		2. Stückelung für die Auslosung (Wertabschnitte u. Nummern)		3. Beschränkungen des Gläubigers	4. Zinsenempfänger		
					Januar-Juli-Zinsen	halbjährlich mit	
RM		zu Nr.				RM	Rpf
				(z. B. Pfändung, Verpfändung, Konkurseröffnung)*)			

*) Klammerinhalt ist Zusatz des Herausgebers.

C. Sachenrecht.

I. Beispiel eines (preußischen) Grundbuchblatts.

Amtsgericht Lobau.

Nr. 87.

Grundbuch von Buchhain, Kreis Seefeld.
Band I Blatt Nr. 12.

I. Verzeichnis der Grundstücke.

Lauf. Nummer der Grundstücke	Bisherige lfd. Nr. der Grundstücke	Gemarkung	Flurbuch: Kartenbl. (Flur) Nr.	Flurbuch: Parzelle Nr.	Grundsteuermutterrolle Art.	Gebäudesteuerrolle Nr.	Wirtschaftsart und Lage	Größe ha	Größe a	Größe qm	Grundsteuerreinertrag Tlr.	Grundsteuerreinertrag 1/100	Gebäudesteuernutzungswert ℳ	Zur lfd. Nummer der Grundstücke	Bestand und Zuschreibungen	Zur lfd. Nummer der Grundstücke	Abschreibungen
1	2	3	4	4	5	6	7	8	8	8	9	9	10	11	12	13	14
1	—	Buchhain	—	—	3	27	Bauerhof Nr. 8	41	67	09	373	29	136	1	Bei Anlegung des Grundbuchs eingetragen am 3. August 1901. Fischer. Neumann.	4	Von Kartenblatt 5 Nr. $\frac{420}{90}$ übertragen nach Band II Blatt Nr. 50 am 18. Oktober 1908. Rest laufende Nr. 6. Fischer. Neumann.
2	—	Buchhain	2	110	—	—	Garten im Dorfe	—	34	86	7	68	—	1, 2, 3	Nr. 2 nach Abschreibung von Band I Blatt Nr. 20 der Nr. 1 als Bestandteil zugeschrieben und Nr. 1 mit Nr. 2 unter Nr. 3 neu eingetragen am 24. Februar 1903. Fischer. Neumann.		
3	1 mit 2	Buchhain	—	—	3	27	Bauerhof Nr. 8	42	01	95	380	97	136			5	Übertragen nach Band III Blatt Nr. 117 des Grundbuchs von Brühl am 3. Mai 1910. Fischer. Neumann.
4	—	Buchhain	5	90	24	—	Acker im Mittelfelde	2	18	90	19	83	—	4	Von Band I Blatt Nr. 17 hierher übertragen am 4. August 1904. Fischer. Neumann.		
5	—	Brühl	3	20	15	—	Holzung in den Fichten	1	31	66	10	31	—	5	Von Band IV Blatt Nr. 29 des Grundbuchs von Brühl hierher übertragen am 12. Juni 1908. Fischer. Neumann.		
6	Rest von 4	Buchhain	5	$\frac{419}{90}$	24	—	Acker im Mittelfelde	—	60	75	6	30	—				

(Die punktierten Linien bedeuten rote Striche.)

Anmerkung: Das amtliche preußische Muster (JMBl. 1899 S. 360 ff.) ist nur zum kleinen Teil benutzt, da es heute praktisch bedeutsame Fälle vielfach nicht behandelt und nicht selten zu breit in der Formulierung ist. Herrn Amtsgerichtsrat Ricks, dem Verfasser der „Grundbuchpraxis“ (8. Aufl. 1929), habe ich für die gütige Durchsicht des von mir ausgearbeiteten Musters zu danken.

II. Verzeichnis der mit dem Eigentume verbundenen Rechte.

Laufende Nummer der Eintragung	Lfd. Nr. des beteiligten Grundstücks	Bezeichnung des Rechtes	Veränderungen	Löschungen
1	2	3	4	5
				Nr. 1 gelöscht am 15. Oktober 1904. Fischer. Neumann.
1	2	Das auf dem Grundstück Buchhain Kartenblatt 2 Parzelle 114 (Band I Blatt Nr. 37) i. Abteilung II Nr. 1 eingetragene Wegerecht bei der Zuschreibung von Nr. 2 des Verzeichnisses der Grundstücke hier vermerkt am 24. Februar 1903. Fischer. Neumann.		

Erste Abteilung.

Eigentümer	Laufende Nummer der Grundstücke	Grund des Erwerbes, Verzicht	Erwerbspreis, Wert, Feuerversicherungssumme
1	2	3	4
Landwirt Friedrich Gerber in Buchhain.	1	Bei der Anlegung des Grundbuchs auf Grund des Kaufvertrags vom 20. September 1895 eingetragen am 3. August 1901. Fischer. Neumann.	Zu Nr. 1: 51 500 Mark Kaufpreis vom 20. Sept. 1895 eingetrag. am 3. Aug. 1901. Fischer. Neumann.
	2	Aufgelassen und Band I Blatt Nr. 20 eingetragen am 30. Januar 1902, hierher übertragen am 24. Februar 1903. Fischer. Neumann.	
Bauer Heinrich Schmidt in Buchhain.	3	Aufgelassen und eingetragen am 5. April 1904. Fischer. Neumann.	Zu Nr. 3: Wohnhaus u. Wirtschaftsgebäude am 30. April 1904 versichert mit 8 400 Mark. Eingetragen am 5. Mai 1904. Fischer. Neumann.
	4	Aufgelassen und eingetragen am 4. August 1904. Fischer. Neumann.	
Die Ehefrau des Heinrich Schmidt, Sophie, geb. Busse, als Miteigentümerin kraft allgemeiner Gütergemeinschaft.	3,4	Auf Grund des Zeugnisses des Amtsgerichtes zu Lobau vom 7. November eingetragen am 23. November 1907. Fischer. Neumann.	
	5	Die Ehefrau Schmidt auf Grund des Erbscheins vom 5. Februar 1908, der Ehemann kraft allgemeiner Gütergemeinschaft eingetragen am 12. Juni 1908. Fischer. Neumann.	

(Die punktierten Linien bedeuten rote Striche.)

Zweite Abteilung.

Lfde. Nummer d. Eintragung	Lfde. Nummer der belasteten Grundstücke	Lasten und Beschränkungen	Veränderungen: Zur lfd. Nr. d. Eintragung	Veränderungen: Eintragung	Veränderungen: Löschung	Löschungen: Zur lfd. Nr. d. Eintragung	Löschungen
1	2	3	4	5	6	7	8
1	3	Ein lebenslängliches Wohnungsrecht für Landwirt Friedrich Gerber in Buchhain nach Maßgabe der Bewilligung vom 30. März 1904. Zur Löschung dieses Rechts genügt der Nachweis des Todes des Berechtigten. Eingetragen am 5. April 1904. Fischer. Neumann.	2				
2	3	Eine Vormerkung zur Sicherung des Anspruchs auf Auflassung für den Gastwirt Wilhelm Schröder in Seefeld. Unter Bezugnahme auf die einstweilige Verfügung des Landgerichts Bergstadt vom 3. März 1916 eingetragen am 4. April 1916. Fischer. Neumann.	5			2	Gelöscht am 17. August 1920. Rath. Steller
3	3	Widerspruch gegen die Eintragung des Eigentums des Bauers Heinrich Schmidt und seiner Ehefrau Sophie, geb. Busse, zugunsten des Kaufmanns Felix Busse in Grünbusch. Auf Grund des vorläufig vollstreckbaren Urteils des Landgerichts Bergstadt vom 25. September — 3 O 135. 19 — eingetragen am 3. Oktober 1919. Fischer. Neumann.				3	Gelöscht am 5. Juli 1919. Rath. Steller.
4	3	Die Zwangsversteigerung ist angeordnet. Eingetragen am 5. Februar 1924. Adler. Bernhard.				4	Gelöscht am 7. April 1924. Adler. Bernhard.
5	3	Ein Vorkaufsrecht für den Kaufmann Paul Simon in Bergstadt. Unter Bezugnahme auf die Bewilligung vom 2. Mai 1926 eingetragen am 1. Juni 1926. Adler. Bernhard.					

(Die punktierten Linien bedeuten rote Striche.)

Dritte

Laufende Nummer der Eintragung	Lfd. Nummer der belasteten Grundstücke	Betrag Mark	Pf.	Hypotheken, Grundschulden, Rentenschulden	Zur lfd. Nr. der Eintragung	Betrag Mark	Pf.
1	2	3		4	5	6	
1	3	11 000 −6 000 5 000 =1 250 GM	— — —	Elftausend Mark Darlehen, mit fünf v. H. jährlich seit 1. April 1903 verzinslich und sechs Monate nach Kündigung rückzahlbar, für den Schankwirt Wilhelm Peters in Schwarzbach. Brieferteilung ausgeschlossen. Der jeweilige Grundstückseigentümer ist der sofortigen Zwangsvollstreckung unterworfen. Unter Bezugnahme auf die Bewilligung vom 1. August eingetragen am 3. August 1903. Fischer. Neumann.	1	5 000	—
					3	1 000	—
2	3	500 = 125 RM	—	Vormerkung zur Sicherung des Anspruchs auf Einräumung einer Hypothek im Betrage von fünfhundert Mark für Kaufmann Karl Müller in Seefeld unter Bezugnahme auf die einstweilige Verfügung — 3 Q 125. 04 — des Landgerichts zu N. vom 1. Febr., eingetragen am 3. Februar 1905. Fischer. Neumann. Umgeschrieben in eine Hypothek für eine Kaufgeldforderung von fünfhundert Mark nebst vier v. H. jährlicher Zinsen seit 1. Mai 1905 für Kaufmann Karl Müller in Seefeld. Unter Bezugnahme auf das rechtskräftige Urteil des Landgerichts zu N. vom 6. Juni 1905 eingetragen am 12. Juli 1905. Fischer. Neumann.	2	500	—
					1	5 000 = 1250 GM	—
3	3	1 000	—	Eintausend Mark Grundschuld, mit sechs v. H. jährlich seit 1. April 1908 verzinslich und drei Monate nach Kündigung zahlbar, für Rentner Friedr. Klein in Hannover. Brieferteilung ausgeschlossen. Eingetragen am 7. April 1908. Fischer. Neumann.	2	500 = 125 RM	—
4	3	6 000	—	Zweihundertfünfundachtzig Mark vom 1. April 1912 an jährlich am 1. April zahlbare Rentenschuld, ablösbar mit sechstausend Mark, für die Kirchengemeinde in Hochdorf eingetragen am 4. April 1912. Fischer. Neumann.			

(Die punktierten Linien

Abteilung.

Veränderungen		Löschungen			
Eintragung	Löschung	Zur lfd. Nr. der Eintragung	Betrag Mark	Pf.	
7	8	9	10		11
Fünftausend Mark mit Vorrang vor dem Reste nebst Zinsen seit 1. Oktober 1904 abgetreten an den Schmied Heinrich Stark in Hannover. Eingetragen am 24. Oktober 1904. Rath. Schreiber.		1	6 000	—	Gelöscht am 4. April 1904. Rath. Schreiber.
		3	1 000	—	Gelöscht am 10. Mai 1922. Rath. Schreiber.
Vor dieser Grundschuld ist der unter Nr. 4 eingetragenen Rentenschuld der Vorrang eingeräumt. Eingetragen am 4. April 1912. Fischer. Neumann.		4	6 000	—	Gemäß §§ 2, 6 des Grundbuchbereinigungsgesetzes gelöscht am 5. April 1931. Dr. Jung. Schreiber.
Fünfhundert Mark mit Zinsen seit 1. April 1913 verpfändet an den Kaufmann Wilhelm Scholz in Bergstadt. Eingetragen am 2. April 1913. Fischer. Schreiber.	Nr. 2: Pfandrecht des Kaufmanns Wilh. Scholz in Bergstadt gelöscht am 1. November 1913. Rath. Schreiber.	5	1 250 GM	—	Gemäß §§ 15, 16 des Grundbuchbereinigungsgesetzes gelöscht am 5. April 1931. Dr. Jung. Schreiber.
Gemäß Gesetz vom 16. Juli 1925 auf eintausend Goldmark aufgewertet. Eingetragen am 5. Juni 1926. Apfel. Schreiber.					
Aufgewertet auf einhundertfünfundzwanzig Reichsmark gemäß Gesetz vom 16. Juli 1925 und § 5 des Grundbuchbereinigungsgesetzes. Brieferteilung gilt als nachträglich ausgeschlossen (Art. 6 der Verordnung vom 29. November 1925 und § 10 des Grundbuchbereinigungsgesetzes). Eingetragen am 5. Oktober 1930. Dr. Jung. Schreiber.					

bedeuten rote Striche.)

Dritte Abteilung.

Laufende Nummer der Eintragung	Lfd. Nummer der belasteten Grundstücke	Betrag Mark	Pf.	Hypotheken, Grundschulden, Rentenschulden	Zur lfd. Nr. der Eintragung	Betrag Mark	Pf.
1	2	3		4	5	6	
5	3	1 250 GM	—	Der Eigentümer ist befugt, eine Hypothek oder Grundschuld in Höhe von eintausendzweihundertundfünfzig Goldmark zu dem üblichen Zinsfuße im Range nach der Hypothek Nr. 1 und vor der Hypothek Nr. 2 eintragen zu lassen (§ 7 des Ges. v. 16. Juli 1925). Eingetragen am 3. Februar 1926. Apfel. Schreiber.			
6	3	1 000 GM	—	Darlehen von eintausend Goldmark, mit 8 v. H. jährlich seit 1. Mai 1932 verzinslich, für die Reich & Co., Offene Handelsgesellschaft in Berlin. Der jeweilige Grundstückseigentümer ist der sofortigen Zwangsvollstreckung unterworfen. Unter Bezugnahme auf die Bewilligung vom 1. Mai eingetragen am 2. Mai 1932. Dr. Jung. Schubert.			
7	3	Preis von 1000 g Feingold	—	Darlehen in Höhe des Preises von eintausend Gramm Feingold, mit 8, unter Umständen 10 v. H. jährlich verzinslich, für die Grundbank-Aktiengesellschaft in Berlin. Der jeweilige Grundstückseigentümer ist der sofortigen Zwangsvollstreckung unterworfen. Unter Bezugnahme auf die Bewilligung vom 1. Mai eingetragen am 2. Mai 1932. Dr. Jung. Schubert.			

(Die punktierten Linien

II. Erbbau-Heimstätte.*)

Nr. 88.

Zwischen der Chemnitzer Kriegersiedlung, gemeinnützige Gesellschaft mit beschränkter Haftung in Chemnitz, vertreten durch deren Geschäftsführer Herrn ...., und dem .... wird folgender Vertrag abgeschlossen:

§ 1. Die Chemnitzer Kriegersiedlung (im folgenden „Gesellschaft" genannt) bestellt hierdurch Herrn .... (im folgenden „Heimstätter" genannt) an dem ihr gehörenden, auf Blatt .... des Grundbuchs für Gablenz eingetragenen Grundstücke Flurstück Nr. .... des Flurbuchs für ...., das einen Flächeninhalt von insgesamt .... qm hat, ein Erbbaurecht im Sinne der Verordnung über das Erbbaurecht vom 15. Januar 1919 (RGBl. S. 72 ff.) in Verbindung mit dem Reichsheimstättengesetz vom 10. Mai 1920 (RGBl. S. 962). Für dieses Erbbaurecht mit Heimstätte gelten weiter die folgenden Bedingungen:

*) Das Erbbaurecht wird jetzt meist in Verbindung mit einer Reichsheimstätte begründet.

[Fortsetzung]

Veränderungen		Löschungen			
Eintragung	Löschung	Zur lfd. Nr. der Eintragung	Betrag Mark	Pf.	
7	8	9	10		11

bedeuten rote Striche.)

§ 2. Das Erbbaurecht gilt als Heimstätte im Sinne des § 26 des Reichsheimstättengesetzes vom 10. Mai 1920. Als Ausgeber im Sinne dieses Gesetzes ist die Chemnitzer Kriegersiedlung, gemeinnützige Gesellschaft mit beschränkter Haftung in Chemnitz, im Grundbuche einzutragen.

§ 3. Kraft des Erbbaurechtes ist der Heimstätter berechtigt, das Erbbaugelände mit einem Einfamilienwohnhaus und den dazugehörigen Nebenanlagen zu bebauen. Das Erbbaurecht erstreckt sich auch auf den für die baulichen Anlagen nicht erforderlichen Teil des Geländes, das der Heimstätter in jeder Weise, die für die Benutzung der Bauwerke und des Grundstückes Vorteil bietet, benutzen darf, soweit nicht ortsgesetzliche oder ortspolizeiliche Bestimmungen oder die Bestimmungen dieses Vertrages entgegenstehen. Das Recht ist vererblich und veräußerlich, soweit nicht die Bestimmungen dieses Vertrages, der Erbbauverordnung oder des Reichsheimstättengesetzes dem entgegenstehen.

§ 4. Die Erstellung des Wohngebäudes und aller anderen baulichen Anlagen erfolgt nach den baupolizeilich genehmigten Plänen durch die Gesellschaft.

Als Kaufpreis für die Erbbaurechtsheimstätte (also ohne Grund und Boden) wird ein Betrag von .... GM (in Buchstaben: .... GM.) vereinbart, wobei 1 GM = 1/2790 kg Feingold im Sinne der 5. Verordnung zur Durchführung des Gesetzes über wertbeständige Hypotheken vom 17. April 1924 (RGBl. I S. 415) gilt.

Dieser Betrag wird wie folgt entrichtet:

a) .... GM hat der Heimstätter der Gesellschaft bereits in bar bezahlt;

b) in Höhe von .... GM wird der Kaufpreis als Darlehen gestundet.

Dieses Darlehen unterliegt einer vierteljährlichen, jederzeit zulässigen Kündigung. Es ist vom .... ab in Höhe eines Teilbetrags von 7000 GM mit 4 v. H., wobei 1 v. H. als Tilgungsrate gilt, und in Höhe eines weiteren Teilbetrages von .... GM mit 6 v. H., wobei ebenfalls 1 v. H. als Tilgungsrate gilt, zu verzinsen. Die Zinsen sind vierteljährlich am Anfang jedes Kalendervierteljahres vorauszahlungsweise zu entrichten.

Bei Verzug mit einer Zinsenrate ganz oder teilweise länger als zwei Wochen erhöht sich der Zinssatz vom Fälligkeitstage dieser rückständigen Rate ab um 1 v. H. Desgleichen behält sich für diesen Fall die Gesellschaft das Recht vor, das ganze jeweilige Restkapital sofort zurückzufordern.

Weiter behält sich die Gesellschaft, falls die Stadtgemeinde Chemnitz die Zins- und Rückzahlungsbedingungen hinsichtlich der von ihr darlehensweise gewährten Gelder erhöht oder ermäßigt, eine entsprechende Erhöhung oder Ermäßigung in dem gleichen Verhältnis vor, und zwar ohne an eine Kündigungsfrist gebunden zu sein, von dem gleichen von der Stadtgemeinde bestimmten Zeitpunkt ab.

Weiter behält sich die Gesellschaft für den Fall, daß der über das Stadtbaudarlehen hinausgehende Teil der Restkaufpreisforderung von ihr durch Inanspruchnahme anderweiten Kredits beschafft werden muß, vor, daß sie, ebenfalls ohne Einhaltung einer Kündigungsfrist, von dem Tage ab, wo sie diesen anderweiten Kredit in Anspruch nimmt, den von ihr zu zahlenden Zinsfuß zuzüglich etwaiger weiterer Bankspesen vermehrt um eins vom Hundert vom Heimstätter fordern darf.

Wegen dieses Darlehens ist Buchhypothek an der Erbbaurechtsheimstätte für die Gesellschaft zu bestellen.

Die Aufrechnung von Ansprüchen des Siedlers gegen diesen Darlehns-, Zinsen- und Amortisationsanspruch sowie auch jede Zurückbehaltung wegen dieser Ansprüche ist ausgeschlossen.

Diese Hypothek ist zu löschen, soweit sie zur Rückzahlung gekommen ist und sich dadurch mit dem Erbbaurecht in einer Person vereinigen würde. Dies ist durch Vormerkung zu sichern.

§ 5. Die baulichen Anlagen auf dem Erbbaugelände dürfen nur als Familienwohnung benutzt werden.

Gewerbliche Anlagen, Betriebsstätten oder Verkaufsstellen dürfen, soweit sie sich überhaupt mit den Zwecken einer Reichsheimstätte vereinigen lassen, nur mit Genehmigung des Grundstückseigentümers errichtet werden.

Bauzeichnungen für die spätere Änderung, Ergänzung und Wiederherstellung der Gebäude, desgleichen auch die Ausführung größerer Erneuerungs-, Instandsetzungs- und Anstreicherarbeiten usw. bedürfen der vorher einzuholenden schriftlichen Genehmigung des Grundstückseigentümers, dem die Bauzeichnungen nebst den geforderten Nachweisungen rechtzeitig einzureichen sind.

§ 6. Der Heimstätter ist verpflichtet, die errichteten Gebäude nebst Zubehör stets in gutem baulichen Zustande und die Wohn-, Schlaf-, Arbeits- und sonstigen Räume den Anforderungen der Gesundheitspflege entsprechend zu erhalten. Auch dürfen die Baulichkeiten ohne die schriftlich erteilte Genehmigung des Grundstückseigentümers weder ganz noch zum Teil abgebrochen werden. Sollten sie ganz oder zum Teil durch Brand, Blitzschlag oder dergleichen Ereignisse zerstört werden, so ist der Heimstätter verpflichtet, sie auf seine Kosten wiederherzustellen. Entspricht er dieser Verpflichtung auf Mahnung innerhalb einer angemessenen, von dem Grundstückseigentümer näher zu bestimmenden Frist nicht oder nur ungenügend, so ist dieser berechtigt, die erforderlichen Arbeiten auf Kosten des Heimstätters herstellen zu lassen.

Der Heimstätter ist verpflichtet, das Bauwerk und alle baulichen Anlagen sowie sein gesamtes Mobiliar auf seine Kosten gegen Feuersgefahr zu versichern und dauernd versichert zu halten und den Versicherungsschein auf Verlangen des jeweiligen Grundstückseigentümers diesem vorzulegen.

Der Heimstätter ist weiter verpflichtet, zu gestatten, daß der bauliche Zustand sämtlicher auf dem Erbbaugelände errichteten Gebäude durch Beauftragte des Grundstückseigentümers jederzeit zu den üblichen Tagesstunden untersucht wird.

§ 7. Untervermietung und die Aufnahme von Schlafburschen oder Mädchen ist nur mit vorheriger Genehmigung des Grundstückseigentümers erlaubt.

§ 8.*) Der Heimstätter hat dem jeweiligen Grundstückseigentümer einen jährlichen Erbbauzins von .... GM zu zahlen, wobei ebenfalls 1 GM = $^1/_{2790}$ kg Feingold im Sinne der 5. Verordnung zur Durchführung des Gesetzes über wertbeständige Hypotheken vom 17. April 1924 (RGBl. I S. 415) ist. Dieser erhöht sich vom 1. Januar 1955 ab auf .... GM und vom 1. Januar 1975 ab auf .... GM.

Die Verpflichtung zur Zahlung dieses Erbbauzinses beginnt mit dem 1. Oktober 19...... Der Erbbauzins ist am ersten Tage eines jeden Kalendervierteljahres vorauszahlungsweise fällig und spätestens binnen zwei Wochen kostenfrei an den jeweiligen Grundstückseigentümer abzuführen. Die Aufrechnung von Ansprüchen gegen den Erbbauzins wie auch jede Zurückbehaltung desselben ist ausgeschlossen. Für den Erbbauzins ist dem Grundstückseigentümer Reallast an dem Erbbaurecht an erster Stelle einzuräumen. Die Heimstätteneigenschaft gilt für diesen Fall nicht als vorgehende Belastung.

*) Vgl. dazu den von der Stadt Frankfurt a. M. abgeschlossenen Erbbauvertrag:
Der Erbbauzins beträgt jährlich für jeden Quadratmeter des Erbbaugrundstücks
in den ersten fünf Jahren 1,15 Goldmark,
vom sechsten Vertragsjahre ab 1,45 Goldmark
und ist vierteljährlich nachträglich am Vierteljahresersten zu zahlen.
Die Stadt ist berechtigt, nach Ablauf von je fünfzehn Jahren, vom Beginn der Verpflichtung des Erbbauberechtigten zur Zahlung des Erbbauzinses ab (1. Juni 1930) gerechnet, den Erbbauzins jeweils um die Hälfte des Anfangsbetrages zu steigern. Falls aber die Ertragsfähigkeit oder der Wert des Grundstücks oder des Bauwerks die Steigerung nicht rechtfertigen, wird die Stadt von diesem Recht keinen Gebrauch machen.
Auch nach den vom sächsischen Staatsfiskus abgeschlossenen Erbbauverträgen ändert sich die Höhe des Erbbauzinses mit dem gemeinen Wert. (Zusatz des Herausgebers.)

§ 9. Das Erbbaurecht beginnt mit der Eintragung desselben im Grundbuch und endigt am 31. Dezember 2025.

§ 10. Während der Dauer des Erbbaurechtes hat der Heimstätter alle Pflichten des Grundstückseigentümers auf seine Kosten zu erfüllen; insbesondere hat er alle öffentlich-rechtlichen Lasten und Abgaben einschließlich der Grund- und Wassersteuer, Brandkassenbeiträge, Bauabgaben, etwaiger Schleusensteuern, Dünger- und Müllabfuhrgebühren, der Einquartierungslasten usw. sowohl für das Grundstück als auch für das Erbbaurecht zu tragen, alle Forderungen, die die Bau-, Verkehrs- und Wohnungspolizei aus Anlaß der Errichtung und Benutzung der Gebäude stellt, zu erfüllen und die Reinigung und Unterhaltung der Straßen, Fußwege, Plätze und Schleusen nach Maßgabe der jeweilig geltenden Bestimmungen zu besorgen.
Diese Verpflichtung gilt auch für alle in Zukunft erst neubegründeten Lasten.

§ 11. Der Heimstätter verpflichtet sich, einer unter Beteiligung der Gesellschaft zu gründenden Vereinigung der Siedler, die zu ihrem satzungsgemäßen Zwecke auch mit die Förderung der Wirtschaft und des Gemeinwohls der Siedler sowie die Errichtung und Unterhaltung gemeinsamer Verkehrsräume und Anlagen der ganzen Siedlung zu machen hat, beizutreten. Die Gesellschaft behält sich einen Sitz im Vorstand dieser Vereinigung vor. Der Heimstätter verpflichtet sich, in den Mitgliederversammlungen dafür zu stimmen, daß die Gesellschaft einen Sitz im Vorstand erhält.

§ 12. Der Heimstätter verpflichtet sich, alle aus der Errichtung, Benutzung und Unterhaltung gemeinschaftlicher Anlagen und Einrichtungen, die mehreren nebeneinanderliegenden Grundstücken, Erbbaurechten und Gebäuden gemeinsam dienen, bereits jetzt und später gegenseitig sich ergebenden Verpflichtungen zu übernehmen und grundbücherlich (z. B. durch Grunddienstbarkeiten usw.) auf Verlangen der Gesellschaft oder des jeweiligen Eigentümers sicherzustellen.

§ 13. Veräußert der Heimstätter das Erbbaurecht, so hat die Chemnitzer Kriegersiedlung als Ausgeber der Heimstätten nach § 11 des Reichsheimstättengesetzes ein Vorkaufsrecht.

Andererseits räumt die Gesellschaft für sich und ihre Rechtsnachfolger im Eigentum dem Heimstätter gemäß § 2 Ziff. 6 und 31 der Verordnung über das Erbbaurecht ein Vorrecht auf Erneuerung des Erbbaurechtes nach dessen Ablauf ein. § 26 Abs. 5 des Reichsheimstättengesetzes gilt in diesem Falle.

§ 14. Die Vergrößerung, Teilung, Veräußerung und Belastung des Erbbaurechtes als Heimstätte ist nur mit Genehmigung des Arbeits- und Wohlfahrtsministeriums (Landeswohnungsamt) oder der von ihm beauftragten Stellen, die Löschung der Heimstätteneigenschaft nur mit Genehmigung des Arbeits- und Wohlfahrtsministeriums (Landeswohnungsamt) zulässig. . . .

In jedem Falle freiwilliger oder zwangsweise erfolgender Veräußerung hat der Heimstätter den Betrag, um den der Erlös seine Selbstkosten übersteigt, an die Gesellschaft abzugeben. Diese Abgabe mindert sich mit jedem Jahr, das seit Beginn des Erbbaurechtes verstrichen ist, um eins vom Hundert. Der Anspruch auf die Abgabe ist im Grundbuche sicherzustellen.

Der Heimstätter bleibt für die in diesem Vertrage übernommenen Verbindlichkeiten auch nach der Veräußerung des Erbbaurechtes verpflichtet. Er haftet in diesem Falle, sofern nicht die Gesellschaft ihn hiervon ausdrücklich schriftlich entbunden hat, für die Erfüllung der Verpflichtungen durch den Erwerber als selbstschuldnerischer Bürge.

§ 15. Während der Dauer des Erbbaurechtes ist der Grundstückseigentümer berechtigt, die Rückübertragung des Erbbaurechtes (Heimfall) zu verlangen:

1. wenn der jeweilige Erbbauberechtigte in Konkurs gerät oder die Zwangsversteigerung oder Zwangsverwaltung des Erbbaurechtes angeordnet wird;
2. wenn der jeweilige Erbbauberechtigte mit dem Erbbauzinse mindestens in Höhe zweier Jahresbeträge im Rückstand ist;
3. wenn der jeweilige Erbbauberechtigte auf dem Erbbaugelände ohne die erforderliche Genehmigung oder wesentlich abweichend von den genehmigten Bauzeichnungen baut, Baulichkeiten ohne Genehmigung des Grundstückseigentümers abbricht, trotz zweimaliger schriftlicher Mahnung die gestellten Baufristen ohne ausreichende Entschuldigung nicht innehält, die Bauwerke nicht gegen Feuersgefahr versichert oder sie nicht ordnungsgemäß und pfleglich unterhält;
4. wenn der jeweilige Erbbauberechtigte den Bestimmungen der §§ 6, 10 und des § 5, soweit sie im vorstehenden nicht bereits erwähnt sind, trotz Mahnung und angemessener Fristbestimmung zuwiderhandelt.

§ 16. Nach Beendigung des Erbbaurechtes infolge Zeitablaufs gewährt der Grundstückseigentümer für die auf dem Erbbaugelände vorhandenen, dem Heimstätter gehörigen Bauten und Anlagen eine Entschädigung in Höhe des gemeinen Wertes, den sie zur Zeit der Übergabe an den Grundstückseigentümer haben. Die Entschädigung darf den Nutzungswert nicht übersteigen, den die Bauten und Anlagen zur Zeit der Übergabe für den Grundstückseigentümer haben, muß aber andererseits nach § 27 Abs. 2 der Verordnung über das Erbbaurecht mindestens zwei Drittel des gemeinen Wertes betragen, den das Bauwerk bei Ablauf des Erbbaurechtes hat.

Etwa vorhandene Pflanzen werden zum Nutzungswert übernommen, den sie bei Beendigung des Erbbaurechtes haben.

Der Nutzungswert der Bauten und sonstigen Anlagen ist auf Grund des voraussichtlichen Mietertrags, den die Gebäude nebst den übrigen Anlagen unter Berücksichtigung ihrer Beschaffenheit zur Zeit der Beendigung des Erbbaurechtes nachhaltig gewähren können, in der Weise zu berechnen, daß der nach Abzug eines angemessenen Betrages für Abgaben, Verwaltung, Instandsetzung, Abschreibung und Reservestellung verbleibende Reinertrag unter Anwendung eines angemessenen Zinsfußes kapitalisiert wird. Der Abzug darf jedoch nicht größer als ein Viertel des Mietertrages und der Zinsfuß nicht niedriger als 5 v. H. sein.

Macht der Grundstückseigentümer und Ausgeber von seinem Heimfallanspruch oder seinem Vorkaufsrecht Gebrauch, so hat er dem Heimstätter eine Vergütung für das Erbbaurecht in Höhe von zwei Dritteilen des gemeinen Wertes des Erbbaurechtes zur Zeit der Übertragung zu gewähren. Der Wert des Erbbaurechtes bestimmt sich nach § 19 der Erbbaurechtsverordnung. § 15 des Reichsheimstättengesetzes findet in diesem Falle keine Anwendung.

Einigen sich beide Parteien auf Grund dieser Bestimmungen über die Höhe der Entschädigung nicht, so erfolgt die Festsetzung durch ein Schiedsgericht, bestehend aus je einem von beiden Teilen ernannten Sachverständigen und einem von diesem gewählten Obmann. Kommt eine der beiden Parteien mit der Ernennung eines Sachverständigen in Verzug, oder einigen sich beide Sachverständige nicht über die Person des Obmanns, so erfolgt die Ernennung auf Antrag eines der beiden Vertragsteile durch den Vorsitzenden des Verbandes der sächsischen gemeinnützigen Bauvereinigungen.

Im übrigen gelten für das Schiedsgericht und das schiedsrichterliche Verfahren die Bestimmungen der §§ 1025 ff. ZPO.

Die vorstehenden Vereinbarungen gehören zum Inhalt des Erbbaurechtes.

Dem Grundstückseigentümer bleibt das Recht aus § 27 Abs. 3 der Erbbaurechtsverordnung vom 15. Januar 1919 vorbehalten.

§ 17. Zu jeder Belastung des Erbbaurechtes mit einer Hypothek, Grund- und Rentenschuld oder einer Reallast sowie zu jeder Änderung dieser Rechte, die eine weitere Belastung des Erbbaurechtes enthält, ist die Zustimmung des Grundstückseigentümers erforderlich. § 17 des Reichsheimstättengesetzes gilt für diese Belastungen entsprechend.

Diese Vereinbarung gehört zum Inhalt des Erbbaurechtes.

Der Heimstätter verpflichtet sich, soweit eine Hypothek, Grundschuld oder Rentenschuld ganz oder teilweise getilgt wird und sich dadurch mit dem Erbbaurecht in einer Person vereinigt bezw. nach dem Gesetz bereits von selbst erlischt, die Löschung des Rechtes im Grundbuche herbeizuführen. Der Anspruch des Grundstückseigentümers auf diese Löschung ist im Grundbuche durch Vormerkung zu sichern.

§ 18. Ist das Erbbaurecht zur Zeit der Beendigung zugunsten dritter Personen dinglich belastet, so wird die Entschädigungssumme an den Erbbauberechtigten nur nach schriftlicher Einverständniserklärung dieser Drittberechtigten ausgezahlt. Ist diese nicht zu erhalten oder ergeben sich Zweifel über die Empfangsberechtigung, so hinterlegt der Grundstückseigentümer die Entschädigungssumme bei der Chemnitzer Giro-Bank zugunsten sämtlicher Beteiligter. Soweit im Falle der Rückübertragung Belastungen der bezeichneten Art ihm gegenüber wirksam bleiben, bringt er deren Wert in Abzug und hinterlegt erforderlichenfalls nur den Rest für die übrigen Berechtigten.

Der Grundstückseigentümer teilt die Hinterlegung allen ihm bekannten Berechtigten mittels eingeschriebener Briefe mit. Den Berechtigten stehen an dem hinterlegten Betrage dieselben Rechte zu, die ihnen im Falle des Erlöschens ihrer Rechte durch Zwangsversteigerung an dem Erlöse zustehen würden.

§ 19. Ergibt das Zergliederungsverfahren für das in § 1 dieses Vertrages vorläufig mit Nr. .... bezeichnete Flurstück eine andere Nummerbezeichnung oder geringe Abweichungen hinsichtlich der Größe oder Grenzenführung, so sollen diese ebenfalls als vereinbart gelten.

§ 20. Alle durch diesen Vertrag und seine Ausführung jetzt und in Zukunft entstehenden Kosten, Grunderwerbssteuern, Stempelgebühren trägt der Heimstätter, soweit nicht nach § 36 des Reichsheimstättengesetzes Gebühren-, Stempel- und Steuerfreiheit besteht.

Die Vertragschließenden bewilligen und beantragen nunmehr:

1. auf dem Grundbuchblatt .... des Grundbuchs für Gablenz einzutragen: .... ein Erbbaurecht nach Maßgabe dieses Vertrages für die Zeit vom Tage der Eintragung im Grundbuche bis zum 31. Dezember 2025;
2. für das bestellte Erbbaurecht ein besonderes Grundbuchblatt anzulegen, auf diesem einzutragen, daß für das Erbbaurecht die Bestimmungen dieses Vertrages gelten sollen, und auf diesem anzulegenden Grundbuchblatte folgende Belastungen einzutragen:

   I. in Abt. II:
   den .... als Erbbauberechtigten;

   II. in Abt. III:

   a) die Eigenschaft des Erbbaurechtes als Reichsheimstätte und die Chemnitzer Kriegersiedlung, gemeinnützige Gesellschaft mit beschränkter Haftung in Chemnitz, als Ausgeber;

b) eine Reallast zugunsten des jeweiligen Grundstückseigentümers auf Entrichtung eines Erbbauzinses, der vom .... ab in Höhe von .... GM jährlich, vom 1. Januar 1955 ab in Höhe von .... GM jährlich und vom 1. Januar 1975 ab in Höhe von .... GM jährlich zu entrichten ist;

c) eine Hypothek in Höhe von .... GM ... samt 4 v. H. Zinsen von 7000 GM und 6 v. H. Zinsen von .... GM seit dem .... für Darlehnsforderung der Chemnitzer Kriegersiedlung, gemeinnützige Gesellschaft mit beschränkter Haftung in Chemnitz, für die die Bestimmungen des § 4 dieses Vertrages gelten sollen — Erteilung eines Briefes soll ausgeschlossen sein —;

d) eine Sicherungshypothek für die Chemnitzer Kriegersiedlung, gemeinnützige Gesellschaft mit beschränkter Haftung, im Betrage von .... GM ... zur Sicherung aller übrigen der Gesellschaft aus diesem Vertrage gegen den Heimstätter zustehenden Ansprüche;

e) eine Vormerkung zugunsten der Chemnitzer Kriegersiedlung, gemeinnützige Gesellschaft mit beschränkter Haftung in Chemnitz, zur Sicherung ihres Anspruchs auf Löschung der unter c und d vermerkten Hypotheken, soweit sie sich mit dem Erbbaurechte in einer Person vereinigen sollten.

Das Recht unter II a hat den ersten Rang, die Rechte unter I und II b den Rang danach, die Rechte unter II c, d und e haben den Rang nach I und II b, unter sich aber den Rang nacheinander.

(Gerichtlich oder notariell beurkundet.)

III. Hypothek und Grundschuld.

Nr. 89a. Bestellung einer Hypothek.

Stempelfrei

nach Tarifnummer 14 I 3 d des Preußischen Stempelsteuergesetzes, da auf Grund dieser Urkunde von der Preußischen Landespfandbriefanstalt zu Berlin von der Reichssteuer befreite Pfandbriefe ausgegeben werden.

Berlin, den .... 19.....

Preußische Landespfandbriefanstalt.

Verhandelt zu ...., den .... 19.....

Vor dem unterzeichneten Richter — Rechtspfleger — Notar — .... erschien........ heute: ....

D.......... Erschienene/n ist — sind — dem Richter — Rechtspfleger — Notar — von Person bekannt — legitimierte/n sich durch Vorlegung ....

D.......... Erschienene/n erklärte/n — namens de.................. : .... bekenn........ als Gesamtschuldner —, von der Preußischen Landespfandbriefanstalt, Körperschaft des öffentlichen Rechts, zu Berlin W 8, Mohrenstraße 7/8, ein Darlehn in Höhe von

.... Goldmark

— in Worten .... Goldmark —

(eine Goldmark entsprechend dem Preise von $^1/_{2790}$ kg Feingold nach der Fünften Verordnung zur Durchführung des Gesetzes über wertbeständige Hypotheken vom 17. April 1924 — RGBl. I S. 415 —)

erhalten zu haben.

Für dieses Darlehn sind zwischen der Preußischen Landespfandbriefanstalt und mir — uns — folgende Vereinbarungen getroffen:

1. Auf das Darlehn ist vom .... ab eine ohne Rücksicht auf die stattfindende Tilgung und abgesehen von der jeweiligen Feststellung des Feingoldwertes stets gleichbleibende Jahreszahlung von .... v. H. zu leisten.

Von dieser Jahreszahlung werden

a) .... v. H. als Zinsen und b) .... v. H. als Tilgungsbeitrag

dergestalt verrechnet, daß das Darlehn durch den unter b genannten Beitrag zuzüglich der ersparten Zinsen unter halbjährlicher nachträglicher Verrechnung in .... Jahren vom .... 19..... ab getilgt ist. Bis zum .... 19..... werden die Leistungen ausschließlich auf Zinsen verrechnet.

Die Jahreszahlungen sind in zwei halbjährlichen Raten zu entrichten, und zwar für die Zeit vom 1. Januar bis 30. Juni immer bis zum 15. .... und für die Zeit vom 1. Juli bis 31. Dezember immer bis zum 15. .... jeden Jahres.

2. Werden die Halbjahresleistungen oder die sonstigen Leistungen aus dieser Urkunde nicht innerhalb fünf Tagen nach Fälligkeit gezahlt, so erhöht sich der Darlehnszinsfuß für die Dauer des Verzuges um 1 v. H. vom Tage der Fälligkeit an. Als persönliche Schuldverbindlichkeit bleibt die Geltendmachung eines weiteren Verzugsschadens vorbehalten, insbesondere eines Verlustes infolge etwaiger Veränderungen des Londoner Goldpreises oder der Berliner Börsennotiz für das englische Pfund.

3. Der Grundstückseigentümer ist nicht befugt, das Darlehn vor Ablauf von fünf Jahren, gerechnet vom Tage der Abrechnung des Darlehns ab, zurückzuzahlen. Der Rückzahlung hat mindestens sechs Monate vorher eine schriftliche Kündigung vorauszugehen, die nur zum letzten Werktage eines Kalendervierteljahres zulässig ist. Vor Ablauf von fünf Jahren kann das Darlehn ganz oder teilweise nur mit ausdrücklicher Zustimmung der Gläubigerin zurückgezahlt werden; in diesem Falle sowie überhaupt in allen Fällen, in denen das Darlehn aus irgendeinem Grunde vor Ablauf von fünf Jahren zur Rückzahlung kommt, ist der Gläubigerin ½ v. H. vom Nennbetrag des Darlehns ohne Berücksichtigung einer inzwischen eingetretenen Tilgung für jedes Jahr der früheren Fälligkeit als Entschädigung zu zahlen.

Der jeweiligen Restforderung der Gläubigerin steht der Vorrang vor allen durch die regelmäßigen oder außerordentlichen Rückzahlungen getilgten Teilen zu, gleichviel ob hierüber eine Löschungsquittung erteilt worden ist oder nicht.

4. Sämtliche aus dieser Urkunde zu leistenden Zahlungen haben in deutscher Reichswährung zu erfolgen. Ihr Geldbetrag wird nach dem Preise des Feingoldes berechnet, der maßgebend ist

a) bezüglich der nach Ziff. 1 zu leistenden Zahlungen für den letzten Tag des dem jeweiligen Fälligkeitstermin vorhergehenden Monats,
b) bezüglich der Kapitalrückzahlungen einschließlich der Rückzahlungsentschädigungen und der jeweiligen Verzugs- und Schlußzinsen für den Tag, an welchem der auf Grund einer vorläufigen Forderungsberechnung festgestellte Rückzahlungsbetrag bei der Gläubigerin eingeht.

Die Umrechnung findet nach den gesetzlichen Bestimmungen statt. Sobald an der Berliner Börse eine amtliche Notierung für Feingold erfolgt, ist mangels anderweitiger gesetzlicher Bestimmungen die Notiz der oben zu a und b bezeichneten Tage oder, wenn eine solche Notiz an dem betreffenden Tage nicht stattgefunden hat, die des letzten vorhergegangenen Börsentages maßgebend; dabei wird, solange die Reichsmark nicht mehr als 1 v. H. von der Goldparität (1 Gramm Feingold = 2,79 Goldmark) abweicht, eine Goldmark mit einer Reichsmark bewertet.

5. Die Gläubigerin kann das Darlehn außer in den gesetzlich vorgeschriebenen Fällen mit einer Frist von einem Monat kündigen:

a) wenn der Schuldner seinen vertragsmäßigen Verpflichtungen trotz Aufforderung innerhalb der festgesetzten Frist nicht nachkommt oder die sonstigen Bedingungen für die Darlehnshingabe, insbesondere die Beschaffung der geforderten Beleihungsunterlagen, nicht oder nicht fristgerecht erfüllt;
b) wenn dem Darlehn nicht binnen drei Monaten nach der Eintragung die vereinbarte erste Rangstelle im Grundbuche verschafft ist;

c) wenn die in den vorgelegten Prüfungsunterlagen enthaltenen Angaben sich als unzutreffend erweisen oder wenn sich herausstellt, daß das Darlehn nicht innerhalb der nach der Satzung der Gläubigerin zulässigen Beleihungsgrenze steht;

d) wenn die verpfändeten Gebäude nicht zum jederzeitigen vollen Wert versichert sind, der Gläubigerin die Police nicht vorgelegt oder ein Hypothekensicherungsschein nicht übergeben wird;

e) wenn das verpfändete Grundstück ganz oder teilweise unter Zwangsverwaltung oder Zwangsversteigerung gestellt wird oder ein solches Verfahren eingeleitet, oder wenn die Rechtsgültigkeit oder der Rang der Hypothek bestritten wird;

f) wenn der Schuldner oder bei mehreren auch nur einer in Konkurs gerät, die Zahlungen einstellt oder das Eigentum an dem Grundstück gemäß § 928 BGB. aufgibt;

g) wenn die Gläubigerin nach Zusage des Darlehns von einer Verschlechterung der wirtschaftlichen Verhältnisse des Schuldners Kenntnis erhält;

h) wenn ohne Bewilligung der Gläubigerin erhebliche bauliche Veränderungen an den beliehenen Gebäuden vorgenommen werden; darüber, ob Veränderungen als erheblich anzusehen sind, entscheidet die Gläubigerin nach dem Gutachten ihres Sachverständigen;

i) wenn der Grundstückseigentümer die ihm von der Gläubigerin gesetzte Frist zur Vornahme derjenigen Ausbesserungen fruchtlos verstreichen läßt, die nach dem Gutachten des Sachverständigen der Gläubigerin notwendig sind, um die beliehenen Gebäude in ordnungsmäßigem Zustande zu erhalten oder in einen solchen Zustand zu versetzen;

k) wenn der Erwerber des Pfandgrundstücks die Schuld nicht durch Vertrag mit dem Veräußerer übernimmt oder der Veräußerer nicht die Mitteilung macht, durch welche die Gläubigerin in die Lage gesetzt wird, den Erwerber als persönlichen Schuldner aufzunehmen (§ 416 BGB.), oder wenn die Gläubigerin die Schuldübernahme nicht genehmigt;

l) wenn bei einer teilweisen Veräußerung oder Aufteilung des Pfandobjektes unter mehrere Eigentümer nicht wegen Regelung der Hypothek ein Abkommen mit der Gläubigerin getroffen wird;

m) wenn mit Rücksicht auf die allgemeinen wirtschaftlichen Verhältnisse, insbesondere die Währungsverhältnisse, eine Änderung der allgemeinen Darlehnsbestimmungen der Anstalt erfolgt.

Bei Gefahr im Verzuge kann die Gläubigerin in allen Fällen a bis m das Darlehn sofort zurückfordern. Darüber, ob Gefahr im Verzuge ist, entscheidet im Streitfalle der Verwaltungsrat der Gläubigerin unter Ausschluß des Rechtsweges. Das Kündigungsrecht besteht bei Fortdauer des zur Kündigung berechtigenden Zustandes im Falle der Nichtausübung so lange fort, bis ausdrücklich darauf verzichtet ist. Der Verzicht steht der Ausübung des Kündigungsrechts bei Eintritt eines neuen Kündigungsfalles nicht entgegen.

Der Gläubigerin stehen die gleichen Kündigungsrechte zu, wenn die Hypothek durch Zwischenkredit erst teilweise valutiert ist.

Erfolgt dem jeweiligen Grundstückseigentümer gegenüber eine Kündigung oder Mahnung ohne Vorlegung des Hypothekenbriefes, so ist derselbe nicht berechtigt, aus diesem Grunde die Kündigung oder Mahnung zurückzuweisen.

6. Der Schuldner hat die Gebäude, auf welche sich die Hypothek erstreckt, bei einer der Gläubigerin genehmen Feuerversicherungsgesellschaft zum jederzeitigen vollen Wert zu versichern und versichert zu halten. Der Schuldner ist verpflichtet, der Gläubigerin jederzeit auf Verlangen den Nachweis über die Erfüllung der Versicherungspflicht zu erbringen. Die Versicherung darf nur mit Einverständnis der Gläubigerin aufgehoben werden. Der Schuldner hat der Gläubigerin einen Hypothekensicherungsschein der Versicherungsgesellschaft beizubringen. Ist die Aufhebung der Versicherung erfolgt oder steht diese bevor, so steht der Gläubigerin das Recht zu, die Versicherung in ihrem Interesse auf Kosten des Schuldners fortzusetzen, zu erneuern oder auch anderweit in Deckung zu geben.

7. Der Schuldner ist verpflichtet, bauliche Veränderungen an den beliehenen Gebäuden jedesmal vor dem Beginn der Arbeiten der Gläubigerin mitzuteilen, derselben auch jederzeit Auskunft über den Wert und den Ertrag des Grundstückes zu geben und die Besichtigung des Grundstückes durch Beauftragte der Gläubigerin zu gestatten. Er hat der Gläubigerin auf Erfordern die den Gegenstand der Beleihung betreffenden Kauf- und Mietverträge vorzulegen.

8. Für alle aus dieser Urkunde entstehenden Verpflichtungen ist Erfüllungsort der Sitz der Gläubigerin.

Als Gerichtsstand gilt, soweit nicht ein ausschließlicher begründet ist, Berlin als vereinbart.

9. .... unterwerf... wegen aller Ansprüche an Kapital, Zinsen, Tilgungsbeiträgen und sonstigen auf Grund dieser Schuldurkunde zu entrichtenden Leistungen der sofortigen Zwangsvollstreckung aus dieser Urkunde sowohl in .... persönliches Vermögen als auch in das Pfandgrundstück, und zwar in der Weise, daß die sofortige Zwangsvollstreckung gegen den jeweiligen Eigentümer des Grundstückes zulässig sein soll. Die Zwangsvollstreckungsklausel soll der Gläubigerin auf ihren Antrag ohne den urkundlichen Nachweis derjenigen Tatsachen erteilt werden, von deren Eintritt die Fälligkeit der Forderung abhängt.

Für die Darlehnsforderung nebst Zinsen und Nebenleistungen w......rd......... der Gläubigerin mit de...... im Grundbuche von .... Band .... Blatt .... eingetragenen Grundstück .... Hypothek......... bestellt und versprochen, ihr die erste hypothekarische Rangstelle .... vor Auszahlung des Darlehns zu beschaffen. Auch dürfen der Eintragung Belastungen in Abteilung II ohne ausdrückliche Genehmigung der Gläubigerin nicht vorgehen.

.... bewillige...... und beantrage...... — zunächst zur bereitesten Stelle — in das Grundbuch einzutragen:

a) die Hypothek...... und die Unterwerfung unter die sofortige Zwangsvollstreckung mit folgender Fassung:

.... Goldmark

(eine Goldmark entsprechend dem Preise von $^1/_{2790}$ kg Feingold nach der Fünften Verordnung zur Durchführung des Gesetzes über wertbeständige Hypotheken vom 17. April 1924)

Darlehn, für das jährlich .... v. H., unter Umständen .... v. H. Zinsen und .... v. H. Tilgung zu entrichten sind. Bei Rückzahlung des Darlehns vor Ablauf von fünf Jahren seit seiner Hingabe ist eine Vergütung von ½ v. H. des ursprünglichen Darlehns für jedes Jahr der früheren Fälligkeit zu zahlen. Die sofortige Zwangsvollstreckung gegen den jeweiligen Grundstückseigentümer ist zulässig.

Eingetragen für die Preußische Landespfandbriefanstalt, Berlin W 8, Mohrenstraße 7/8, unter Bezugnahme auf die Bewilligung vom ....;

b) unter Übernahme einer entsprechenden Verpflichtung eine Vormerkung zur Sicherung des Anspruchs auf Löschung der einzutragenden Hypothek...... — und der Post Abteilung III Nr. .... —, wenn und soweit sich diese mit dem Eigentum am Grundstück in einer Person vereinig......, zugunsten der Preußischen Landespfandbriefanstalt in Berlin.

Der Hypothekenbrief, dessen Bildung bewilligt wird, ist der Gläubigerin auszuhändigen.

Sämtliche entstehenden Kosten mit Ausnahme der durch die Eintragungen im Grundbuche und die Bildung des Hypothekenbriefes entstehenden Gebühren werden vom Grundstückseigentümer übernommen.

Es wird beantragt, eine einfache Ausfertigung dieser Verhandlung für das Grundbuchamt zwecks Verbindung mit dem Hypothekenbrief und eine vollstreckbare Ausfertigung für die Gläubigerin zu erteilen.

Vorstehendes Protokoll ist d...... Erschienenen in Gegenwart des Richters — Rechtspflegers — Notars — vorgelesen, von de...... Beteiligten genehmigt und von ih......... eigenhändig wie folgt unterschrieben worden:

Nr. 89b. Teilgrundschuldbrief.

Jetzt gültig
auf 1300 Goldmark
Berlin-Schöneberg, den 10. November 1928.
Seck. Bumke.

(Preußischer Adler.)

Preußischer Teilgrundschuldbrief

über

:::5200::: Mark Teilbetrag der in dem Grundbuche von Berlin-Friedenau Band 99 Blatt Nr. 2993 Abteilung III Nr. 3 eingetragenen :::42000::: Mark.

Der bisherige Brief über die Grundschuld von 42 000 Mark lautet wie folgt:

Noch gültig auf 4160 Mark.

Berlin-Schöneberg, den 16. Juli 1914. (gez.) Krantz.

Preußischer Grundschuldbrief

über die in dem Grundbuche von Berlin-Friedenau, Kreis Teltow, Band 99 Blatt Nr. 2993 Abt. III Nr. 3 eingetragenen 42 000 Mark.

Inhalt der Eintragung.

Nr. 3: 42 000 — zweiundvierzigtausend — Mark Grundschuld mit 4½ v. H. jährlich verzinslich für die Wohnungsbau-Genossenschaft Friedenau, eingetragene Genossenschaft mit beschränkter Haftpflicht in Berlin-Friedenau.

Unter Bezugnahme auf die Bewilligung vom 3. eingetragen am 6. Juli 1914.

Belastetes Grundstück:

der im Bestandsverzeichnis unter Nr. 1 verzeichnete, in der Gemarkung Berlin-Friedenau belegene Hofraum Waldstraße Kartenblatt 3 Parzelle 4038/172 usw., Größe 16 a 69 qm.

Eigentümer:

Wohnungsbau-Genossenschaft Friedenau, eingetragene Genossenschaft mit beschränkter Haftpflicht in Berlin-Friedenau.

Vorgehende oder gleichstehende Eintragungen:

Abteilung II:
Keine.

Abteilung III:
Nr. 1: 95 000 — fünfundneunzigtausend — Mark,
Nr. 2: 22 000 — zweiundzwanzigtausend — Mark,
im Range vorgehend.

Berlin-Schöneberg, den 6. Juli 1914.

Amtsgericht Berlin-Schöneberg, Abteilung 12.

(L. S.) (gez.) Krantz.

Die vorstehende Abschrift stimmt mit der Urschrift überein.

Von den 42 000 Mark sind dem Rechnungsrat Waldemar Altmann in Berlin-Friedenau 5200 — fünftausendzweihundert — Mark im gleichen Range mit dem Reste nebst den Zinsen seit dem 1. Juli 1914 abgetreten.

Die Abtretung ist im Grundbuche eingetragen.

Über die 5200 Mark ist dieser Teilgrundschuldbrief hergestellt worden.

Die Herstellung ist auf dem bisherigen Briefe vermerkt.

Berlin-Schöneberg, den 16. Juli 1914.

Amtsgericht Berlin-Schöneberg, Abteilung 12.

Engel. Bluhn.

Vorstehender Teilgrundschuldbrief ist abgetreten mit den Zinsen vom 1. Januar 1922 an den Oberbaurat Adolf Neuhaus in Berlin-Friedenau.

Dies ist im Grundbuch eingetragen.

Berlin-Schöneberg, den 10. November 1928.

Amtsgericht, Grundbuchamt.
Seck. Bumke.

Vorstehende dem Oberbaurat Adolf Neuhaus in Berlin-Friedenau zustehende Teilgrundschuld von 5200 Mark ist auf Grund des Aufwertungsgesetzes vom 16. Juli 1925 aufgewertet auf 1300 — eintausenddreihundert — Goldmark.

Dies ist im Grundbuch eingetragen.

Berlin-Schöneberg, den 10. November 1928.

Amtsgericht, Grundbuchamt.
Seck. Bumke.

Vor den Rechten

Nr. 2 von 22 000 Mark,	Nr. 3 von 4160 Mark,	Nr. 3 von 4800 Mark,
Nr. 3 von 4800 Mark,	Nr. 3 von 4800 Mark,	Nr. 3 von 5440 Mark,
Nr. 3 von 6880 Mark,	Nr. 3 von 5920 Mark,	Nr. 3 von 1300 Goldmark,

zu welchen vorstehende Post gehört, steht der Hypothek Nr. 5 von 8000 Goldmark, mindestens aber 8000 Reichsmark nebst 8½, evtl. 10½ v. H. Zinsen gemäß § 7 des Aufwertungsgesetzes vom 16. Juli 1925 der Vorrang zu.

Dies ist im Grundbuch eingetragen.

Berlin-Schöneberg, den 12. November 1929.

Amtsgericht, Grundbuchamt.
Seck. Bumke.

Vor den Rechten

Nr. 2 von 22 000 Mark,	Nr. 3 von 4160 Mark,	Nr. 3 von 4800 Mark,
Nr. 3 von 4800 Mark,	Nr. 3 von 4800 Mark,	Nr. 3 von 5440 Mark,
Nr. 3 von 6880 Mark,	Nr. 3 von 5920 Mark,	Nr. 3 von 1300 Goldmark,

zu welchen vorstehende Post gehört, hat die Hypothek Nr. 6 von 3000 Goldmark gemäß § 7 des Aufwertungsgesetzes vom 16. Juli 1925 den Vorrang.

Dies ist im Grundbuch eingetragen.

Berlin-Schöneberg, den 18. November 1929.

Amtsgericht, Grundbuchamt.
Seck. Bumke.

Bei den Posten

Nr. 5 von 8000 Goldmark, mindestens aber 8000 Reichsmark, Nr. 2 von 22000 Mark, Nr. 3 von 4160 Mark, von 4800 Mark, von 4800 Mark, von 4800 Mark, von 5440 Mark, von 6880 Mark, von 5920 Mark, von 1300 Goldmark,

zu welchen vorstehende Post gehört, wird die Eintragung vom 12. November 1929 dahin berichtigt, daß die Zinsen und Nebenleistungen der Hypothek Nr. 5 von 8000 Goldmark, mindestens 8000 Reichsmark, nur insoweit den Posten Nr. 2 und 3 vorgehen, als sie den Betrag von 10 v. H. jährlich nicht übersteigen.

Dies ist im Grundbuch eingetragen.

Berlin-Schöneberg, den 17. Januar 1930.

Amtsgericht, Grundbuchamt.
Seck. Bumke.

IV. Erwerb und Verlust des Eigentums an beweglichen Sachen.

Nr. 90. Klauseln über Eigentumserwerb und -verlust.

„Fakturierte Waren gelten nach Bezahlung als dem Besteller übereignet; der Lieferer ist von da ab Verwahrer der Waren für den Besteller. Die Waren müssen unter den übrigen Beständen besonders als dem Besteller gehörend kenntlich gemacht werden." *)

*) Allgemeine Bedingungen, aufgestellt vom Verein Deutscher Maschinenbauanstalten und dem Verband Deutscher Exporteure.

„Ausgebaute Teile bleiben Eigentum der Firma. Hinsichtlich aller neueingebauten Teile ist vereinbart, daß der Käufer das Eigentum auf die Firma überträgt und die Übergabe durch das Verwahrungsverhältnis, das er hierdurch vereinbart, ersetzt." *)

*) Im Automobil-Abzahlungsgeschäft häufige Klausel.

Der Lieferant behält sich das Eigentum an den gelieferten Rohstoffen vor und macht aus, „daß das Eigentum an den aus ihnen hergestellten Halb- oder Fertigfabrikaten mit ihrer Entstehung auf den Lieferanten übergehen soll, daß aber der Fabrikant sie für den Lieferanten in Verwahrung zu nehmen hat und im ordnungsmäßigen Geschäftsbetrieb veräußern darf, um die Kredite abzutragen".

Nr. 91. Sicherungsübereignung eines Warenlagers.

Zwischen dem Kaufmann Walter Knapp in Berlin, Müllerstraße 12 (im folgenden Schuldner genannt), und dem Bankier Kurt Krüger in Berlin, Leipziger Straße 53 (im folgenden Gläubiger genannt), wird folgendes vereinbart:

§ 1. Der Schuldner bekennt, von dem Gläubiger ein bares Darlehen von 5000 RM (in Buchstaben: fünftausend Reichsmark) heute erhalten zu haben, das am 1. Februar 1932 fällig ist. Das Kapital ist mit 8 v. H. jährlich zu verzinsen, wozu noch eine Risikoprämie von 4 v. H. jährlich tritt; die Zinsen und die Risikoprämie sind jeweils während der ersten drei Tage des Vierteljahrs im voraus zu zahlen. Bleibt der Schuldner mit einer Zahlung länger als drei Tage im Rückstand, so ist sofort das gesamte Kapital fällig.

§ 2. Zur Sicherung des Gläubigers übereignet ihm der Schuldner das Warenlager, dessen Bestandteile sich im einzelnen aus der diesem Vertrage beigefügten Anlage *) ergeben.
Der Schuldner versichert, daß diese sämtlichen Gegenstände in seinem uneingeschränkten Eigentum stehen. An den unter Nr. 3, 4 und 5 der Anlage bezeichneten Gegenständen hat sich jedoch der Verkäufer das Eigentum vorbehalten; der Schuldner verpflichtet sich, die nach den vorgelegten Rechnungen noch geschuldeten letzten 10 v. H. des Kaufpreises innerhalb eines Monats an den Verkäufer zu bezahlen. Schon jetzt überträgt der Schuldner dem Gläubiger sein Anwartschaftsrecht an diesen Gegenständen.

*) Nicht abgedruckt.

§ 3. Der Gläubiger überläßt die in § 2 bezeichneten Gegenstände dem Schuldner zur Verwahrung und Verwaltung; hierdurch wird die Übergabe ersetzt. Der Schuldner verpflichtet sich, die Gegenstände sorgfältig zu verwahren und in ordnungsmäßigem Zustand zu erhalten, sie gegen Feuer und Einbruchsdiebstahl versichert zu halten, die Versicherungsgesellschaften von der erfolgten Übereignung sofort zu verständigen und dem Gläubiger auf Verlangen die Quittungen über die gezahlten Versicherungsprämien vorzulegen. Der Schuldner hat dem Gläubiger von jedem Wohnungswechsel sowie einer etwaigen Pfändung der Gegenstände unverzüglich Mitteilung zu machen und alle Kosten zu ersetzen, die durch Geltendmachung seines Eigentumsrechts gegenüber Dritten etwa erwachsen.

§ 4. Der Schuldner ist befugt, über die einzelnen Sachen des Warenlagers im Rahmen des ordnungsmäßigen Geschäftsganges zu verfügen; nicht zum ordnungsmäßigen Geschäftsgang gehören Verpfändungen und Sicherungsübereignungen.

§ 5. Der Schuldner ist verpflichtet, ausscheidende Waren alsbald durch gleichwertige neue zu ersetzen und über den Zugang genau Buch zu führen. Die neuerworbenen unbelasteten

Waren übereignet der Schuldner dem Gläubiger, indem er ihm die Faktura über diese Waren mit folgendem Vermerk übersendet:

> „Zur Sicherung der Herrn Krüger gegen mich zustehenden Forderungen übereigne ich ihm die umstehend bezeichneten Waren, wobei die Übergabe durch Abschluß eines Verwahrungsvertrages ersetzt wird. Ich gebe diese Erklärungen im eigenen Namen und als Bevollmächtigter des Bankiers Krüger ab."

Er hat dem Warenlager nur solche Sachen einzuverleiben, an denen ihm unbelastetes Eigentum zusteht, und andere (insbesondere solche, die ihm unter Eigentumsvorbehalt geliefert worden sind) in ein auch räumlich getrenntes Sonderlager aufzunehmen.

§ 6. Erfüllt der Schuldner eine seiner Verpflichtungen nicht, so darf der Gläubiger Herausgabe der Sache verlangen. Die herausgegebenen Gegenstände darf der Gläubiger freihändig veräußern oder nach seiner Wahl öffentlich nach den Bestimmungen der §§ 1228 ff. BGB. über den Pfandverkauf veräußern, ohne daß es einer Androhung bedarf.

§ 7. Sobald Haupt- und Nebenforderung des Gläubigers erfüllt sind, ist dieser verpflichtet, das Eigentum an den ihm zur Sicherung übereigneten Gegenständen auf den Schuldner zurückzuübertragen.

§ 8. (Kosten und Stempel). . . . [Nicht abgedruckt.]

(Datum und Unterschriften.)

V. Pfandrecht an beweglichen Sachen und Rechten.

Nr. 92. Pfandschein.*)

Hans Schultz, Pfandleihe, Berlin N, Vinetastraße 62.

Pfandgegenstände sind gegen Feuer und Einbruchdiebstahl versichert, Kosten trägt Verpfänder.

Pfandschein Nr. ....

Berlin N 58, den 1931

Das Darlehn ist fällig: 1931

Legitimation: ....

Besondere Kennzeichen: ....

Das Pfand ist versichert mit RM ....

Darlehn auf 2 Monate RM ...., in Worten: RM ....

Betrag der monatlichen Darlehnsgebühr .... Pfg.

Nach § 1 des Pfandleihgesetzes vom 17. März 1881 sind die Zinsen auch bei früherer Einlösung für mindestens 2 Monate zu bezahlen.

Das Darlehen ist rückzahlbar entsprechend dem Werte am Tage der Hingabe.

Zur gefl. Beachtung! Dieser Pfandschein ist kein Handelsobjekt. Wer ihn beleiht oder kauft, tut dies auf eigenes Risiko. Weder aus der Darlehns- noch aus der Versicherungssumme kann ein Schluß auf den tatsächlichen Wert des Pfandobjektes gezogen werden.

(Unterschrift.)

Für Mottenschäden, Flecke, zersprungene Uhrgläser komme ich nicht auf.

*) Nur die Namen dieses (in Berlin gebräuchlichen) Vordrucks sind geändert.

Nr. 93. Pfandrecht der Bank.

Wertstücke, insbesondere Wertpapiere (auch Sammeldepotanteile), Wechsel und Schecks, Transportpapiere, Sorten, Zins- und Gewinnanteilscheine, Waren und Forderungen, welche aus irgendeinem Anlaß in den unmittelbaren oder mittelbaren Besitz oder die — sei es rechtliche, sei es tatsächliche — Verfügungsgewalt einer Niederlassung der Bank gelangt sind, dienen der Bank als Pfand zur Sicherheit für alle gegen den Kontoinhaber aus irgendeinem Anlaß begründeten Ansprüche jeder Art, auch wenn diese befristet oder bedingt sind. Dagegen sind die im Inland aufbewahrten ausländischen Wertpapiere, solange sie nicht deutsch versteuert sind, von jedem Pfand- oder Zurückbehaltungsrecht ausgenommen.

Die Bank kann bei Verzug des Schuldners, ohne daß es einer vorangegangenen Androhung oder der Innehaltung einer Frist bedarf, den Pfandverkauf jederzeit und an jedem ihr geeignet erscheinenden Ort vornehmen. §§ 1237 Satz 2, 1238 BGB. finden keine Anwendung. Der Kontoinhaber kann nicht nach § 1246 BGB. Abweichungen von der regelmäßigen Art des Pfandverkaufs verlangen.

Dieses Befriedigungsrecht steht der Bank sinngemäß auch hinsichtlich solcher Werte zu, die dem Kontoinhaber auf Sammeldepotkonto, Stückekonto oder in ähnlicher Form gutgeschrieben sind, sowie hinsichtlich der in ihren Besitz gelangten, mit einer ausgefüllten oder offenen Abtretung versehenen Kuxe.

Verpfändete Forderungen jeder Art, einschließlich der Grund- und Rentenschulden, darf die Bank nach Beendigung der Geschäftsverbindung ohne Mitwirkung oder Zustimmung des Verpfänders kündigen oder einziehen.*)

*) Aus den Allgemeinen Geschäftsbedingungen der Deutschen Bank und Disconto-Gesellschaft.

D. Familienrecht.

I. Ehe.

Nr. 94. Eheschließung.*)

Namslau, am ....neun und zwanzigsten .... März tausend neun hundert vier............

Vor dem unterzeichneten Standesbeamten erschienen heute zum Zwecke der Eheschließung:

1. der Dienstknecht Hermann Philipp Naumann,......... der Persönlichkeit nach............bekannt, geboren am ....elften Dezember............ des Jahres tausend ....achthundert sieben und siebenzig zu Schreibendorf, Kreis Brieg,............ Geburtsregister Nr. 315 des Standesamts in Schreibendorf, wohnhaft in Namslau............
2. die Dienstmagd Amalie Schmidt,............ der Persönlichkeit nach .... auf Grund ihres Gesindebuchs .... anerkannt, geboren am............ ....fünften Mai............ des Jahres tausend ....achthundert neun und siebenzig............ zu Brieg,............ Geburtsregister Nr. 210 des Standesamts in Brieg,............ wohnhaft in Halbendorf, Kreis Oppeln............

Als Zeugen waren zugezogen und erschienen:

3. der Kaufmann Wilhelm Grimm............, der Persönlichkeit nach .... bekannt,............ 42 Jahre alt, wohnhaft in Namslau............ der Kutscher Richard Schubert,............ der Persönlichkeit nach .... auf Grund seines Militärpasses............ anerkannt, 37 Jahre alt, wohnhaft in Halbendorf, Kreis Oppeln............

Durch das am 28. Dezember 1909 rechtskräftig gewordene Urteil des Landgerichts I in Berlin ist die Ehe zwischen dem Hermann Philipp Naumann und der Amalie Naumann, geborene Schmidt, geschieden worden.

Namslau, am 5. Januar 1910.

Der Standesbeamte.
N.

Die Übereinstimmung mit dem Hauptregister beglaubigt.

Namslau, 5. Januar 1910.

Der Standesbeamte.
N.

(Siegel.)

Beglaubigt.

Namslau, 11. Januar 1910.

Der Gerichtsschreiber des Amtsgerichts.
S.

Der Standesbeamte richtete an die Verlobten einzeln und nacheinander die Frage:
ob sie die Ehe miteinander eingehen wollen.

Die Verlobten bejahten diese Frage, und der Standesbeamte sprach hierauf aus, daß sie kraft des Bürgerlichen Gesetzbuches nunmehr rechtmäßig verbundene Eheleute seien.

Der Dienstknecht Naumann erklärte, daß er das von seiner Ehefrau am 23. Mai 1901 zu Breslau geborene Kind Eduard als das seinige anerkenne.

Vorgelesen, genehmigt und unterschrieben.

Hermann Philipp Naumann. Amalie Naumann, geborene Schmidt.
Wilhelm Grimm. Richard Schubert.

Der Standesbeamte.
N.

Die Übereinstimmung mit dem Hauptregister beglaubigt.

Namslau, am ....29. März............ 1904.

Der Standesbeamte.
N.

---

*) In Anlehnung an das amtliche Muster.

Nr. 95. Güterrechtsregister.

Bezeichnung der Ehegatten: Altmann, Heinrich Karl, Kaufmann in Berlin-Charlottenburg, Bismarckstraße 3, und Anna, geb. Scholz.

Nr. der Eintragung	Rechtsverhältnis	Bemerkungen
1	Die Verwaltung und Nutznießung des Mannes ist durch Urteil vom 1. März 1911 aufgehoben. (22 R 13/11 des LG. Bergstadt, Blatt 37.) 1. Mai 1911. Schreiber.	
2	Der Mann hat das Recht der Frau, innerhalb ihres häuslichen Wirkungskreises seine Geschäfte für ihn zu besorgen und ihn zu vertreten, ausgeschlossen. (Bl. d. A.) 15. Juni 1912. Schreiber.	
3	Die Verwaltung und Nutznießung des Mannes ist durch Urteil vom 1. April 1913 wiederhergestellt. (22 R 13/11 des LG. Bergstadt, Blatt 220.) 15. Juni 1913. Schreiber.	
4	Der Mann hat gegen den Geschäftsbetrieb der Frau Einspruch erhoben. (Bl. d. A.) 1. Juli 1914. Jung.	
5	Durch Vertrag vom 1. Juli 1923 ist allgemeine Gütergemeinschaft vereinbart unter Ausschließung der fortgesetzten Gütergemeinschaft. Dabei sind für Vorbehaltsgut der Frau erklärt: die für sie in dem Grundbuche von Halle a./S. Band 1 Blatt 50 Abteilung III Nr. 9 eingetragene Hypothek von 2000 Mark, ferner 5000 Mark 3½ prozentige Pfandbriefe der Preußischen Hypotheken-Aktienbank in Berlin Serie XIII Nr. 125 bis 129 zu je 1000 Mark. (Bl. d. A.) 1. Juli 1923. Jung.	
6	Zwecks Wiederholung der Eintragung beim Amtsgericht Lobau ist beglaubigte Abschrift erteilt. 1. Februar 1931. Neuhaus.	

(Die hier punktierten Stellen sind im Original rot unterstrichen.)

Nr. 96. Eheverträge.

Aus gerichtlich oder notariell beurkundeten Verträgen.
(Wegen des Eingangs und des Schlusses vgl. Nr. 9, 1.)

1.

Die Erschienenen schlossen folgenden Ehevertrag, nachdem sie erklärt hatten, die Ehe miteinander eingehen zu wollen:

§ 1. An dem gesamten aus der Anlage ersichtlichen Vermögen, das die Braut in die Ehe einbringt, sowie an allem Vermögen, das sie später erwirbt, soll die Verwaltung und Nutznießung des Ehemannes ausgeschlossen sein.

§ 2. . . .

2.

§ 1. Die Braut bringt in die Ehe: ein Barvermögen von 20 000 RM, das Grundstück Großbeerenstraße 74 in Berlin (eingetragen im Grundbuch des Amtsgerichtes Berlin-Tempelhof von der Tempelhofer Vorstadt Band 1 Blatt 34) sowie eine Darlehensforderung gegen ihre Schwester Erika Licht im Betrage von 6500 RM.

Das Grundstück wird zum Vorbehaltsgut erklärt.

§ 2. Die Verlobten setzen sich gegenseitig zu Erben ein. Im Falle der Wiederverheiratung des überlebenden Teils tritt Nacherbfolge ein.

§ 3. Die gemeinsamen Abkömmlinge sollen Nacherben sein.

§ 4. . . .

3.

Am 2. April 1930 haben wir für unsere Ehe die allgemeine Gütergemeinschaft vereinbart. Sie ist im Güterrechtsregister eingetragen worden. Wir heben diese Vereinbarung hiermit auf und beantragen eine entsprechende Eintragung im Güterrechtsregister.

Nr. 97. Zum ordentlichen gesetzlichen Güterstand.

1. Genehmigung des Ehemanns.

Hierauf erklärte der Erschienene zu 2:

Ich genehmige die von meiner Ehefrau, der Erschienenen zu 1, vorstehend abgegebenen Erklärungen.

Auch entsage ich der Berliner Hypothekenbank Aktiengesellschaft zu Berlin gegenüber meinem ehemännlichen Nießbrauchs- und Verwaltungsrechte an dem Vermögen meiner Ehefrau, verpflichte mich zur Duldung der Zwangsvollstreckung in dieses Vermögen, insbesondere in das mit der Hypothek belastete, oben näher bezeichnete Grundstück, und ermächtige die Gläubigerin, sich auf ihren alleinigen Antrag und ohne urkundlichen Nachweis der Fälligkeit ihrer Forderung jederzeit vollstreckbare Ausfertigungen dieser Verhandlung zum Zwecke der Duldung der Zwangsvollstreckung gegen mich erteilen zu lassen.*)

*) Formular der Berliner Hypothekenbank A.-G.

2. Zeitungsanzeige.

Warne jedermann, meiner Frau etwas zu borgen, da ich für nichts aufkomme.

Peter Zanker, Mannheim, Heidelberger Straße 7.

3. Ausschließung der Schlüsselgewalt.

An das Amtsgericht, hier.

Ich schließe das Recht meiner Frau Paula, geb. Treu, innerhalb ihres häuslichen Wirkungskreises meine Geschäfte zu führen und mich zu vertreten, aus, und beantrage die Eintragung in das Güterrechtsregister.

Fritz Streng, Zossen, Bahnhofstraße 7.

(Beglaubigungsvermerk wie Nr. 9, 2.)

II. Verwandtschaft.

Nr. 98. Geburtsurkunde mit drei Randvermerken.*)

Neuler (Oberamt Ellwangen), am 16. Februar 1901.

Vor dem unterzeichneten Standesbeamten erschien heute, der Persönlichkeit nach .... bekannt, der Taglöhner Franz Schmälzle, ...

Neuler (Oberamt Ellwangen), am 25. Oktober 1901.

Vor dem unterzeichneten Standesbeamten erschien heute, der Persönlichkeit nach bekannt, der Taglöhner

*) In Anlehnung an das amtliche Muster.

wohnhaft in Ramsenstruth (Oberamt Ellwangen).......... .... und zeigte an, daß von der unverehelichten Dienstmagd Apollonia Rosa Schmälzle,.. wohnhaft bei ihm, ... zu Ramsenstruth in seiner Wohnung .... am ....vierzehnten Februar........................... des Jahres tausend neunhundert und eins............................... ...., vormittags um zehn ein viertel.............. Uhr.............., ein Knabe... geboren worden sei und daß das Kind..................... einen Vornamen noch nicht erhalten habe. Der Taglöhner Schmälzle erklärte, daß er von der Niederkunft aus eigener Wissenschaft unterrichtet sei...

Vorgelesen, genehmigt und unterschrieben.

.......................Franz Schmälzle.........................

Der Standesbeamte.
N.

Franz Schmälzle, wohnhaft in Ramsenstruth (Oberamt Ellwangen), und zeigte an, daß dem nebenbezeichneten Kinde die Vornamen Franz Xaver beigelegt worden seien.

Vorgelesen, genehmigt
und unterschrieben.
Franz Schmälzle.
Der Standesbeamte. N.

Der Dienstknecht Peter Anton Kininger, wohnhaft in Aalen, Heidenheimer Straße 3, hat bei der im Heiratsregister des Standesamts Aalen von 1902 unter Nr. 103 beurkundeten Eheschließung mit der Apollonia Rosa Schmälzle das nebenbezeichnete Kind als das seinige anerkannt.

Neuler (Oberamt Ellwangen),
am 5. Juli 1902.
Der Standesbeamte. N.

Durch notariellen Vertrag vom 12. März 1903, gerichtlich bestätigt am 20. März 1903, hat der Selchermeister Philipp Aloys Waldhuber, wohnhaft in München, Isarthorplatz 3, das nebenbezeichnete Kind an Kindes Statt angenommen.

Das Kind führt fortan den Namen Waldhuber.

Neuler (Oberamt Ellwangen),
am 13. Oktober 1903.
Der Standesbeamte. N.

Nr. 99. Namengebung.

Das Amtsgericht. Köslin, den 3. Januar 1931.

Gegenwärtig:
Amtsgerichtsrat Guth als Richter.

Es erschienen:
1. der Justizwachtmeister Paul Scholz,
2. Frau Martha Scholz, geb. Kulicke,
beide aus Köslin, Uferweg 7.

Die Erschienenen sind dem Richter bekannt.

Paul Scholz erklärte:

Dem von meiner Frau Marie, geb. Mühler, am 5. Mai 1920 geborenen unehelichen Kinde Christine Mühler erteile ich hiermit meinen Namen.

Frau Scholz erklärte, ihre Bestallung als Vormünderin ihrer Tochter Christine vorlegend:

Ich gebe hiermit im eigenen Namen und im Namen meines von mir bevormundeten Kindes Christine meine Zustimmung zur Namenserteilung.

Wir beantragen die Übersendung einer Ausfertigung dieses Protokolls an das Standesamt Köslin.

Vorgelesen, genehmigt.
Guth, Amtsgerichtsrat.

Nr. 100. Anerkennung der Vaterschaft.

Das Amtsgericht Berlin-Tempelhof. Berlin, den 5. Mai 1929.

Gegenwärtig:

Amtsgerichtsrat Guth als Richter.

In der Vormundschaft über die am 2. Januar 1929 geborene Christine Schill in Berlin, Tempelhofer Straße 3, erschienen:

1. der Stadtvormund Paul vom Jugendamt Kreuzberg,
2. der Droschkenchauffeur Karl Leicht, 23 Jahre alt, wohnhaft in Berlin, Tempelhofer Straße 2.

Der Erschienene Paul ist dem Richter bekannt.

Die Persönlichkeit des Leicht wurde durch Vorlegung eines vom Polizeipräsidenten zu Berlin (63. Polizeirevier, Nr. 1163) ausgestellten Reisepasses festgestellt.

Leicht erklärte:

Ich erkenne an, der Vater des von der Martha Schill in Berlin, Tempelhofer Straße 3, am 2. Januar 1929 geborenen unehelichen Kindes namens Christine Schill zu sein und als solcher kraft Gesetzes verpflichtet zu sein, für das Kind den der Lebensstellung der Mutter entsprechenden Unterhalt zu gewähren.

Demgemäß verpflichte ich mich, dem Kinde von seiner Geburt bis zur Vollendung seines sechzehnten Lebensjahres als Unterhalt eine im voraus zu entrichtende Geldrente von vierteljährlich 105 RM — und zwar die rückständigen Beträge mit 175 RM sofort, die künftig fällig werdenden am 1. Januar, 1. April, 1. Juli und 1. Oktober eines jeden Jahres — zu zahlen und die Kosten dieser Verhandlung zu tragen.

Wegen der Erfüllung dieser Verbindlichkeit unterwerfe ich mich der sofortigen Zwangsvollstreckung aus dieser Urkunde.

Der Vormund erklärte:

Ich bitte, mir eine vollstreckbare Ausfertigung dieses Protokolls zu erteilen.

Vorgelesen, genehmigt, geschlossen.

Guth.

Nr. 101. Annahme an Kindes Statt.

a) Adoptionsvertrag.*)

Verhandelt: Berlin, den 3. Februar 1931.

Vor dem unterzeichneten, zu Berlin, Friedrichstraße 3, wohnhaften Notar im Bezirke des Kammergerichts Dr. Hans Welse erschienen heute:

1. der Klempnermeister Paul Kunst,
2. dessen Ehefrau Sabine, geb. Klein,
3. der Stadtvormund Wagner.

Der Erschienene zu 3 ist dem Notar von Person bekannt.

Die Erschienenen zu 1 und 2 legitimierten sich durch .... Hierdurch erlangte der Notar Gewißheit über die Persönlichkeit der Erschienenen zu 1 und 2.

Die Erschienenen erklärten:

Für das Kind Günther Horn, geboren am 2. Januar 1929, ist der Erschienene zu 3 Vormund. Die Vormundschaft wird beim Amtsgericht Berlin-Tempelhof unter dem Aktenzeichen ...... geführt. Die Eheleute Kunst haben dieses Kind seit dem 1. Januar 1930 in Erziehung und Pflege genommen. Sie sind miteinander seit 5. März 1915 verheiratet, und zwar beide in erster Ehe; Kinder sind aus dieser Ehe nicht hervorgegangen. Auch legitimierte oder sonst gleichstehende Kinder sind nicht vorhanden. Die Richtigkeit dieser Angaben versichern die Eheleute Kunst an Eides Statt, nachdem sie über die Bedeutung einer solchen Versicherung belehrt worden sind.

---

*) In Anlehnung an einen bei den Adoptionen, die das Landesjugendamt Berlin vermittelt, häufig verwendeten Mustervertrag.

Der Ehemann Kunst ist am 10. Juli 1876 in Breslau geboren. Die Ehefrau ist am 5. September 1880 zu Breslau geboren. Beide sind katholischer Konfession und besitzen die preußische Staatsangehörigkeit.

Sodann schließen die Erschienenen, und zwar der Erschienene zu 3 als gesetzlicher Vertreter des genannten Kindes, folgenden

Adoptionsvertrag,

zu dem die Erschienenen zu 1 und 2 sich gegenseitig ihre Zustimmung erteilen:

§ 1. Die Erschienenen zu 1 und 2, die Eheleute Kunst, nehmen das am 2. Januar 1929 zu Berlin geborene Kind Günther Horn als gemeinschaftliches Kind an Kindes Statt an.

§ 2. Das Kind soll hinfort nur den Familiennamen Kunst führen, ohne seinen bisherigen Familiennamen hinzufügen zu dürfen.

§ 3. Im übrigen bleibt es bei den gesetzlichen Wirkungen der Annahme an Kindes Statt.

§ 4. Der Erschienene zu 3 beantragt als gesetzlicher Vertreter des Kindes, den Vertrag vormundschaftsgerichtlich zu genehmigen. Die Eheleute Kunst beauftragen den Notar, für sie in allen Fällen die Erklärungen des Vormundes und die Mitteilung des Vormundes aus § 1829 BGB. über die Erteilung der Genehmigung in Empfang zu nehmen. Ferner beauftragen hiermit die Eheleute Kunst und der Vormund des Kindes den Notar, den Antrag auf Bestätigung dieses Vertrages bei dem zuständigen Gericht für sie einzureichen. Der Notar wird ferner bevollmächtigt, alle gerichtlichen Zustellungen für die Eheleute Kunst in Empfang zu nehmen.

§ 5. Die Kosten dieser Verhandlung und alle sonst bei Behörden entstehenden Kosten tragen die Erschienenen zu 1 und 2. Es wird beantragt, je eine Ausfertigung dieser Verhandlung für die Eheleute Kunst und für den Erschienenen zu 3 als gesetzlichen Vertreter des Kindes zu erteilen.

Den Wert der Verhandlung geben die Erschienenen auf 1000 RM an. Das Protokoll wurde vom Notar vorgelesen, von den Beteiligten genehmigt und von ihnen eigenhändig wie folgt unterschrieben:

(Unterschriften.)

b) Anfrage des Amtsgerichts an das Jugendamt wegen einer Adoption.

Der Studienrat Hans Lochner in Berlin-Friedenau, Rubensstraße 2, und seine Frau Hertha, geb. Bahn, beabsichtigen, ihr Pflegekind, die am 2. Mai 1919 unehelich geborene Paula Rode, als gemeinschaftliches Kind an Kindes Statt anzunehmen, und bitten um Befreiung von der Altersvorschrift des § 1744 BGB.

Die Mutter des Kindes ist die unverehelichte Plätterin Auguste Rode, wohnhaft in Neukölln, Friedrichplatz 2.

Vormund des Kindes ist der Postschaffner Karl Kruse in Neukölln, Friedrichplatz 3.

Zur Beantwortung der Frage, ob die beabsichtigte Kindesannahme dem Interesse des Kindes entspricht, ersuchen wir um folgende baldgefällige Auskunft:

a) Welche Staatsangehörigkeit und welche Religion besitzen die Annehmenden und das Kind?

b) Wie sind die Wohnungs-, Erwerbs-, Wirtschafts- und Vermögensverhältnisse der Annehmenden und der Kindesmutter?

c) Wie ist der Leumund der Annehmenden?

d) Sind die Annehmenden in kinderloser Ehe verheiratet miteinander?

e) Wie wird das Kind verpflegt und erzogen?

f) Endlich ersuchen wir um gefällige Äußerung darüber, ob nach dem Ergebnis der Ermittelungen die Annahme an Kindes Statt als im Interesse des Kindes liegend erachtet und das Gesuch befürwortet wird.

III. Vormundschaft.

Nr. 102. Verpflichtung des Vormunds.

(Eingang wie Nr. 99.)

Es erschien der Justizinspektor Franz Seil aus ...; er ist dem Richter persönlich bekannt.

Der Erschienene soll als Vormund für den am 3. Mai 1913 geborenen Hans Rupert, Sohn des verstorbenen Justizobersekretärs Franz Rupert und seiner ebenfalls verstorbenen Ehefrau Lotte, geb. Seil, bestellt werden. Der Bestellung steht, soviel ermittelt ist, keiner der in den §§ 1780—1784 BGB. bezeichneten Hinderungsgründe entgegen.

Seil wurde deshalb zu treuer und gewissenhafter Führung des Amtes mittels Handschlags an Eides Statt verpflichtet. Er versprach, binnen zwei Wochen zu berichten.

(Schluß wie Nr. 99.)

Nr. 103. Genehmigung zu Rechtsgeschäften des Vormunds.

1. Beschluß.

Der von dem Produktenhändler Franz Staub in Berlin N, Brunnenstraße 3, als Vormund des ebenda wohnenden minderjährigen Karl Kuhnert am 5. Mai 1930 mit dem Kaufmann Fritz Schulz in Berlin, Vinetaplatz 23, abgeschlossene Kaufvertrag über das Grundstück

Brunnenstraße 3

wird hiermit vormundschaftsgerichtlich genehmigt.

Berlin, den ....

Amtsgericht Berlin-Mitte.
(Unterschrift.)

2. Verfügung.

1. Beschluß an Vormund mit Zusatz:

 „Das Rechtsgeschäft wird erst dann wirksam, wenn Sie diese Genehmigung dem Kaufmann Schulz mitteilen. Sie wollen binnen eines Monats berichten, ob Sie diese Mitteilung gemacht haben."

2. Nach einem Monat.

(Datum und Unterschrift [meist abgekürzt].)

E. Erbrecht.

I. Erbfolge.

Nr. 104. Aus dem Reichsanzeiger.

In der Nachlaßsache des am 31. Juli 1929 in Auerbach i. V., seinem Wohnorte, verstorbenen Garnhändlers Karl Ludwig Wittig wird hiermit öffentlich aufgefordert, etwaige Erbrechte bis spätestens zum 5. Januar 1931 beim unterzeichneten Nachlaßgericht anzumelden, widrigenfalls die Feststellung getroffen werden wird, daß ein anderer Erbe als der Sächsische Staatsfiskus nicht vorhanden ist.

Auerbach i. V., 12. November 1930.

Sächsisches Amtsgericht.
(Unterschrift.)

Nr. 105. Ausschlagung.

Die durch den Tod meines Vaters, des Bankiers Bernhard Lässig, mir zugefallene Erbschaft schlage ich hiermit aus.

Schwedt, den 3. Juli 1930.

(Unterschrift.)

An das Amtsgericht.

(Beglaubigungsvermerk wie Nr. 9, 2.)

II. Haftung für die Nachlaßverbindlichkeiten.

Nr. 106. Aus dem Reichsanzeiger.

Aufgebot.

Der Lehrer a. D. Christian Heinrich Jensen in Humptrup, vertreten durch Rechtsanwalt Feddersen in Niebüll, hat als Bevollmächtigter der Erben der am 26. Juni 1922 bezw. 9. Januar 1929 in Kleiseerkoog verstorbenen Eheleute Landmann Broder Godbersen und Anna Elisabeth, verw. Martensen, geb. Jensen, das Aufgebotsverfahren zum Zwecke der Ausschließung von Nachlaßgläubigern beantragt. Die Nachlaßgläubiger werden daher aufgefordert, ihre Forderungen gegen den Nachlaß der verstorbenen Eheleute spätestens in dem auf den 27. Januar 1931, vormittags 10 Uhr, vor dem unterzeichneten Gericht anberaumten Aufgebotstermin bei diesem Gericht anzumelden. Die Nachlaßgläubiger, welche sich nicht melden, können, unbeschadet des Rechts, vor den Verbindlichkeiten aus Pflichtteilsrechten, Vermächtnissen und Auflagen berücksichtigt zu werden, von den Erben nur insoweit Befriedigung verlangen, als sich nach Befriedigung der nicht ausgeschlossenen Gläubiger noch ein Überschuß ergibt.

Niebüll, den 28. Oktober 1930.

Das Amtsgericht.

Nr. 107. Bestimmung einer Inventarfrist gegenüber einem Erben.

(Preußischer Vordruck.)

Beschluß.

Auf Antrag des Malermeisters Kurt Michel, hier, der glaubhaft gemacht hat, daß ihm eine Forderung gegen den Nachlaß des am 13. Februar 1930 in Zossen verstorbenen Fleischermeisters Max Michel zusteht, wird der verwitweten Frau Anna Michel, geb. Harm, hier, als der Erbin des Verstorbenen hiermit eine Frist von drei Monaten zur Errichtung eines Inventars über den Nachlaß des Verstorbenen bestimmt. Die Frist beginnt mit der Zustellung dieses Beschlusses, sofern jedoch die Annahme der Erbschaft noch nicht erfolgt sein sollte, erst mit der Annahme der Erbschaft.

Der Erbe muß entweder innerhalb der Frist die Aufnahme des Inventars bei dem unterzeichneten Gerichte beantragen oder zu der Aufnahme des Inventars einen Notar zuziehen und das mit dessen Hilfe aufgenommene Inventar innerhalb der Frist bei dem unterzeichneten Gericht einreichen; an Stelle des Notars kann ihm auf seinen Antrag vom Gericht ein anderer Beamter oder eine Behörde beigeordnet werden. Der Errichtung des Inventars bedarf es auch dann, wenn der Nachlaß wertlos ist oder Nachlaßgegenstände überhaupt nicht vorhanden sind.

Wird diese Verpflichtung nicht erfüllt, so haftet der Erbe für die Nachlaßverbindlichkeiten nicht nur mit dem Nachlasse, sondern auch mit seinem eigenen Vermögen.

Dasselbe gilt, wenn der Erbe absichtlich eine erhebliche Unvollständigkeit der im Inventar enthaltenen Angabe der Nachlaßgegenstände herbeiführt oder in der Absicht, die Nachlaßgläubiger zu benachteiligen, die Aufnahme einer nicht bestehenden Nachlaßverbindlichkeit bewirkt oder wenn er in dem Falle, daß er die Aufnahme des Inventars bei dem unterzeichneten Gerichte beantragt hat, die Erteilung der zur Aufnahme des Inventars erforderlichen Auskunft verweigert oder absichtlich in erheblichem Maße verzögert.

Ist die Erbin eine Ehefrau, so trifft die gleiche Haftung auch den Ehemann, sofern dieser nach dem zwischen den Ehegatten bestehenden Güterstande für die Verbindlichkeiten der Frau persönlich haftet.

Zossen, den 5. Mai 1930.

Das Amtsgericht.
(Unterschrift.)

Nr. 108. Offenbarungseid hinsichtlich des Inventars.

Das Amtsgericht.

Gegenwärtig: Zossen, den 15. Mai 1931.

Amtsgerichtsrat Kluge als Richter.

Es erschien die verwitwete Frau Anna Michel, geb. Harm, in Zossen, Bahnhofstraße 3, die dem Richter bekannt ist. Sie nahm Bezug auf das von ihr am 1. Juni 1930 eingereichte Verzeichnis des Nachlasses des am 13. Februar 1930 in Zossen verstorbenen Fleischermeisters Max Michel. Auf die Frage des Richters, ob sie das Inventar vervollständigen oder sonst berichtigen wolle, bemerkte die Erschienene, daß das Inventar vollständig und richtig sei. Sie wurde auf die Bedeutung des Eides hingewiesen und leistete den Eid vorschriftsmäßig dahin ab, daß sie nach bestem Wissen die zum Nachlasse des Fleischermeisters Max Michel gehörenden Gegenstände so vollständig angegeben habe, als sie dazu imstande sei.

Vorgelesen, genehmigt, unterschrieben: Anna Michel, geb. Harm.
Geschlossen: Kluge.

III. Testament.

Nr. 109. Errichtung eines Testaments.

(Eingang wie Nr. 108.)

Der Erschienene erklärte, daß er eine Verfügung von Todes wegen durch Übergabe einer Schrift errichten wolle. Er übergab dem Richter einen mit einem Siegelabdruck verschlossenen Umschlag, welcher mit folgender Aufschrift versehen war:

„Dies ist mein Testament. Karl Schulz."

und erklärte:

„Die in diesem Umschlage befindliche Schrift enthält mein Testament."

(Schluß wie Nr. 108.)

Nr. 110. Übergabe eines Testaments zwecks amtlicher Verwahrung.

Gegenwärtig: Berlin-Schöneberg, den 5. März 1930.
Schreiber, Justizobersekretär,
als Urkundsbeamter der Geschäftsstelle.

Heute erschien der praktische Arzt Dr. med. Hülse aus Berlin-Schöneberg, Kufsteiner Straße 3, der dem Unterzeichneten bekannt ist. Er überreichte den anliegenden, mit einem Siegelabdruck verschlossenen, mit folgender Aufschrift:

„Hierin liegt mein Testament. Hans Hülse."

versehenen Umschlag mit der Erklärung, daß dieser sein eigenhändiges Testament enthalte, und beantragte, das Testament in besondere amtliche Verwahrung zu nehmen.

Der Wert des Gegenstandes des Testamentes wurde auf 20 000 RM angegeben.

Zu dem Testament ist ein Stempel nicht verbraucht.

Schreiber.

Nr. 111. Errichtung eines Testaments durch mündliche Erklärung vor dem Notar.

Naumburg, den 5. Februar 1931.

Vor dem unterzeichneten Notar im Bezirk des Oberlandesgerichts Naumburg, Dr. Fritz Weiß, der als Zeugen die Herren:

Paul Götz, Hausmeister, Naumburg, Saalestraße 3,
Kurt Schuster, Papierwarenhändler, Naumburg, Saalestraße 3,

zugezogen hatte, erschien heute der dem Notar persönlich bekannte Buchhändler Max Handke aus Naumburg, Saalestraße 4.

Er äußerte den Willen, sein Testament zu errichten, und erklärte:

§ 1. Meine Erben sollen meine Kinder Arnold, Bodo und Klara je zu einem Drittel sein.

§ 2. Klara soll nicht verpflichtet sein, die ihr gegebene Ausstattung von 8000 (achttausend) Reichsmark zur Ausgleichung zu bringen. Dagegen soll Arnold die 3700 (dreitausendsiebenhundert) Reichsmark, die ich zu Weihnachten 1929 an seine Gläubiger bezahlte, zur Ausgleichung bringen, wie ich ihm schon damals sagte.

§ 3. Zum Testamentsvollstrecker ernenne ich den Rechtsanwalt Justizrat Dr. Marcus in Naumburg, Merseburger Straße 13. Er soll in der Eingehung von Verbindlichkeiten für den Nachlaß nicht beschränkt sein. Will oder kann dieser nicht Testamentsvollstrecker werden, so bitte ich das Nachlaßgericht um Bestellung eines anderen Testamentsvollstreckers.

§ 4. Meinem Sohn Dietrich entziehe ich das Pflichtteilsrecht, weil er sich in meiner und des Justizrats Marcus Gegenwart zu schweren Tätlichkeiten gegen seine Mutter hat hinreißen lassen.

§ 5. Falls Klara nicht Erbin werden kann oder will, soll meine Haushälterin Sophie Treulich deren Erbteil erhalten.

§ 6. Der Stadtgemeinde Eberthal in Hessen vermache ich 1000 (eintausend) Reichsmark zu beliebiger Verwendung, jedoch mit der Verpflichtung, das Grab meines Vaters auf dem dortigen Friedhof bis zum Jahre 1950 instand zu halten.

Das Protokoll ist in Gegenwart der Unterzeichneten vorgelesen, von dem Erblasser genehmigt und von ihm sowie den Zeugen wie folgt unterschrieben worden:

Max Handke.

Paul Götz. Kurt Schuster.

Dr. Weiß, Notar.

Nr. 112. Gemeinschaftliches Testament.

(Eigenhändig vom Ehemann geschrieben.)

§ 1. Erbe desjenigen von uns, der zuerst sterben wird, soll der überlebende Ehegatte sein. Erben des überlebenden Gatten sollen unsere gemeinschaftlichen Söhne Hans und Fritz sein.

§ 2. Sollte einer unserer Söhne den Pflichtteilsanspruch beim Tode des Erstversterbenden geltend machen, so soll er auch aus dem Nachlaß des Zweitversterbenden nur den Pflichtteil erhalten.

§ 3. Als Vormund unserer Kinder benennen wir den Amtsgerichtsrat Dr. Weise in Beuthen. Er soll von der Rechnungslegung und den Verpflichtungen aus §§ 1814—1816 BGB. befreit sein. Ein Gegenvormund soll nicht bestellt werden.

§ 4. Unsere langjährige Hausgehilfin Martha Schüler soll aus dem Nachlaß des zuerst Versterbenden 500 RM erhalten.

Niederlahnstein, den 5. März 1931.

(Unterschrift des Mannes.)

(Dahinter, von der Frau geschrieben): Dieses Testament soll auch als mein letzter Wille gelten.

Niederlahnstein, den 5. März 1931.

(Unterschrift der Frau.)

Nr. 113. Widerruf.

1.

Hiermit widerrufe ich mein vor dem Notar Dr. Strauß (Nr. 17 seines Notariatsregisters von 1930) errichtetes Testament.

Mainz, den 17. Januar 1931. Heinrich Kühn.

(Vollkommen eigenhändig geschriebene und unterschriebene Urkunde.)

2.

Naumburg, den 6. Februar 1931.

Vor dem unterzeichneten Notar im Bezirk des Oberlandesgerichts Naumburg, Dr. Fritz Weiß, erschien heute der dem Notar persönlich bekannte praktische Arzt Dr. med. Lincke aus Naumburg, Schloßstraße 10.

Er erklärte:

Hiermit widerrufe ich meine in dem mit meiner Frau Anna, geb. Seidl, errichteten gemeinschaftlichen Testament enthaltenen Anordnungen.

Ich beantrage, meiner Frau durch den Gerichtsvollzieher eine Ausfertigung des Protokolls zuzustellen.

Der Wert ist 80 000 RM.

Das Protokoll wurde dem Erschienenen vorgelesen, von ihm genehmigt und wie folgt unterschrieben:

Dr. Lincke. Dr. Weiß, Notar.

Nr. 114. Eröffnung eines Testaments.

(Preußischer Vordruck.)

Das Amtsgericht Berlin-Mitte. **Berlin, den** *3. Juli 1930.*
Abt. *26.*

Gegenwärtig: *AGR. Wieser* **als Richter.**

In dem heute zur Eröffnung *der von dem Rentner Emil Schultze hinterlassenen* **Verfügung von Todes wegen anstehenden Termin erschien** *die verwitwete Frau Emma Schultze, geb. Tocht, ausgewiesen durch die Terminsladung und eine auf ihren Namen lautende, vom Finanzamt Berlin-Steglitz ausgestellte Steuerkarte.*

Die Sterbeurkunde, nach welcher der Erblasser am *13. Mai 1930* **gestorben ist, befindet sich bei den Akten.** *Frau Emma Schultze* **hatte — eine — verschlossene — Schrift — abgeliefert —, die sich in einem mit einem Siegelabdrucke** *drei***mal verschlossenen Umschlage mit folgender Aufschrift befand:**

„Mein Testament."

Es wurde festgestellt, daß der Verschluß unversehrt war.

Der Umschlag wurde geöffnet und aus ihm das Testament des *Emil Schultze* **entnommen. Es wurde der** *Witwe* **verkündet und auf ihr Verlangen vorgelegt.**

Es ist datiert: *2. Januar 1930,* **beginnt:** *„Mein letzter Wille“* **und schließt:** *„Emil Schultze.“*

Die Erschienene erklärte:

Der Wert des reinen Nachlasses beträgt *10 000 RM.*

Vorgelesen, genehmigt, unterschrieben. *Emma Schultze.*

Geschlossen. *Wieser.*

IV. Erbvertrag und Erbverzicht.

(Erbvertrag vgl. oben Nr. 96, 2 [Ehe- und Erbvertrag].)

Nr. 115. Erbverzicht.

(Eingang wie Nr. 9, 1.)

Der Gerichtsassessor Hans Türck erklärte:

„Da mein Vater die Kosten des Studiums und meines Unterhalts während des Vorbereitungsdienstes getragen hat, verzichte ich hiermit zugunsten meiner Schwester Marianne auf mein künftiges gesetzliches Erbrecht am Nachlaß meines Vaters Franz Türck.“

Franz Türck erklärte:

„Ich nehme diese Erklärung an.“

(Schluß wie Nr. 9, 1.)

V. Erbschein.

Nr. 116. Erbschein.

Der am 15. Januar 1930 in Berlin, Mittenwalder Straße 13 (Seitenflügel, 1 Treppe) verstorbene, ebendort zuletzt wohnhaft gewesene Bürovorsteher Paul Alter ist von seiner Witwe Elfriede, geb. Neufeld, zu einem Viertel, von seinen Söhnen Karl und Franz zu je drei Achtel beerbt worden.

Berlin, den 12. Februar 1931.

Das Amtsgericht Berlin-Mitte.
(Unterschrift.)

Nr. 117. Erbscheinsverhandlung.

Das Amtsgericht Berlin-Mitte.

Gegenwärtig: Berlin, den 2. Juni 1930.
Amtsgerichtsrat Wieser
als Richter.

Es erschien der Molkereibesitzer Heinrich Kühn aus Neukölln, Oderstraße 3, der dem Richter bekannt ist.

Er erklärte:

Der zuletzt in Berlin, Grunerstraße 12, wohnhaft gewesene Gastwirt Adalbert Kühn ist am 1. März 1930 gestorben und hat als alleinige gesetzliche Erben hinterlassen:

1. seine Witwe, Frau Pauline Kühn, geb. Grätzer,
2. mich, seinen Sohn.

Mein Bruder Karl ist im Weltkrieg gefallen.

Ich versichere an Eides Statt, daß mir nichts bekannt ist, was der Richtigkeit meiner folgenden Angaben entgegensteht:

Andere Personen, durch welche die als Erben Benannten von der Erbfolge ausgeschlossen würden oder durch die deren Erbteil gemindert werden würde, sind nicht vorhanden und waren nicht vorhanden. Eine Verfügung von Todes wegen hat der Erblasser nicht hinterlassen. Meine heute nicht erschienene Mutter hat die Erbschaft angenommen. Ein Rechtsstreit über das Erbrecht der Erben ist nicht anhängig.

Ich beantrage die Erteilung eines gemeinschaftlichen Erbscheines dahin usw. (Nicht abgedruckt.)

Vorgelesen, genehmigt, unterschrieben. Heinrich Kühn.

Geschlossen. Wieser.

Nr. 118. Testamentsvollstreckerzeugnis.

Der kaufmännische Angestellte Karl Witt ist zum Testamentsvollstrecker für den Nachlaß des am 3. Januar 1931 verstorbenen, zuletzt in Landsberg a./W., Bahnhofsplatz 3, wohnhaft gewesenen Bauunternehmers Ernst Weber ernannt. Er ist in der Eingehung von Verbindlichkeiten für den Nachlaß nicht beschränkt.

Landsberg a./W., den 5. März 1931.

Das Amtsgericht.
(Unterschrift.)

Nr. 119. Aus dem Reichsanzeiger.

Beschluß.

Das dem Privatsekretär Leusch in Kassel am 17. November 1903 erteilte Testamentsvollstreckerzeugnis für den Nachlaß des am 8. Oktober 1903 zu Kassel, seinem letzten Wohnsitz, verstorbenen Privatmanns, früheren Schreinermeisters Ernst Weber wird für kraftlos erklärt, da sich nachträglich die Ungültigkeit des die Testamentsvollstreckerschaft anordnenden Testaments vom 13./23. Juni 1903 herausgestellt hat.

Kassel, den 8. November 1930.

Amtsgericht. Abt. 7.

F. Arbeitsrecht.*)

Kollektives Arbeitsrecht.

I. Auszug aus je einem Arbeiter- und Angestellten-Tarifvertrage.**)

Nr. 120. Tarifvertrag für die in der Berliner Metallindustrie beschäftigten Arbeiter und Arbeiterinnen vom 16. Juli 1928.

Abgeschlossen zwischen dem Verband Berliner Metall-Industrieller E.V. einerseits und dem Deutschen Metallarbeiter-Verband, Verwaltungsstelle Berlin, andererseits vorbehaltlich des Anschlusses anderer Organisationen.

A. Rahmenvertrag.

I. Geltungsbereich. 1. Der Tarifvertrag gilt für alle in den Metallindustrie- und den damit zusammenhängenden Betrieben der Mitglieder des Verbandes Berliner Metall-Industrieller beschäftigten Arbeiter und Arbeiterinnen, soweit diese Betriebe im örtlichen Geltungsbereich liegen.

2. Den örtlichen Geltungsbereich bildet die Stadtgemeinde Berlin, außerdem die Orte Hennigsdorf, Wildau mit Hoherlehme, Teltow, Lokomotivfabrik Drewitz, Falkensee.

3. Änderungen bleiben der Vereinbarung der Parteien vorbehalten.

II. Arbeitszeit. 1. Die reine Arbeitszeit beträgt in der Woche 48 Stunden. Die Verteilung der Arbeitsstunden auf die einzelnen Wochentage erfolgt von den einzelnen Arbeitgebern im Einverständnis mit der gesetzlichen Arbeitervertretung.

2. Notwendig werdende Überstunden bedürfen der Vereinbarung mit der gesetzlichen Arbeitervertretung. Die Zustimmung der gesetzlichen Arbeitervertretung darf von dieser nur aus wichtigen sachlichen Gründen verweigert werden. Jedoch können für Gruppen von Arbeitnehmern innerhalb 13 Wochen 15 Überstunden an den Wochentagen Montag bis Freitag angeordnet werden.

3. Der Arbeitgeber ist berechtigt, am Sonnabend vor Ostern sowie am 24. oder 27. und 31. Dezember und 2. Januar den Betrieb zu schließen, falls diese Tage zwischen zwei gesetzlichen Feiertagen liegen und die Schließung des Betriebes der Arbeiterschaft mindestens eine Woche vorher bekanntgegeben wird. Er ist ferner berechtigt, während der Dauer der Inventur diejenigen Arbeitnehmer, die zu Inventurarbeiten nicht herangezogen werden, ohne Bezahlung aussetzen zu lassen.

4. Für Überstunden, die über die regelmäßige tägliche Arbeitszeit hinaus geleistet werden, wird ein Überstundenzuschlag von 15 v. H., für gelegentliche Sonn- und Feiertagsarbeit ein solcher von 50 v. H. — bei Lohnarbeit auf den Stundenlohn, bei Akkordarbeit auf den Durchschnitts-Stundenakkordverdienst (vgl. XIV Ziff. 1) — gezahlt.

5. Durch die tarifliche Festlegung der Mehrarbeit ist der § 3 der Verordnung über die Arbeitszeit vom 14. April 1927 ausgeschlossen. Die übrigen Bestimmungen über die Zulässigkeit von Überstunden in besonderen Fällen bleiben bestehen.

6. Durch das sogenannte Abbummeln, das nicht statthaft ist, wird der Anspruch auf den Überstundenzuschlag verwirkt. Das Feiern an den in die Woche fallenden gesetzlichen Feiertagen, den in Abs. 3 Satz 1 genannten, zwischen zwei Feiertagen liegenden Tagen und Inventurtagen, sofern an diesen Tagen der Betrieb ruht, gilt nicht als Abbummeln. Das gleiche gilt vom Feiern während einer vom Arzt bescheinigten Krankheitszeit.

7. Wird an in die Woche fallenden Feiertagen selbst gearbeitet, so gelten die an diesen Tagen geleisteten Arbeitsstunden als zuschlagspflichtige Überstunden im Sinne des Abs. 4.

---

*) Vgl. auch oben Nr. 7; 11, 4; 14, 2 b u. c; 17; 35; 40, 2; 64 (§ 4).

**) Am 1. Januar 1929 standen insgesamt 8925 Tarifverträge in Kraft, die fast eine Million Betriebe und über zwölf Millionen Arbeitnehmer erfaßten.

Protokollnotiz: Die Tarifparteien sind sich darüber einig, daß aus wirtschaftlichen Gründen notwendige Überstunden geleistet werden sollen.

III. Pausen. 1. Frühstücks-, Mittags- und Vesperpausen gehören nicht zur Arbeitszeit und werden nicht bezahlt. Bei dreifacher Schicht von je acht Stunden innerhalb 24 Stunden wird jedoch Lohnarbeitern je Schicht eine Pause von einer Viertelstunde vergütet, sofern wirklich in der betreffenden Schicht eine Pause von mindestens einer Viertelstunde gemacht wird.

2. Die Pausen müssen so bemessen sein, daß sie zum Einnehmen von Mahlzeiten ausreichen. Essen während der Arbeitszeit ist unzulässig, sofern regelmäßige Pausen eingelegt sind.

IV. Arbeitsvermittlung. Die Arbeitsvermittlung ist durch Sonderabkommen geregelt.

V. Lohnwoche und Lohnzahlung. 1. Die Lohnwoche beginnt mit der ersten Schicht am Montag einer jeden Woche.

2. Die Auszahlung des Arbeitslohnes erfolgt während der Arbeitszeit an einem Werktage mit Ausnahme des Sonnabends.

VI. Urlaub. 1. a) Wer am 1. Oktober in einem Betriebe beschäftigt war, am 1. April des folgenden Jahres das 20. Lebensjahr vollendet hat und sich an diesem Tage noch im Betriebe befindet, ohne daß eine Unterbrechung des Arbeitsverhältnisses stattgefunden hat, hat vom letzteren Tage ab Anspruch auf Urlaub. Der Urlaub beträgt für Arbeitnehmer, die am 1. Oktober nicht mehr als 1 Jahr im Betriebe waren, 3 Arbeitstage; über 1 Jahr, aber nicht mehr als 2 Jahre 4 Arbeitstage; über 2 Jahre, aber nicht mehr als 3 Jahre 5 Arbeitstage; über 3 Jahre, aber nicht mehr als 6 Jahre 6 Arbeitstage; über 6 Jahre, aber nicht mehr als 10 Jahre 7 Arbeitstage; über 10 Jahre 8 Arbeitstage. Die Lehrzeit und Beschäftigung im Betriebe vor dem vollendeten 18. Lebensjahre wird hierbei nicht mitgerechnet.

b) Arbeitnehmern, die auf Grund einer mehr als fünfjährigen Dienstzeit von ihrem Arbeitgeber vor dem 1. Januar 1921 einen längeren als den hier vorgesehenen Urlaub erhielten, darf dieser Urlaub, solange sie bei demselben Arbeitgeber verbleiben, nicht verkürzt werden.

c) Weist ein Arbeitnehmer nach, daß er zuletzt bei einem Mitgliede des Verbandes Berliner Metall-Industrieller beschäftigt war und dort entlassen worden ist, ohne schuldhaft einen wichtigen Grund zur Entlassung gegeben zu haben (§§ 123, 124a, 134b Abs. 1 Ziff. 3 GO.), nachdem ihm in diesem Betriebe ein tariflicher Urlaub zustand, so steht ihm in der neuen Arbeitsstelle, sobald ihm dort gemäß Abs. 1 Satz 1 ein Urlaubsanspruch erwächst, ein Urlaub zu, der um einen Tag geringer ist als der, den er auf seiner letzten Arbeitsstelle hatte.

d) Arbeitnehmer, die das 20. Lebensjahr noch nicht vollendet haben, im übrigen aber gemäß Abs. 1 Satz 1 urlaubsberechtigt sind, erhalten drei Arbeitstage Urlaub. Jungausgelernte, die in den Diensten der Firma, bei der sie gelernt haben, verbleiben, erhalten diese drei Urlaubstage auch dann, wenn sie am 1. Oktober des vorhergehenden Jahres noch im Lehrverhältnis standen, ihre Lehrzeit jedoch vor dem 1. April des laufenden Jahres beendet haben.

e) Schwerbeschädigte im Sinne des Gesetzes vom 12. Januar 1923, deren Gesundheitszustand einen längeren Urlaub erforderlich macht, können bis zu sechs Tagen bezahlten Urlaub mehr erhalten.

f) Ein Arbeitnehmer hat in einem Kalenderjahr nur einmal Anspruch auf Urlaub.

2. Tritt ein Arbeitnehmer wieder in einen Betrieb ein, in dem er schon früher beschäftigt war, so wird ihm die frühere Dauer der Arbeitstätigkeit bei der Bemessung der Urlaubsdauer angerechnet, sofern der damalige Austritt auf Veranlassung der Firma erfolgte und nicht durch einen wichtigen Grund im Sinne der §§ 123, 124a, 134b Abs. 1 Ziff. 3 GO. verschuldet war. Die Bestimmung der Ziff. 1a wird hierdurch nicht berührt.

3. In bezug auf Urlaub gelten Krankheit, Aussetzen und vorübergehende Entlassung, sofern die Wiedereinstellung innerhalb von zwei Monaten erfolgt, nicht als Unterbrechung des Arbeitsverhältnisses. Ferner gilt vorübergehende Entlassung bis zur Dauer von drei Monaten nicht als Unterbrechung des Arbeitsverhältnisses, sofern sie durch Saisonarbeit bedingt ist.

4. Der Zeitpunkt, zu dem die einzelnen Arbeitnehmer ihren Urlaub antreten können, wird nach den Erfordernissen des Betriebes im gegenseitigen Einvernehmen zwischen Arbeitgeber und der gesetzlichen Arbeitervertretung vereinbart.

5. Sollten der Erteilung des Einzelurlaubs Schwierigkeiten entgegenstehen, so bleibt es der Verständigung des Arbeitgebers mit der gesetzlichen Arbeitervertretung vorbehalten, seinen Betrieb bis zur Dauer des Höchsturlaubs stillzulegen. In solchen Fällen findet eine Vergütung an die Arbeitnehmer jedoch nur im Rahmen ihres jeweiligen Urlaubsanspruches statt. Es kann hierbei auch eine Vereinbarung stattfinden derart, daß die gesamte Urlaubszeit aller Arbeitnehmer des Betriebes addiert und die Durchschnittszeit als Urlaub festgesetzt wird unter Bezahlung der Durchschnittszeit an alle Arbeitnehmer.

6. Die Bezahlung der Urlaubstage erfolgt bei Lohnarbeitern nach ihrem Stundenlohnsatz, bei Akkordarbeitern nach dem Durchschnitts-Stundenakkordverdienst (vgl. XIV Ziff. 1). Grundsatz für die Bezahlung der Urlaubstage ist im übrigen, daß der Arbeitnehmer während des Urlaubs ebenso gestellt sein soll, als wenn er in der fraglichen Zeit arbeiten würde. Treten während des Urlaubs Veränderungen in der Entlohnungsgrundlage ein, so sind diese entsprechend bei der Bezahlung der Urlaubstage zu berücksichtigen. In Betrieben, in denen mit verkürzter Arbeitszeit gearbeitet wird, ist für die Bezahlung die normale Arbeitszeit ohne Verkürzung zugrunde zu legen; jedoch ist für Betriebe, die zur Bezahlung unter Zugrundelegung der vollen Arbeitszeit wirtschaftlich nicht in der Lage sind, eine anderweitige Regelung durch Vereinbarung im Betriebe zulässig. Kommt eine Vereinbarung nicht zustande, so entscheidet der Hauptausschuß (vgl. XIII Ziff. 3).

7. Wird ein Arbeitnehmer, der nach der Dauer seiner Beschäftigung bei der Firma Anspruch auf Urlaub hat, gekündigt, so hat er, ausgenommen wenn die Kündigung aus einem von ihm verschuldeten wichtigen Grunde (§§ 123, 124a, 134b Abs. 1 Ziff. 3 GO.) erfolgte, Anrecht auf eine Abgeltung des Urlaubs. Nimmt ein urlaubsberechtigter Arbeitnehmer seine Entlassung, so steht ihm ein Anspruch auf die Abgeltung des Urlaubs nicht zu. Der Anspruch auf Abgeltung bleibt jedoch bestehen, wenn der Arbeitgeber ihm einen wichtigen Grund im Sinne des § 124 GO. gegeben hat. Für nicht angetretenen Urlaub wird im übrigen eine Entschädigung nicht gewährt.

8. Während des Urlaubs darf keine andere Arbeit gegen Entgelt angenommen werden. Bei Zuwiderhandlung entfällt der Anspruch auf Bezahlung des Urlaubs. Der Arbeitgeber kann den etwa bezahlten Lohn zurückfordern. Der zurückgezahlte Betrag ist vom Arbeitgeber an die Arbeiterunterstützungskasse abzuführen.

9. Nachweisliche Krankheitstage gelten nicht als Urlaubstage. Der gleichzeitige Empfang von Krankengeld und Urlaubsvergütung ist nicht statthaft. Abweichende Vereinbarungen sind unzulässig.

VII. Entlassung. Entlassungen wegen Arbeitsmangels dürfen bei Lohnarbeitern nur am Schluß der Schicht vorgenommen werden, bei Akkordarbeitern nach Beendigung des Akkordes, sofern er vor dem Schichtschluß liegt.

VIII. Verdienstberechnung. 1. Bezahlt wird nur die Zeit, während der wirklich gearbeitet worden ist, abgesehen von den in diesem Tarifvertrag vorgesehenen Ausnahmen.

2. Die Arbeit darf nur in Lohn oder Akkord hergestellt werden. Andere Systeme der Entlohnung bedürfen des Einverständnisses der Vertragsparteien.

3. Die Entlohnung von Arbeitnehmern, die infolge Krankheit, hohen Alters oder Invalidität weniger leistungsfähig sind, unterliegt der freien Vereinbarung zwischen Arbeitgeber und Arbeitnehmer unter Hinzuziehung eines Mitgliedes der gesetzlichen Arbeitervertretung.

IX. Akkordarbeit. 1. Jeder in Akkord arbeitende Arbeitnehmer erhält vor Beginn der Arbeit einen Akkordzettel, auf dem die Art der Arbeit und der Preis verzeichnet sein muß. An Stelle der Angabe des Geldpreises genügt die Angabe der Akkordzeit, sofern der Geldfaktor dem Arbeitnehmer in zweifelsfreier Weise bekanntgegeben ist. Die Bekanntgabe des Geldfaktors kann auch durch allgemeinen Anschlag erfolgen.

2. Erhält der Arbeitnehmer trotz Mahnung bei neuen oder bei abgeänderten Akkorden den Akkordzettel nicht rechtzeitig, so wird die Arbeit zu seinem bisherigen durchschnittlichen Akkordverdienst in Lohn hergestellt.

3. Vorübergehende Lohnarbeit in denjenigen Kategorien, die vorwiegend in Akkord arbeiten, wird mit dem Durchschnitts-Stundenakkordverdienst (vgl. XIV Ziff. 1) abzüglich 5 v. H. bezahlt. Muß der Arbeitnehmer am gleichen Tage ein oder mehrere Male länger als

15 Minuten auf Material warten, so wird ihm die gesamte über 15 Minuten hinausgehende Zeit mit dem Durchschnitts-Stundenakkordverdienst abzüglich 20 v. H. vergütet. Der Arbeitnehmer ist verpflichtet, rechtzeitig zu melden, wenn sein Material auszugehen droht.

4. Für Akkorde, die bis zum Schluß der Lohnwoche nicht fertiggestellt sind, wird ein Abschlag von etwa 80 v. H. des bisherigen Akkordverdienstes gezahlt. In besonderen Fällen können darüber hinausgehende Abschläge gezahlt werden.

5. Bei Akkorden, die länger als vier Wochen dauern, sind auf Wunsch der Arbeitnehmer besondere Abmachungen über einen höheren Abschlag zu treffen.

6. a) Die Festsetzung der Akkordpreise hat derart zu erfolgen, daß einem Arbeitnehmer durchschnittlicher Leistungsfähigkeit unter normalen Bedingungen die Möglichkeit gegeben wird, einen Durchschnittsstundenverdienst zu erzielen, der 15 v. H. über dem Mindestlohn der Lohnklasse liegt, in die die auszuführende Arbeit gehört. Eine Begrenzung des Akkordverdienstes des einzelnen Akkordarbeiters findet weder nach oben noch nach unten statt.

b) Wo es erforderlich ist, soll eine angemessene Zeit für Anlernung zur Akkordarbeit gewährt werden. Während dieser Zeit ist mindestens der entsprechende, für Lohnarbeit festgesetzte Tariflohn zu zahlen.

7. Entstehen über die Höhe eines Akkordpreises Streitigkeiten, so sind die Arbeitnehmer verpflichtet, eine Werkstattkommission von höchstens zwei Facharbeitern zu bestellen, die mit Vertretern der Betriebsleitung über die endgültige Festsetzung des strittigen Akkordpreises verhandelt.

8. Ist unter Mitwirkung der Werkstattkommission eine Verständigung nicht zu erzielen, so wird die strittige Arbeit zum Durchschnitts-Stundenakkordverdienst abzüglich 10 v. H. in Lohn ausgeführt und dann der Akkordpreis nach den Grundsätzen vorstehender Ziff. 6 und 7 festgesetzt. Ist entsprechend der Bestimmung in Ziff. 7 zwischen der Betriebsleitung und der Werkstattkommission eine Verständigung über die Festsetzung des strittigen Akkordpreises erzielt, so ist diese Entscheidung endgültig. Der einzelne Arbeiter hat die Arbeit zu dem dort festgesetzten Preise auszuführen.

9. a) Bei Kolonnen- oder Gruppenakkorden ist den am Akkorde Beteiligten auf ihren Wunsch der Akkordpreis durch Einsichtnahme bekanntzugeben.

b) Bei Kolonnenakkordarbeit muß die Abrechnung nach Fertigstellung und Revision der Arbeit erfolgen. Werden mehrere Akkorde gleichzeitig gearbeitet, so können sie gleich abgerechnet werden. Der gesamte Akkordpreis wird nach Maßgabe der Stundenzahl und einem von der Firma vor Beginn der Arbeit bekanntzugebenden Verteilungsschlüssel verteilt. Die ordnungsmäßige Abrechnung des Gesamtakkordpreises erfolgt durch die Betriebsleitung.

c) Beim Ausscheiden aus der Akkordkolonne vor Beendigung des Akkordes finden die Vorschriften des Abschn. IX Ziff. 10 Anwendung. In besonderen Fällen (z. B. bei Montagekolonnen usw.) kann die Abrechnung mit dem vor Beendigung des Akkordes Ausscheidenden derart erfolgen, daß er nach Abrechnung des Kolonnenakkordes den gemäß Abs. b auf ihn entfallenden Anteil erhält.

10. Nimmt ein Arbeitnehmer vor beendigtem Akkord auf eigenen Wunsch seine Entlassung oder wird er infolge eines wichtigen von ihm verschuldeten Grundes (§§ 123, 124a, 134b Abs. 1 Ziff. 3 GO.) entlassen, so erhält er für die auf die nicht fertiggestellte Arbeit verwendete Zeit den Durchschnitts-Stundenakkordverdienst (vgl. XIV Ziff. 1) abzüglich 20 v. H. Wird ein Arbeitnehmer vor beendigtem Akkord entlassen, ohne daß zur Entlassung ein wichtiger Grund (§§ 123, 124a, 134b Abs. 1 Ziff. 3 GO.) vorliegt, so wird er mit dem Durchschnitts-Stundenakkordverdienst (vgl. XIV Ziff. 1) entlohnt.

X. Lohnarbeit. 1. In Zeitlohn müssen alle die Arbeiten hergestellt werden, die wegen ihrer Eigenart oder der damit verbundenen Lebensgefahr nicht in Akkord hergestellt werden können.

2. Für hochqualifizierte Arbeiter, die schwierige Arbeiten in Lohn ausführen, weil ihre Arbeit nicht in Akkord kalkuliert werden kann, soll im Lohn ein gewisser Ausgleich gegenüber dem Akkordverdienst geschaffen werden.

XI. Arbeitervertretung. Für die Errichtung der Arbeitervertretung und ihre Zuständigkeit sind die jeweils geltenden gesetzlichen Bestimmungen maßgebend.

XII. Arbeitsbehinderung. 1. Muß infolge irgendwelcher Störungen, z. B. Maschinendefekt, Strom-, Kohlenmangel und dergl., oder irgendwelcher anderer nicht in der

Person des Arbeitgebers liegenden Gründe die Arbeit für die ganze Belegschaft oder Teile derselben ruhen, so kann eine Bezahlung nur nach Maßgabe folgender Grundsätze beansprucht werden:

2. Bei Störungen bis zur Dauer von einer halben Stunde je Schicht wird nichts bezahlt. Bei Störungen von länger als einer halben Stunde Dauer je Schicht wird die darüber hinausgehende Zeit bis zu dem Zeitpunkte bezahlt, zu welchem die Firma die Arbeitnehmer nach Hause schickt. Die bezahlte Wartezeit einschließlich der etwa bereits geleisteten Arbeitszeit soll aber nicht unter drei Stunden für die Schicht betragen, falls nicht die Schicht bereits vor dem Erscheinen der Arbeiterschaft abgesagt worden war.

3. Akkordarbeiter erhalten in diesen Fällen für die gleiche Zeit den Durchschnitts-Stundenakkordverdienst (vgl. XIV Ziff. 1) abzüglich 20 v. H.

4. In den Fällen, in denen eine Arbeitsbehinderung durch Streik, sei es im eigenen oder in einem anderen Betriebe, hervorgerufen wird, besteht keine Verpflichtung zur Bezahlung von infolge der Arbeitsbehinderung ausfallender Arbeitszeit.

5. Abweichend von der Bestimmung unter VIII Ziff. 1 wird versäumte Arbeitszeit in folgenden Fällen bezahlt: a) bei Betriebsunfällen bis zu acht Arbeitsstunden, b) beim Tode des in häuslicher Gemeinschaft lebenden Ehegatten bis zu acht Arbeitsstunden, c) beim Tode von Kindern unter 17 Jahren, sofern sie in häuslicher Gemeinschaft leben, bis zu vier Arbeitsstunden.

XIII. Schlichtungswesen. 1. Bei Streitigkeiten aus allen tarifvertraglichen Vereinbarungen haben auf Antrag einer der Tarifparteien unverzüglich Verhandlungen zwischen den Tarifparteien stattzufinden.

2. Für die Schlichtung aller aus dem Tarifvertrag entstehenden Streitigkeiten gelten die gesetzlichen Bestimmungen. Für alle Arbeitsstreitigkeiten, die der Zuständigkeit der Arbeitsgerichte unterliegen, wird das Arbeitsgericht Berlin als ausschließlich zuständig vereinbart.

3. a) Zur Entscheidung von grundsätzlichen Streitfragen, die sich aus dem Tarifvertrag ergeben, wird ein besonderer Ausschuß, Hauptausschuß genannt, gebildet, der aus je fünf Vertretern des Verbandes Berliner Metall-Industrieller und des Deutschen Metallarbeiter Verbandes besteht. Für jeden Vertreter ist ein Stellvertreter zu bestellen. Der Hauptausschuß entscheidet selbst darüber, ob eine Frage von grundsätzlicher Bedeutung vorliegt. Er kann die Entscheidung hierüber einem paritätisch besetzten Unterausschuß übertragen.

b) Der Hauptausschuß kann auch von Amts wegen Entscheidungen treffen, ohne von einer Partei angerufen zu sein; Aufgabe des Hauptausschusses ist es insbesondere, den Tarifvertrag auszulegen.

c) Die Entscheidungen des Hauptausschusses sind bindend, diejenigen des Unterausschusses können innerhalb fünf Tagen durch Berufung an den Hauptausschuß angefochten werden.

XIV. Allgemeines. 1. Wo in diesem Tarifvertrag von Durchschnitts-Stundenakkordverdienst gesprochen ist, gilt der Durchschnitts-Stundenakkordverdienst derjenigen sechs Lohnwochen, die der betreffenden Lohnwoche vorangehen.

2. Die vertragschließenden Parteien sind sich darüber einig, daß es durchaus unzulässig ist, wenn Arbeitnehmer nach Schluß der Arbeitszeit außerhalb des Betriebes anderweitige Arbeit gegen Entgelt leisten.

3. Das Reinigen der Maschinen und Arbeitsplätze ist auf die für eine sorgfältige und sachgemäße Reinigung notwendige Zeit zu beschränken und erfolgt vor Schluß der Arbeitszeit. Eine besondere Vergütung für das Reinigen der Maschinen und Arbeitsplätze kann nicht beansprucht werden. Wo seither für das Reinigen von Maschinen, die außergewöhnliche Reinigungszeit erfordern, eine besondere Vergütung gewährt wurde, kann sie beibehalten werden.

4. Jedem Arbeitnehmer wird das nötige Werkzeug kostenlos geliefert. Wird mit Zustimmung der Firma eigenes Werkzeug benutzt, so ist dafür eine angemessene Entschädigung zu zahlen.

5. Für genügende Reinigung, Lüftung und Heizung der Arbeitsräume nach den Vorschriften des Gewerbeaufsichtsamts hat der Arbeitgeber Sorge zu tragen, desgleichen ist für gut verschließbare Garderobenräume oder -schränke, ausreichende Wascheinrichtungen und Aborte zu sorgen.

6. Vertrauenspersonen der Gewerkschaften dürfen wegen ihrer Eigenschaft als Vertrauensmann nicht entlassen werden.

7. Besondere Abmachungen, die dem Sinne dieses Abkommens zuwiderlaufen, insbesondere solche, die gegenüber diesem Abkommen eine Verschlechterung darstellen, sind unzulässig.

8. Die während der Geltungsdauer der Tarifverträge vom 4. Mai 1921 und folgenden vom Hauptausschuß getroffenen Entscheidungen haben auch Gültigkeit während der Geltungsdauer des vorliegenden Tarifvertrages, soweit sie sich nicht auf Teile beziehen, die durch einen nachfolgenden Tarifvertrag geändert sind.

9. Abänderungen dieses Abkommens sind rechtsgültig, sofern sie vom Verband Berliner Metall-Industrieller und dem Deutschen Metallarbeiter-Verband schriftlich vereinbart sind.

XV. Inkrafttreten und Geltungsdauer. [Nicht abgedruckt.]

B. Besondere Vorschriften für Arbeiten außerhalb des Betriebes und Regelung der allgemeinen Arbeitsbedingungen und der Auslösung für Monteure. [Nicht abgedruckt.]

C. Lohntarifvertrag.

I. Allgemeines. Für die Entlohnung der Arbeitnehmer gelten Mindestlohnsätze, die im Lohnabkommen (III) vereinbart werden. Die Mindestlohnsätze der Arbeiterinnen über 18 Jahre betragen 70 v. H. der für Arbeiter über 21 Jahre vereinbarten.

1. Die Mindestlohnsätze richten sich nach der Art der verrichteten Arbeiten. Diese werden unterschieden nach: Facharbeiten, angelernten Arbeiten, sonstigen Arbeiten.

Facharbeiten sind solche, zu deren Verrichtung normalerweise eine Ausbildung in einem Facharbeiterberuf in vier- oder mindestens dreijähriger Lehrzeit erforderlich ist, die dem Arbeiter die Fähigkeit gegeben hat, Arbeiten seines Berufes selbständig und fachgemäß nach Zeichnung oder Muster auszuführen. Die Arbeiten werden demnach in der Regel von in ordnungsgemäßer Lehrzeit ausgebildeten Facharbeitern verrichtet, in Ausnahmefällen von solchen Arbeitern, die in langjähriger Werkstattätigkeit dieselben vielseitigen Fertigkeiten erworben haben.

Angelernte Tätigkeiten sind solche, deren Ausführung eine planmäßige Anlernung erfordert.

Sonstige Arbeiten sind solche, die nach kurzen Anweisungen ausgeführt werden, auch wenn es sich um wechselnde Arbeiten handelt.

2. Die hiernach unterschiedenen Arbeiten werden wie folgt in Klassen eingeteilt: Klasse A: Hochqualifizierte Facharbeiten, Klasse B: Normale Facharbeiten, Klasse C: Einfache Facharbeiten und angelernte Tätigkeiten, Klasse D: Einfache angelernte Tätigkeiten und sonstige Arbeiten. Für jede dieser Klassen wird ein Mindestlohnsatz festgelegt.

II. Berufsgruppen- und Klasseneinteilung. Gemäß den unter A I 1 aufgestellten Grundsätzen werden die Arbeiten auf vier Lohnklassen verteilt. Die Einteilung ist unter ausschließlicher Bewertung der tatsächlich zu verrichtenden Arbeit erfolgt, die Ausbildung des die betreffende Arbeit verrichtenden Arbeiters ist auf die Einteilung ohne Einfluß. Die Einordnung des einzelnen Arbeiters erfolgt nach der normalen Tätigkeit.

Vorübergehende Beschäftigung mit geringwertigen Arbeiten darf nicht zu einer für die tiefere Lohnklasse maßgebenden Bewertung führen.

Falls innerhalb der Berliner Metallindustrie noch Arbeiten vorkommen sollten, die in nachstehender Gruppeneinteilung nicht aufgenommen sind, verpflichten sich die Vertragsparteien, eine nachträgliche Einordnung in die Klasseneinteilung vorzunehmen.

(Die nunmehr folgende Verteilung der Arbeiter auf Berufsgruppen [Eisengießerei, Metallformgießerei usw.] und Lohnklassen ist nicht abgedruckt.)

III. Tarifsätze. [Nicht abgedruckt.]

D 1. Regelung der Akkordarbeit im Werkzeugbau
und
D 2. Abkommen über Arbeitsvermittlung.
[Nicht abgedruckt.]

Dem vorstehenden Tarifvertrag sind die nachstehend verzeichneten Organisationen beigetreten:

Deutscher Holzarbeiter-Verband (Verwaltungsstelle Berlin), Deutscher Sattler-, Tapezierer- und Portefeuiller-Verband, Deutscher Verkehrsbund (Bezirksverwaltung Groß-Berlin), Gewerksverein Deutscher Metallarbeiter (H.-D.), Verband der Buchbinder und Papierverarbeiter (Ortsverwaltung Berlin), Verband der Fabrikarbeiter Deutschlands (Ortsverwaltung Groß-Berlin), Verband der Gärtner und Gärtnereiarbeiter (Verwaltung Groß-Berlin), Verband der Kupferschmiede Deutschlands (Ortsverwaltung Berlin), Verband der Maler, Lackierer und Anstreicher (Filiale Berlin), Zentralverband der Maschinisten und Heizer sowie Berufsgenossen Deutschlands (Wirtschaftsbezirk Brandenburg).

Nr. 121. Reichstarifvertrag für das deutsche Bankgewerbe.

(Für über 90 000 Arbeitnehmer maßgebend.)

I. Allgemeines.

§ 1. Kaufmännische Angestellte. 1. Als kaufmännische Angestellte im Sinne dieses Tarifvertrages gelten die nach dem Versicherungsgesetz für Angestellte versicherungspflichtigen Angestellten der Banken mit Einschluß der nach §§ 14 und 17 Nr. 2 und 3 dieses Gesetzes von der Versicherungspflicht Befreiten sowie diejenigen, welche versicherungspflichtig sein würden, wenn nicht ihr Jahresverdienst den im Versicherungsgesetz für Angestellte jeweils geltenden Betrag oder ihr Alter das vollendete 60. Lebensjahr überstiege. Diese Vorschrift bezieht sich nicht auf die etwa angestelltenversicherungspflichtigen Kassenboten, Bankdiener und Bürodiener, es sei denn, daß sie überwiegend Arbeiten der Gruppe I bis III des § 16 Abs. 1 verrichten. Als Bankangestellte gelten sowohl männliche wie weibliche Personen.

2. Als Angestellte im Sinne dieses Vertrages gelten nicht: Direktoren, stellvertretende Direktoren, Abteilungsdirektoren, Leiter von Niederlassungen und Zweigstellen, Geschäftsführer und stellvertretende Geschäftsführer von Gesellschaften mit beschränkter Haftung, Generalbevollmächtigte, ferner Angestellte, deren Berufstätigkeit in der Bank eine abgeschlossene Hochschulbildung zur Voraussetzung hat, insbesondere Juristen nach bestandener großer Staatsprüfung, technische oder volkswirtschaftliche Fachleute.

3. Prokuristen, Leiter von Depositenkassen und Wechselstuben sowie Abteilungsvorsteher scheiden aus dem Geltungsbereich aus, wenn sie der Leitung ihrer Bank ausdrücklich ihren hierauf gerichteten Willen erklären. Die Erklärung ist nur zulässig innerhalb zweier Monate nach Unterzeichnung des Tarifvertrages oder nach dem Eintritt in die gehobene Stellung.

§ 2. Gewerbliche Angestellte und Arbeiter. Gewerbliche Angestellte und Arbeiter im Sinne dieses Tarifvertrages sind diejenigen Angestellten der Bank, welche nicht unter die Begriffe des § 1 oder die im § 4 bezeichneten Ausnahmen fallen, insbesondere:

1. Kassenboten, Bankdiener und Bürodiener, soweit die vorgenannten drei Angestelltengruppen nicht überwiegend Arbeiten der Gruppen I bis III des § 16 Abs. 1 verrichten, ferner Pförtner, Wächter, Heizer und sonstiges Hauspersonal sowie Buchbinder, Buchdrucker, Elektromechaniker, Fahrstuhlführer, Fensterputzer, Kraftwagenführer, Rohrposttechniker, Schlosser, Schreibmaschinenmechaniker, Tapezierer, Telephonmechaniker, Tischler,
2. Büroburschen (Oberburschen, Hilfsdiener, Jungboten, Laufburschen, Laufjungen).

§ 3. Lehrlinge. Lehrlinge unterstehen diesem Tarifvertrag.

§ 4. Nicht betroffene Angestellte. 1. Ausgeschlossen von der Regelung durch diesen Tarifvertrag sind folgende Angestellte:

a) Arbeitnehmer, welche mit weniger als einmonatiger Kündigungsfrist angestellt sind,*) jedoch fallen Kassenboten, Bankdiener, Bürodiener, Pförtner und Wächter, vorbehaltlich der Ausnahme unter b, stets unter den Tarifvertrag, ebenso Angestellte, die bereits im Bankdienst tätig waren,

*) Aushilfskräfte siehe § 22 Ziff. 8.

b) gewerbliche Angestellte, welche nur vorübergehend angestellt sind,

c) Techniker, Facharbeiter und Handwerker, wenn auf sie der Tarifvertrag ihres Gewerbes oder Faches Anwendung findet, es sei denn, daß sie bei der Pensionseinrichtung ihrer Bank oder dem Beamtenversicherungsverein des Deutschen Bank- und Bankiergewerbes pensionsberechtigt sind oder nach Ablauf der Fristen werden,

d) Reinmache-, Scheuer-, Putz- und Aufwartefrauen, ferner Küchen- und Bedienungspersonal in den Kantinen und Kasinos, Heilgehilfen und -gehilfinnen, Krankenwärter und Krankenschwestern.

2. Die unter a und b bezeichneten Personen fallen nach dreimonatiger Beschäftigung bei ihrer Bank unter den Tarifvertrag. Sie fallen auch dann unter den Tarifvertrag, wenn sie nach einer dreimonatigen Beschäftigung erneut angestellt werden.

§ 5. Vereinigungsfreiheit. 1. Jede Beschränkung des verfassungsmäßig den Arbeitnehmern eingeräumten Vereinigungsrechts ist unzulässig.

2. Den in verantwortlicher leitender Stellung bei den vertragschließenden Bankangestelltenorganisationen tätigen Angestellten ist zur Teilnahme an den auswärtigen Sitzungen in Verbandsangelegenheiten Dienstfreiheit zu gewähren, falls die Gesamtbeanspruchung nicht mehr als vier aufeinanderfolgende Tage, im ganzen Jahre nicht mehr als zwölf Tage umfaßt.

§ 6. Freizügigkeit. Den Angestellten wird volle Freizügigkeit zugesichert. Offene oder geheime, schriftliche, mündliche oder stillschweigend getroffene Abmachungen, welche die Freizügigkeit der Angestellten beschränken oder ein Wettbewerbsverbot enthalten, sind unzulässig. Desgleichen ist es den Bankangestelltenorganisationen verboten, eine Sperre über eine unter diesen Tarifvertrag fallende Bank zu verhängen. Jedoch sind die Angestelltenverbände berechtigt, Tatsachen über Vorkommnisse in einzelnen Betrieben zur Kenntnis ihrer Mitglieder zu bringen.

§ 7. Einstellung und Entlassung. 1. Die Einstellung eines Arbeitnehmers darf nicht von seiner politischen, militärischen, konfessionellen oder gewerkschaftlichen Betätigung, von der Zugehörigkeit oder Nichtzugehörigkeit zu einem politischen, konfessionellen oder beruflichen Vereine oder einem militärischen Verbande abhängig gemacht werden.

2. Als wichtiger Grund zur fristlosen Lösung des Arbeitsverhältnisses darf anhaltende Krankheit oder Arbeitsunfähigkeit infolge unverschuldeten Unglücks nicht benutzt werden, wenn sie nach einer Beschäftigungszeit im Betriebe a) von 1 Jahre die Dauer von 2 Monaten, b) von 3 Jahren die Dauer von 3 Monaten, c) von 10 Jahren die Dauer von 6 Monaten nicht übersteigen.

§ 8. Personalakten. Die Bankleitungen sind verpflichtet, ihren Arbeitnehmern auf Wunsch Auskunft über ihre Personalakten mit Ausnahme der von dritten, nicht der Bank angehörigen Personen erteilten vertraulichen Auskünfte zu erteilen.

§ 9. Eheschließung. Die Eheschließung eines Angestellten oder Arbeiters bedarf nicht der Zustimmung der Bankleitung.

II. Betriebsräte und Mitbestimmungsrecht.

§ 10. Hinsichtlich des Mitbestimmungsrechts der Betriebsvertretungen gelten die Vorschriften des Betriebsrätegesetzes. Ergibt sich über die Frage, inwieweit den Mitgliedern des Betriebsrats die zur Erfüllung ihrer Pflichten erforderliche Zeit freizugeben ist, eine Meinungsverschiedenheit, so entscheiden hierüber die Tarifinstanzen.

III. Tariflöhne (§ 11) und IV. Einkommen (§§ 12—23) sind nicht abgedruckt.

V. Lehrlinge.

§ 24. Ausbildungsgrundsätze. 1. Bei der Beschäftigung der Lehrlinge soll nicht deren Arbeitsleistung, sondern deren möglichst gediegene, umfassende, vielseitige und gründliche Ausbildung in der Berufstätigkeit maßgebendes Ziel sein.

2. Die Anzahl der Lehrlinge in jedem Bankbetriebe darf höchstens betragen: bei einer Anzahl bis zu 10 Angestellten 3 Lehrlinge, bei einer Anzahl bis zu 15 Angestellten 5 Lehrlinge, bei einer Anzahl bis zu 25 Angestellten 7 Lehrlinge, bei einer Anzahl bis zu 50 Angestellten 12 Lehrlinge.

3. Auf je weitere 10 Angestellte kann ein weiterer Lehrling eingestellt werden. Die Depositenkassen gelten als besondere Betriebe.

§ 25. Lehrzeit. 1. Die Lehrzeit für männliche und weibliche Lehrlinge, soweit sie eine mehr als achtklassige Schule besucht haben, beträgt 2½ Jahre, sonst 3 Jahre. Sie kann jedoch nach Ermessen der Bankleitung für einzelne Lehrlinge, insbesondere für solche mit dem Reifezeugnis einer neunklassigen Vollanstalt, bis auf 2 Jahre herabgesetzt werden. Jeder Lehrling, der in einer Bank mit Depositenkassen lernt, soll möglichst mindestens 1 Jahr in solchen zu seiner Ausbildung beschäftigt werden.

2. Angestellten, die aus der Lehre oder unmittelbar von der Schule zum Kriegsdienst gegangen sind, wird die Lehrzeit, insoweit sie infolgedessen nach Vollendung des 20. Lebensjahres abgeleistet, als Berufszeit angerechnet. Die Anrechnung soll auch bei denjenigen Lehrlingen erfolgen, die nicht unmittelbar von der Schule in den Kriegsdienst gegangen sind, sondern sich vorher einem anderen kaufmännischen Beruf gewidmet haben. Kriegslehrlinge dürfen in der Berechnung der Berufszeit nicht ungünstiger gestellt werden als gleichzeitig eingetretene Lehrlinge, die nicht beim Heere waren.

3. Die Bankleitung ist verpflichtet, für den Fall, daß der Lehrling nach Beendigung der Lehrzeit nicht als Angestellter weiterbeschäftigt werden kann, ihn sowie seinen gesetzlichen Vertreter auf Verlangen drei Monate vor Ablauf der Lehrzeit hiervon schriftlich in Kenntnis zu setzen.

§ 26. Einstellungsrichtlinien. Die Lehrlinge sollen mindestens die Reife für Obersekunda oder eine gleichwertige Schulbildung besitzen. Als gleichwertige Schulbildung gilt insbesondere der erfolgreich abgeschlossene Besuch einer staatlich anerkannten Fachschule.

§ 27. Lehrvertrag. Lehrverträge, welche den Tarifbestimmungen nicht entsprechen, sind abzuändern. Dies gilt nicht hinsichtlich einer kürzeren Lehrzeit.

§ 28. Vergütung. Die Lehrlinge (männliche und weibliche) erhalten im ersten Lehrjahre 25 Prozent, im zweiten Lehrjahre 45 Prozent, im dritten Lehrjahre 60 Prozent der Einkommen des ersten Berufsjahres der Gruppe II ihres Geschlechts.

VI. Arbeitszeit.

§ 29. Dienstzeit. 1. Die tägliche Arbeitszeit (ohne Pausen gerechnet) beträgt 8, an Sonnabenden 6 Stunden. Die Bankleitungen können sie im Bedarfsfall bis zu 54 Stunden in der Woche vorübergehend ausdehnen. Ein Bedarfsfall liegt nur vor, wenn aus Gründen der Eigenart des Bankgewerbes oder seiner Belastung mit öffentlichen Aufgaben eine besondere Arbeitshäufung eintritt. An Sonnabenden darf die Arbeitszeit auch in diesem Falle keinesfalls mehr als 8 Stunden betragen. Im übrigen gelten die jeweiligen gesetzlichen Bestimmungen. Die Bankleitungen werden, falls es die Aufrechterhaltung eines geordneten Bankbetriebes gestattet, einzelne Abteilungen oder einzelne Angestellte, welche die ihnen zugewiesene Tagesarbeit erledigt haben, an den Tagen von Montag bis Freitag einschließlich nach achtstündiger Tätigkeit (ohne Pausen gerechnet), an den Sonnabenden nach sechsstündiger Tätigkeit (ohne Pausen gerechnet) entlassen. Die Überstundenbezahlung beginnt nach Ableistung von 96 Stunden in zwei aufeinanderfolgenden Wochen.

2. Die Festsetzung der Tagesdienstzeiten erfolgt durch die Leitung einer jeden Bank unter Mitwirkung der Betriebsvertretung gemäß den Bestimmungen des Betriebsrätegesetzes. Die Tagesdienstzeiten in den einzelnen Abteilungen der Bank können verschieden festgesetzt werden.

§ 30. Allgemeine Ausnahmen. 1. An den Oster- und Pfingstsonnabenden sollen die Banken geschlossen bleiben. Es darf jedoch ein Schalter für Entgegennahme von Anmeldungen zu Generalversammlungen, für welche die Anmeldefrist abläuft, und zur Einlösung von Wechseln zwei Stunden lang offen gehalten werden.

2. Fällt der 24. Dezember auf einen Werktag, so gilt die nach § 29 Abs. 1 für Sonnabende festzusetzende Tagesdienstzeit.

§ 31. Überstunden. 1. Überstunden sind nach Möglichkeit zu vermeiden. Die Leistung von Überstunden muß stets eine allen Beteiligten unerwünschte Ausnahme bleiben. Im übrigen gelten bezüglich der Überstunden die gesetzlichen Bestimmungen.

2. Überstunden dürfen nur geleistet und vergütet werden, wenn der zuständige Abteilungsvorsteher die Notwendigkeit der Überstundenleistung festgestellt hat.

3. Die Vergütung der Überstunden ist nach Ortsklassen abzustufen und beträgt für jede voll geleistete Überstunde von der 97. bis zur 102. Doppelwochenstunde $^1/_{400}$ des tarifmäßigen Monatseinkommens, von der 103. Doppelwochenstunde ab $^1/_{200}$ des tarifmäßigen Monatseinkommens zuzüglich 25 v. H. Die Haushalts-, Kinder- und Besatzungszulagen sowie die Ortssonderzuschläge bleiben bei der Errechnung der Überstundenvergütung außer Ansatz. Voll geleistete halbe Überstunden werden mit der Hälfte der Sätze vergütet.

4. Sollten an Sonn- und Feiertagen Überstunden geleistet werden, so sind sie mit $^1/_{100}$ des tarifmäßigen Monatseinkommens (siehe Abs. 3) zu entlohnen. Soweit jedoch Sonntags Wachtdienste von Angestellten geleistet werden, die im Bankgebäude ihre Wohnung haben, wird nur $^1/_{200}$ des tarifmäßigen Monatseinkommens als Überstundenvergütung bezahlt. Die Verrechnung des Sonntagswachtdienstes mit der Wochenarbeitszeit ist unzulässig.

5. Alle Angestellten, die die Notwendigkeit der Leistung von Überstunden festzustellen haben und hierzu nicht nur vertretungsweise berufen sind, erhalten keine besonderen Vergütungen.

VII. Urlaub.

§ 32. Zeitpunkt. 1. Der Urlaub soll unter möglichster Berücksichtigung der Wünsche jedes einzelnen Angestellten, insbesondere der Familienverhältnisse und der Schulferien, von den Bankleitungen erteilt werden. In der Regel soll der Urlaub zwischen dem 1. April und dem 30. September liegen, andernfalls erhöht er sich um drei Arbeitstage.

2. Das Fernbleiben infolge Krankheit darf nicht auf den Urlaub angerechnet werden; hierunter fällt jedoch nicht das Fernbleiben zur Erholung nach oder infolge Krankheit oder zur Kurbehandlung. Das Fernbleiben infolge derjenigen Reisen von Angestellten und Arbeitern, für deren Dauer ihnen nach § 5 Abs. 3 Dienstfreiheit gewährt ist, darf ebenfalls nicht auf den Urlaub angerechnet werden.

3. Angestellten, die mit dem 1. Juli des laufenden Jahres ihre Stellung wechseln, ist der volle Jahresurlaub zu gewähren, sofern dieser bereits festgesetzt war und noch in die vor dem 1. Juli liegende Zeit fällt; auch den etwa vor diesem Termin liegenden Teil des Urlaubs kann der Angestellte in Anspruch nehmen.

§ 33. Dauer. 1. Es haben Anspruch auf jährlichen Urlaub, sofern sie vor dem 1. Juli des laufenden Jahres in die Bank eingetreten sind:

a) männliche und weibliche kaufmännische Angestellte:

bis zum 3. Berufsjahr	12	Werktage,
im 4. und 5. Berufsjahr	15	„ ,
vom 6. bis 12. Berufsjahr	18	„ ,
vom 13. Berufsjahr ab	21	„ ,

b) gewerbliche Angestellte und Arbeiter:

bis zum 3. Dienstjahre	9	Werktage,
vom 4. bis zum 14. Dienstjahre	12	„ ,
vom 15. Dienstjahre ab	18	„ ,

c) Lehrlinge:

im 1. Lehrjahre	9	Werktage,
im 2. und 3. Lehrjahre	12	„ ,

d) Büroburschen . . . . 6 Werktage.

2. Berufs- und Dienstjahre werden in demselben Sinne verstanden wie bei der Einkommensberechnung. Jedoch werden die Jahre von der Vollendung des 20. Lebensjahres bis zum Berufs- und Dienstbeginn angerechnet in der Weise, daß die Jahre vom vollendeten 20. bis zum vollendeten 30. Lebensjahre zur Hälfte, die vom vollendeten 30. bis zum vollendeten 40. Lebensjahre zu einem Drittel angesetzt werden. Lehrjahre rechnen nicht mit.

3. Beim Aufrücken von gewerblichen Angestellten, Arbeitern oder Büroburschen in eine der anderen Gattungen tritt der Anspruch auf den längeren Urlaub erst mit Eintritt in das 20. Lebensjahr ein.

4. Tage, an denen die Bank geschlossen ist (§ 30), rechnen nicht als Werktage im Sinne der Bestimmungen des Abs. 1.

5. Auf Arbeitnehmer, die zur Aushilfe oder auf Probe angestellt sind, finden die Urlaubsbestimmungen der §§ 32 und 33 nur Anwendung, wenn sie ununterbrochen länger als drei Monate im gleichen Betriebe beschäftigt worden sind.

VIII. Verhältnis zum geltenden Recht.

§ 34. Soweit dieser Tarifvertrag nicht besondere Regelungen vorsieht, gelten die gesetzlichen Bestimmungen.

IX. Geltungsbereich.

§ 35. Der Reichstarifvertrag gilt für alle im Gebiete des Deutschen Reiches gelegenen Niederlassungen, Zweigstellen, Depositenkassen und Wechselstuben der im Reichsverbande der Bankleitungen zusammengeschlossenen Banken und Bankiers.

X. Dauer.

§ 36. Dieser Reichstarifvertrag tritt mit Wirkung vom 1. April 1928 ab in Kraft und läuft bis zum 31. Dezember 1930.

XI. Allgemeine Verbindlichkeit.

§ 37. 1. Die Vertragsparteien verpflichten sich, gemeinsam die Anordnung der allgemeinen Verbindlichkeitserklärung des Tarifvertrages sofort nach Unterzeichnung bei der Reichsarbeitsverwaltung zu beantragen.

2. Bei Erklärung der allgemeinen Verbindlichkeit kann eine Vermehrung der in § 1 Abs. 4 der aus der Anlage ersichtlichen Geschäftsordnung für die Tarifämter vorgesehenen Anzahl der ständigen und nichtständigen Beisitzer aus den Kreisen der Arbeitgeber und der Arbeitnehmer derjenigen Betriebe erfolgen, auf welche der Tarifvertrag durch die allgemeine Verbindlichkeit ausgedehnt wird. Es soll dann je nach Bedarf eine Anzahl ständiger und nichtständiger Beisitzer je zur Hälfte aus Arbeitgeber- und Arbeitnehmerkreisen hinzutreten.

XII. Vertragsausfertigung.

§ 38. Dieser Vertrag ist für jede der vertragschließenden Parteien einmal auszufertigen.

II. Abreden über den Geltungsbereich.

Nr. 122. Aus dem Reichstarifvertrag für Hoch-, Beton- und Tiefbauarbeiten.

(Manteltarif, maßgebend für rund 650 000 Arbeitnehmer.)

§ 1. 1. Der räumliche Geltungsbereich dieses Tarifvertrages ist das Deutsche Reich.

2. In allen zusammenhängenden Wirtschaftsgebieten oder Orten sollen die bezirklichen Organisationen der Arbeitgeber mit den Unterverbänden (Vereinen, Zahlstellen) der Arbeiter Lohn- und Arbeitstarife nach dem diesem Vertrage beigefügten Muster abschließen. Für den räumlichen Geltungsbereich dieser Lohn- und Arbeitstarife ist die anliegende Gebietseinteilung maßgebend.

Für zusammenhängende Bauwerke (Eisenbahnen, Kanäle, Straßen-, Kabel- und Druckrohrverlegungen u. a.), die sich über den Bereich mehrerer Tarifgebiete erstrecken, können die bezirklichen Organisationen der vertragschließenden Parteien in gemeinsamen Verhandlungen einen Lohn- und Arbeitstarif festsetzen. Hochbauten sowie Betonarbeiten an diesen Hochbauten, die nicht räumlich und zeitlich mit den vorgenannten Tiefbauarbeiten einschließlich der dazugehörigen Betonarbeiten ausgeführt werden, fallen unter die in Betracht kommenden bezirklichen Lohn- und Arbeitstarife.

Die vertragschließenden Parteien haben ihre Unterverbände zum Abschluß von Lohn- und Arbeitstarifen anzuhalten und sie dabei zu unterstützen. Kommt mit einem Unterverband der Arbeiter oder der Arbeitgeber ein Lohn- und Arbeitstarif nicht zustande, so können die bezirklichen Arbeitgeber- oder Arbeiterverbände in ihrer Gesamtheit oder einzeln mit dem oder den übrigen Arbeiter- oder Arbeitgeberverbänden einen solchen abschließen. Die Verhandlungen über den Abschluß der Lohn- und Arbeitstarife sind bis zum 15. Mai 1929 zu beenden.

Kommt eine Einigung über den Abschluß eines Lohn- und Arbeitstarifes nicht zustande, so haben die Tarifinstanzen gemäß § 11 Ziff. 19 bis 24 zu entscheiden.

3. Die abgeschlossenen Lohn- und Arbeitstarife sind den vertragschließenden Spitzenorganisationen sofort nach Abschluß in 14 urschriftlichen Ausfertigungen vorzulegen.

Den Spitzenorganisationen steht innerhalb einer Frist von 14 Tagen, vom Tage der Zustellung gerechnet, insoweit ein Einspruchsrecht zu, als der Lohn- und Arbeitstarif gegen Sinn oder Wortlaut des Reichstarifvertrages verstößt. Dieser Einspruch hat bezüglich der Löhne und Zuschläge keine aufschiebende Wirkung.

4. Dieser Reichstarifvertrag gilt hinsichtlich der in § 2 der Lohn- und Arbeitstarife aufgeführten Arbeitergruppen für alle Bau-, Maurer-, Zimmerer-, Beton-, Eisenbeton- und Tiefbauarbeiten (einschließlich der Wege-, Straßen- und Chausseebauarbeiten, ausgenommen Pflasterarbeiten).

5. Organisierte Arbeitgeber, die unorganisierte Arbeiter beschäftigen, und organisierte Arbeiter, die bei unorganisierten oder andersorganisierten Arbeitgebern beschäftigt sind, fallen unter diesen Reichstarifvertrag und die dazugehörigen Lohn- und Arbeitstarife und haben die Verpflichtung, sie in vollem Umfange durchzuführen.

6. Die vertragschließenden Parteien dürfen inhaltlich abweichende Bestimmungen mit andern Organisationen, einzelnen Arbeitgebern, Arbeitern oder mit Dritten nicht treffen. Vereinbart eine der vertragschließenden Parteien dennoch mit andern Organisationen, einzelnen Arbeitgebern, Arbeitern oder mit Dritten von diesem Vertrage abweichende Bestimmungen, so kann die Gegenseite verlangen, daß die abweichenden Bestimmungen ganz oder teilweise Inhalt dieses Reichstarifvertrages werden. Etwaige sonstige Folgen der Tarifvertragsverletzung werden davon nicht berührt.

7. Die vertragschließenden Parteien treten dafür ein, daß dieser Reichstarifvertrag und die von den Unterverbänden auf Grund dieses Reichstarifvertrages abgeschlossenen Lohn- und Arbeitstarife für allgemeinverbindlich erklärt werden, soweit seitens der vertragschließenden Spitzenorganisationen Einspruch gegen diese Tarifverträge gemäß § 1 Ziff. 3 nicht erhoben ist.

III. Abreden über Arbeitsbeschaffung und Auswahl der Arbeiter.

Nr. 123. Aus dem Reichstarifvertrag für Hoch-, Beton- und Tiefbauarbeiten.

Die Einstellung eines Arbeiters darf nur von seiner beruflichen Eignung abhängig gemacht werden.

Um den unwirtschaftlichen Zustand, daß in der einen Gegend ein Mangel, in der andern ein Überfluß von Arbeitskräften besteht, nach Möglichkeit zu beseitigen, wollen die beiderseitigen Tarifparteien bestrebt sein, sich — und zwar tunlichst unter Benutzung der öffentlichen Arbeitsnachweise (Facharbeitsnachweise) — gegenseitig in der Regelung von Angebot und Nachfrage zu unterstützen. Von vorzunehmenden Entlassungen soll der Betriebsvertretung möglichst vorher Kenntnis gegeben werden.

Bei Entlassung von Arbeitern gelten die gesetzlichen Bestimmungen. Bei der Durchführung dieser Bestimmungen sind etwaige vertragliche Verpflichtungen des Unternehmers seinem Auftraggeber gegenüber und die rationelle Ausnutzung der Maschinen und der dazugehörigen Geräte gebührend zu berücksichtigen. Bei Verminderung der Arbeiterzahl ist darauf zu halten, daß nach Möglichkeit Familienväter nicht vor Unverheirateten entlassen werden.

Bei Entlassung wegen Witterungseinflüssen sollen die Entlassenen nach Maßgabe der betrieblichen Möglichkeiten wieder eingestellt werden, sofern sie sich innerhalb drei Tagen nach Wiederaufnahme der Arbeit gemeldet haben.

Im eigentlichen Zimmerergewerbe sollen, wenn innerhalb einer Gemeinde oder eines zusammenhängenden Wirtschaftsgebietes mehrere Arbeitsstellen desselben Arbeitgebers liegen, nach Möglichkeit die auf der einen Arbeitsstelle zur Entlassung kommenden Zimmerer auf den andern Arbeitsstellen weiterbeschäftigt werden, soweit dort Zimmerer neu eingestellt werden müßten.

Das Arbeitsverhältnis darf beiderseitig ohne Kündigungsfrist täglich gelöst werden, jedoch nur zum Arbeitsschluß.

Nr. 124.

1. „Beide Parteien verpflichten sich, dem Mißstand der erwerbsmäßigen Nebenarbeit entgegenzutreten und sich dabei mit allen ihnen zu Gebote stehenden Mitteln, auch durch Namhaftmachung der einzelnen Fälle, zu unterstützen."*)

*) Aus dem Mantelvertrag für das deutsche Holzgewerbe (1929) § 64.

2. „Das Zusammenarbeiten mit anders oder nicht organisierten Arbeitern auf ein und derselben Bau- oder Arbeitsstelle darf nicht beanstandet werden.

Die Vertreter der vertragschließenden Arbeiterorganisationen sind berechtigt, die Arbeitsstelle im Benehmen mit den Vertretern des Arbeitgebers und nur während der Pausen zu betreten. Der Arbeitgeber haftet nicht für Unfälle, die dem Betreffenden auf der Baustelle zustoßen.

Jegliche Agitation ist auf der Bau- oder Arbeitsstelle während der Arbeitszeit verboten. Pausen gelten nicht als Arbeitszeit." *)

*) Aus dem Tarifvertrag für die metallverarbeitenden Gruppen des Arbeitgeberverbandes für das Baugewerbe im Saargebiet e. V.

IV. Allgemeinverbindlicherklärung.*)

Nr. 125. Allgemeinverbindlicherklärung des Reichstarifvertrages für Hoch-, Beton- und Tiefbauarbeiten.

Der Reichsarbeitsminister.
III b 401/610 Tar.

Berlin NW 40, den 14. September 1929.
Scharnhorststraße 35.

Entscheidung.

Die nachstehenden tariflichen Vereinbarungen werden für den angegebenen Geltungsbereich gemäß § 2 der Tarifvertragsverordnung in der Fassung vom 1. März 1928 (RGBl. I S. 47) für allgemein verbindlich erklärt:

I. Vertragsparteien:

a) auf Arbeitgeberseite:
Arbeitsgemeinschaft des Deutschen Hoch- und Tiefbaugewerbes;
Deutscher Arbeitgeberbund für das Baugewerbe E. V., Berlin;
Reichsverband des Deutschen Tiefbaugewerbes E. V.;
Reichsverband Industrieller Bauunternehmungen E. V.

b) auf Arbeitnehmerseite:
Deutscher Baugewerksbund;
Zentralverband der Zimmerer und verwandter Berufsgenossen Deutschlands (nur zu II a);
Zentralverband christlicher Bauarbeiter Deutschlands;
Zentralverband der Maschinisten und Heizer sowie Berufsgenossen Deutschlands.

II. Abgeschlossen:

a) am 30. März 1929: Reichstarifvertrag nebst Protokollerklärungen;
b) am 30. März 1929: Vereinbarung über Akkordarbeit.

III. Beruflicher Geltungsbereich der allgemeinen Verbindlichkeit:

Gewerbliche Arbeiter im Bau-, Maurer-, Zimmerer-, Beton-, Eisenbeton- und Tiefbaugewerbe (einschließlich der Wege-, Straßen- und Chausseebauarbeiten, ausgenommen Pflasterarbeiten).

Die allgemeine Verbindlichkeit erfaßt nicht das Arbeitsverhältnis von Bauarbeitern, die in einem Betriebe, der nicht Baubetrieb ist, dauernd mit Instandsetzungs- oder Erneuerungsarbeiten beschäftigt sind.

*) Ende 1929 waren für allgemein verbindlich erklärt 84 Reichstarife, 1397 Bezirkstarife, 505 Ortstarife.

Von der allgemeinen Verbindlichkeit sind ausgenommen die ständigen Arbeiter der Staats- und Kommunalverwaltungen, die unständigen nur insoweit, als sie nicht bei Neubauten und Erweiterungsbauten beschäftigt werden. Ferner sind ausgenommen die Arbeiter der Reichswasserstraßenverwaltung und der Preußischen Wasserbauverwaltung mit Ausnahme derjenigen Arbeiter, die an Neu- und Erweiterungsbauten beschäftigt werden, wie sie im zweiten und dritten Absatz der Ausführungsbestimmungen zu § 1 des Lohntarifvertrages für die Arbeiter der Reichswasserstraßenverwaltung vom 2. Mai 1929 bezeichnet sind.

IV. Räumlicher Geltungsbereich der allgemeinen Verbindlichkeit:
Gebiet des Deutschen Reiches.

V. Die allgemeine Verbindlichkeit erstreckt sich nicht auf § 11 des Reichstarifvertrages (Behandlung von Streitigkeiten).

VI. Die allgemeine Verbindlichkeit beginnt mit Wirkung vom 1. Juli 1929.

Die allgemeine Verbindlichkeit des Reichstarifvertrages vom 30. März 1927 nebst Nachtrag tritt mit Ablauf der Geltungsdauer der Vereinbarungen außer Kraft.

In Vertretung des Staatssekretärs:
gez. Dr. Sitzler. Beglaubigt:
(Stempel.) gez. Hundack, Ministerial-Kanzleisekretär.

Reichsarbeitsministerium.

Eingetragen am 17. September 1929 auf Blatt 8331 lfd. Nr. 5 des Tarifregisters.
Der Registerführer: gez. Hoepfner.

V. Arbeitsordnung.

Nr. 126. Arbeitsordnung der Firma N.

(Aus der Berliner Metallindustrie.)

Einleitung. Die nachstehende für Arbeitgeber und Arbeiter (Arbeiterinnen) rechtsverbindliche Arbeitsordnung ist auf Grund der Bestimmungen der Gewerbeordnung und des Betriebsrätegesetzes vereinbart. Sie tritt am*) .... in Kraft.

Für alle Fragen des Lohn- und Arbeitsverhältnisses, über die die Arbeitsordnung nichts enthält, gelten die Bestimmungen der Tarifverträge. Diese gehen entgegenstehenden Bestimmungen der Arbeitsordnung vor.

Für Arbeiten außerhalb des Betriebes gelten neben dieser Arbeitsordnung besondere Vorschriften.

I. Beginn und Ende des Arbeitsverhältnisses.

§ 1. Bei der Einstellung sind die Ausweispapiere, insbesondere die Quittungskarte für die Invalidenversicherung, sowie die Steuerkarte und von Minderjährigen das Arbeitsbuch beizubringen.

Der Familienstand sowie seine Veränderungen, Wohnung und Wohnungswechsel sind bekanntzugeben.

§ 2. Wöchnerinnen müssen bei der Annahme eine Schonungszeit von acht Wochen überstanden haben und nachweisen, daß seit ihrer Niederkunft wenigstens sechs Wochen verflossen sind.

§ 3. Die Einstellung erfolgt unter Berücksichtigung der vereinbarten Richtlinien durch die Betriebsleitung oder den damit beauftragten Beamten. Jeder Arbeiter erhält bei seinem Eintritt in das Arbeitsverhältnis einen Abdruck der im Betriebe ausgehängten Arbeitsordnung, die er durch eigene Namensunterschrift in einem hierfür bestimmten Buch (oder einer Personalkarte) anzuerkennen hat. Erst nach Leistung der Unterschrift gilt der Arbeiter als eingestellt. Bei der Einstellung wird der Zeitpunkt für die Aufnahme der Arbeit verabredet. Bei Einstellung zu vorübergehender Arbeit muß dies ausdrücklich vereinbart werden.

---

*) Datum, frühestens zwei Wochen nach dem Tage des Erlasses.

§ 4. Jeder Arbeiter gehört mit der Aufnahme der Arbeit der Krankenkasse an, zu der der Arbeitgeber den gesetzmäßigen Beitragsanteil bezahlt, sofern der Arbeiter nicht nachweist, daß er Mitglied einer auf Grund der Reichsversicherungsordnung anerkannten Ersatzkasse ist.

§ 5. Kündigung und Entlassung. Das Arbeitsverhältnis kann unbeschadet der Rechte des Arbeiters aus den §§ 84—90 BRG. von beiden Seiten, gleichgültig ob die Beschäftigung in Zeit- oder Stücklohn (Akkordlohn) erfolgt, ohne Einhaltung einer Kündigungsfrist und vor Fertigstellung einer bereits angefangenen Stücklohnarbeit (Akkordarbeit) zu jeder Zeit und Stunde gelöst werden.

Die Bestimmungen der Gewerbeordnung über fristlose Entlassung bleiben hiervon unberührt.

§ 6. Bei dem Austritt erhält der Arbeiter sofort, wenn außergewöhnliche Umstände vorliegen, baldmöglichst die hinterlegten Papiere und den rückständigen Lohn gemäß § 15 der Arbeitsordnung entweder persönlich gegen Empfangsbescheinigung oder durch die Post mittels eingeschriebenen Briefes sowie auf Verlangen ein Arbeitszeugnis.

Verlangt der Arbeitnehmer Zusendung durch die Post, so erfolgt die Zusendung auf seine Kosten und Gefahr.

§ 7. Der Arbeiter hat beim Austritt alle Maschinen, Werkzeuge, Werkzeugbuch und sonstige ihm anvertraute Gegenstände ordnungsgemäß der zuständigen Stelle zu übergeben. (Siehe auch §§ 23 und 26.)

II. Arbeitszeit.

§ 8. Arbeitstage sind sämtliche Wochentage mit Ausnahme der gesetzlichen Feiertage sowie anderer gemäß den Bestimmungen des Betriebsrätegesetzes vereinbarter oder durch Anschlag bekanntzugebender Tage.

§ 9. Die regelmäßige Arbeitszeit dauert:

a) für die erwachsenen Arbeiter: im Sommer (1. April bis 30. September): Montag bis Freitag (evtl. bis Sonnabend): vormittags von .... Uhr bis .... Uhr, nachmittags von .... Uhr bis .... Uhr mit folgenden Arbeitspausen: vormittags von .... Uhr bis .... Uhr, mittags von .... Uhr bis .... Uhr, nachmittags von .... Uhr bis .... Uhr; am Sonnabend: von .... Uhr vormittags bis .... Uhr nachmittags mit folgenden Arbeitspausen (wenn von anderen Tagen verschieden): vormittags von .... Uhr bis .... Uhr, mittags von .... Uhr bis .... Uhr, nachmittags von .... Uhr bis .... Uhr; im Winter (1. Oktober bis 31. März): ... [Nicht abgedruckt.]

b) für die erwachsenen Arbeiterinnen: ... [Nicht abgedruckt.]

Die Arbeitszeit der jugendlichen Arbeiter wird nach den gesetzlichen Bestimmungen geregelt und durch Anschlag bekanntgegeben.

§ 10. Verschiebungen der Arbeitszeit und Pausen werden mit der nach dem Betriebsrätegesetz zuständigen Arbeitervertretung vereinbart und durch Anschlag oder auf sonst übliche Weise rechtzeitig bekanntgegeben.

§ 11. Die Arbeiter sind zur Leistung von Über-, Nacht-, Sonn- und Feiertagsarbeit gemäß den jeweils geltenden gesetzlichen und tariflichen Bestimmungen verpflichtet. Die Überarbeit ist nach Möglichkeit rechtzeitig bekanntzugeben.

In Notfällen, bei Inventur oder bei Mangel an geeigneter Arbeit sind die Arbeiter verpflichtet, vorübergehend auch andere Arbeit zu verrichten als die, für die sie angenommen worden sind. Die Bezahlung erfolgt nach den hierfür in dem Tarifvertrage getroffenen Bestimmungen.

§ 12. Maßgebend für Beginn und Ende der Arbeitszeit ist die Fabrikuhr, nach der die Zeichen zur Aufnahme und Beendigung der Arbeit gegeben werden. Jeder Arbeiter hat sich pünktlich bei seiner Arbeit einzufinden und bis zum Schluß der Arbeitszeit bei derselben zu verbleiben.

Jeder Arbeiter hat die Kontrolleinrichtungen zu gebrauchen. Es ist streng untersagt, sie für einen anderen Arbeiter zu benutzen oder sonstigen Mißbrauch damit zu treiben. Alle zur Kontrolleinrichtung gehörenden Gegenstände sind sorgfältig zu behandeln.

Arbeiter, die vor Schluß der Arbeitszeit aus dringenden Gründen die Fabrik verlassen wollen, erhalten von .... (dem zuständigen Vorgesetzten) einen Ausweis. Ohne diesen Ausweis (welcher der Kontrollstelle abzugeben ist) darf niemand die Fabrik verlassen.

.... Minuten nach Schluß der für ihn jeweils festgesetzten Arbeitszeit darf der Arbeiter ohne Erlaubnis nicht mehr in der Fabrik anwesend sein.

Zum Betreten und Verlassen der Fabrik und der Arbeitsräume darf jeder Arbeiter nur die für ihn bestimmten Eingänge, Ausgänge und Wege benutzen.

Arbeiter, die zum Besuch der Fortbildungsschule verpflichtet sind, haben sich vor dem jedesmaligen Schulbesuch unter Angabe des Grundes ihres Wegganges bei ihrem Vorgesetzten zu melden und nach Schluß des Unterrichts, sofern die Arbeitszeit noch nicht zu Ende ist, auf dem nächsten Wege zur Arbeitsstelle zurückzukehren.

§ 13. Ist ein Arbeiter durch unvorhergesehene Veranlassung am Erscheinen zur Arbeit verhindert, so hat er dies baldmöglichst, tunlichst jedoch vor Ablauf des ersten Tages seiner Abwesenheit, unter Angabe der Gründe mitzuteilen.

Gesuche um Urlaub in besonderen Fällen sind möglichst einen Tag zuvor bei dem zuständigen Vorgesetzten anzubringen.

Wer von der Arbeit fortbleibt und sich nicht spätestens am dritten Tage ausreichend entschuldigt, gilt, wenn die Möglichkeit der Entschuldigung vorlag, als mit dem Beginn der Versäumnis ausgeschieden.

III. Lohnberechnung und Lohnzahlung.

§ 14. Der Arbeiter erhält für die von ihm geleistete Arbeit den vereinbarten Stunden- oder Stücklohn unter Zugrundelegung der tariflichen Abmachungen.

Bezahlt wird nur die Zeit, während der wirklich gearbeitet worden ist.

Abweichend von der Bestimmung unter Abs. 2 wird versäumte Arbeitszeit in folgenden Fällen bezahlt:

a) bei Betriebsunfällen bis zu 8 Arbeitsstunden;
b) beim Tode des in häuslicher Gemeinschaft lebenden Ehegatten bis zu 8 Arbeitsstunden;
c) beim Tode von Kindern unter 17 Jahren, sofern sie in häuslicher Gemeinschaft leben, bis zu 4 Arbeitsstunden.

§ 15. Scheiden Arbeitnehmer vor der regelmäßigen Lohnzahlung aus, so erhalten sie ihren Verdienst nach Feststellung des Betrages ausgezahlt. Die Stücklohnberechnung erfolgt nach den tariflichen Bestimmungen. Die Auszahlung erfolgt an den Ausscheidenden persönlich gegen Quittung über den erhaltenen Betrag. Ausnahmsweise kann der Lohnbetrag postfrei übersandt werden. Erfolgt die Übersendung durch die Post auf Wunsch des Arbeitnehmers, so geschieht dies auf dessen Kosten (vgl. § 6).

§ 16. Die Lohnperiode dauert eine Woche. Sie beginnt mit der ersten Schicht am Montag.

§ 17. Die Auszahlung des Lohnes erfolgt am Freitag während der Arbeitszeit bar, entweder direkt oder in verschlossenen Lohntüten.

Gleichzeitig mit der Lohnzahlung ist eine Abrechnung zu übergeben, aus der die Zahl der Lohn- und Akkordstunden, der Stundenlohn, der Akkordverdienst sowie die Abzüge ersichtlich sind.

Fällt der Lohntag auf einen Feiertag, so erfolgt die Auszahlung am vorhergehenden Werktage.

Die Lohnsummen können unter Ausgleich bei der nächsten Lohnzahlung abgerundet werden.

§ 18. Einsprüche gegen die Berechnung des Lohnes müssen spätestens am ersten auf die Lohnzahlung folgenden Arbeitstage, Beanstandungen wegen Nichtübereinstimmung des ausgehändigten Geldbetrages mit der Endsumme der Abrechnung sofort, jedenfalls vor Verlassen des Zahllokals vorgebracht werden.

§ 19. Bei den Lohnauszahlungen werden in Abzug gebracht:

a) die Beiträge zu den gesetzlichen Versicherungen (Pensionskasse des Betriebes),
b) gepfändete oder behördlich beschlagnahmte Beträge,
c) Vorschüsse gemäß der bei der Bewilligung getroffenen Vereinbarung,
d) Steuerabzüge, zu denen der Arbeitgeber gesetzlich verpflichtet ist.

§ 20. Lohnreste, die binnen sechs Monaten nach dem Ausscheiden des Arbeiters aus dem Betriebe nicht erhoben wurden, verfallen zugunsten der Arbeiterunterstützungskasse.

IV. Allgemeine Vorschriften.

§ 21. Die Arbeitszeit dient der ordnungsgemäßen Erledigung der Arbeit.

Die Beschäftigten sind verpflichtet, den zwischen Betriebsleitung und Betriebsrat vereinbarten Bestimmungen zur Erhaltung der Ordnung und der Sicherheit von Leben und Eigentum im Betrieb und in der Verwaltung zu entsprechen.

Sie haben den Anweisungen zu folgen, welche die mit der Leitung und Beaufsichtigung beauftragten Personen bei der Ausführung ihrer Obliegenheiten erteilen.

Die für den Betrieb bestehenden Unfall- und Feuerverhütungsvorschriften sind streng zu beachten, insbesondere dürfen Vorrichtungen zur Unfallverhütung und die Feuerlöscheinrichtungen nicht beseitigt oder unwirksam gemacht werden.

Die unbefugte Benutzung der Fahrstühle ist verboten.

§ 22. Der Arbeiter ist verpflichtet, jede Verhinderung an seiner Arbeit sofort der zuständigen Stelle zu melden, insbesondere wenn das Material zur Weiterarbeit auszugehen droht.

Erkennbare Fehler, die sich im Material oder in der vorherigen Bearbeitung zeigen sollten, hat der Arbeitnehmer dem Meister anzuzeigen, ehe er an dem betreffenden Stück fortarbeitet. Wird die Anzeige unterlassen, so ist der Arbeitgeber nicht verpflichtet, Lohn für die Arbeit an dem fehlerhaften Stück zu leisten.

Wer ein ihm anvertrautes Stück vorsätzlich oder fahrlässig verdirbt oder anders als ihm angegeben oder sonst fehlerhaft bearbeitet, erhält dafür keinen Lohn und kann zum Ersatz des Wertes des Stückes herangezogen werden.

Wer Stücke, die er selbst als Ausschuß erkennt oder die bei der Revision als Ausschuß festgestellt werden, zerstört, beiseite schafft oder unkenntlich macht oder andere dazu veranlaßt, verzichtet darauf, daß ihm seine Verantwortlichkeit nachgewiesen wird.

§ 23. Werkzeuge sind sachgemäß zu behandeln. Das Schadhaftwerden oder der Verlust von Werkzeugen ist sofort zu melden.

Jeder Arbeiter, der Werkzeuge zur Ausführung seiner Arbeit benötigt, erhält einen verschließbaren Behälter (Kasten, Schrank usw.) und ist für das übergebene Werkzeug verantwortlich. Er erhält darüber ein Verzeichnis, in das Zu- und Abgänge eingetragen werden. Eigenmächtige Eintragungen dürfen vom Arbeiter nicht gemacht werden.

Die zum allgemeinen Gebrauch vorhandenen Werkzeuge müssen sofort nach erfolgter Benutzung in ordnungsmäßigem Zustande zurückgegeben werden. Am Wochenschluß sind sämtliche derartige Werkzeuge in ordnungsmäßigem Zustande zurückzugeben.

Die Ausgabe neuer und der Umtausch unbrauchbar gewordener Werkzeuge erfolgt nur gegen Ausweis. Unbrauchbar gewordene Werkzeuge werden nur dann kostenlos ersetzt, wenn die Unbrauchbarkeit durch Abnutzung erkennbar ist oder Bruchstücke zurückgegeben werden, die die Werkzeuge kennzeichnen.

Eigene Werkzeuge dürfen nur mit Zustimmung des Arbeitgebers verwendet werden.

§ 24. Jeder Arbeiter hat die von ihm zu bedienenden Maschinen sorgfältig zu behandeln und während der dafür festgesetzten Zeit, jedoch nur, wenn sie außer Betrieb gesetzt sind, gut zu reinigen.

Veränderungen und Ausbesserungen an den Maschinen und Werkzeugvorrichtungen dürfen eigenmächtig nicht vorgenommen werden. Das Schadhaftwerden von Maschinen ist sofort zu melden.

§ 25. Zeichnungen und Modelle sind mit besonderer Sorgfalt zu behandeln und nach erfolgter Benutzung an die vorgeschriebene Stelle abzuliefern. Von Zeichnungen, Gebrauchsmustern, Modellen usw. darf niemand ohne Zustimmung der Betriebsleitung Nachbildungen machen oder sie auch nur zeitweise aus der Fabrik entfernen.

§ 26. Jeder Nachteil oder Schaden, der nachgewiesenermaßen der Fabrik vorsätzlich oder infolge grober Fahrlässigkeit durch einen Arbeiter zugefügt wird, sei es an Werkzeugen, Maschinen, Zeichnungen, Geräten, Werk- und Betriebsstoffen und Arbeitserzeugnissen oder an anderen Sachen, ist zu ersetzen.

§ 27. Übriggebliebene Materialien und Abfälle von wertvollerem Material sind ordnungsgemäß zurückzugeben.

§ 28. Die Anfertigung von Privatarbeiten während der Arbeitszeit, die Mitnahme von Werkzeugen, Materialien, Abfällen usw. ist untersagt.

§ 29. Das Umkleiden und Waschen darf — abgesehen von abweichenden Vereinbarungen in besonderen Fällen — nicht während der Arbeitszeit und nur in den dazu bestimmten Räumen geschehen. Die Kleider sind in dem verschließbaren Schrank oder an den dafür vorgesehenen Stellen aufzubewahren. Fahrräder sind nur an den dafür bestimmten Plätzen abzustellen und zu sichern.

Unzulässig ist es, Wertsachen, insbesondere Geld, in den Garderobenschränken aufzubewahren.

§ 30. Jeder Arbeiter, der sich durch Betriebseinrichtungen, Anordnungen der Betriebsleitung, Verhalten von Aufsichtsbeamten oder Mitarbeitern benachteiligt oder aus irgendwelchem Grunde ungerecht behandelt glaubt oder in Ausübung seiner Arbeit behindert fühlt, hat das Recht, sich innerhalb der Geschäftsstunden an den nächstzuständigen Betriebsbeamten und gegebenenfalls an die Betriebsleitung spätestens am nächsten Arbeitstage mündlich oder schriftlich zu wenden. Findet eine befriedigende Erledigung nicht statt, so kann er beschwerdeführend den Arbeiterrat anrufen. Anonyme Anzeigen werden nicht berücksichtigt.

V. Schlußbestimmungen.

§ 31. Die Betriebsleitung stellt unter Mitwirkung des Arbeiterrates die Bestimmungen fest, die bei Verstößen gegen die Arbeitsordnung zur Anwendung kommen sollen. Hierbei sind die Vorschriften des Betriebsrätegesetzes und der Gewerbeordnung zu beachten.

Die erlassenen Bestimmungen bilden eine Ergänzung der Arbeitsordnung (vgl. § 104 IV und VI BRG.).

§ 32. Bekanntmachungen der Firma an die Arbeiter erfolgen rechtswirksam durch Anschlag an den hierfür vorgesehenen zugänglichen Stellen. Es kann sich niemand darauf berufen, einen Anschlag nicht gelesen zu haben.

Vereinbarungen zwischen Betriebsleitung und Arbeitervertretung über Änderungen, Ergänzungen oder Auslegungen der Arbeitsordnung werden mit beiderseitiger Unterschrift bekanntgegeben.

Diese Arbeitsordnung ist auf Grund des § 78 Ziff. 3 und § 104 IV BRG. erlassen.

.................................., den .... 19.....

....

(Der Arbeitgeber.)

....

(Der Vorsitzende des Arbeiterrats.)

Angeschlagen am ....

VI. Arbeitskampfrecht.

Nr. 127. Tarifliche Vereinbarungen über die Friedenspflicht und die Durchführung von Arbeitsstreitigkeiten.

§ 11. Behandlung von Streitigkeiten.

I. Allgemeines.

1. Es werden folgende Tarifinstanzen gebildet:
   a) Schlichtungskommissionen,
   b) Tarifämter,
   c) das Haupttarifamt.

2. Die Schlichtungskommissionen sind zuständig:

a) als unterste Auslegungsinstanz,

b) als Gütestelle nach § 101 des Arbeitsgerichtsgesetzes.

Die Tarifämter sind zuständig:

a) als Schiedsgerichte zur Auslegung von Tarifbestimmungen im Sinne von § 91 des Arbeitsgerichtsgesetzes,

b) als vereinbarte Schlichtungsstellen für die Fälle aus § 1 Ziff. 2 und § 5 Ziff. 10 RTV.

Das Haupttarifamt ist zuständig:

a) als oberstes Schiedsgericht im Sinne des § 91 des Arbeitsgerichtsgesetzes,

b) als oberste Schlichtungsstelle.

3. Die Arbeitgeber- und Arbeitermitglieder der Tarifinstanzen sind nicht Vertreter der Parteien und an Aufträge nicht gebunden. Sie sind in ihrer sachlichen Stellungnahme nur den Tarifverträgen, dem Gesetz und ihrem Gewissen unterworfen.

4. Lehnen Beisitzer oder deren Stellvertreter in einer tariflichen Instanz die Beteiligung an einer Verhandlung oder an der Entscheidung über einen Streitfall ab, so kann dennoch die Entscheidung gefällt werden, wobei angenommen werden soll, daß diese Beisitzer sich der Stimme enthalten haben. Als Ablehnung der Beteiligung gilt es auch, wenn die sämtlichen Arbeitgeber- oder Arbeiterbeisitzer trotz ordnungsgemäßer Ladung in einem zweiten Termin nicht erscheinen.

5. a) Ist ein Mitglied einer Tarifinstanz bereits in einer Vorinstanz im gleichen Falle als Beisitzer tätig gewesen, so tritt an seine Stelle einer seiner Stellvertreter.

b) Ferner tritt in einer Tarifinstanz an die Stelle eines Mitgliedes einer seiner Stellvertreter, wenn das Mitglied an dem zur Entscheidung stehenden Fall unmittelbar beteiligt ist.

6. Die beteiligten Organisationen sind zu den Verhandlungen zu laden. Es bleibt ihnen überlassen, die streitenden Parteien ihrerseits zu laden oder sie zu vertreten. Im Güteverfahren müssen die streitenden Parteien auch persönlich geladen werden.

7. Vor Fällung eines Schiedsspruches ist stets die Einigung der Parteien zu versuchen. An der Beratung und Abstimmung, die in Abwesenheit der Parteien zu erfolgen hat, nehmen sämtliche Mitglieder der Tarifinstanz teil. Wo unparteiische Vorsitzende tätig sind, dürfen sie sich der Abstimmung nicht enthalten. An der Abstimmung dürfen sich auf Arbeitgeber- oder Arbeiterseite nur so viel Mitglieder beteiligen, als auf der andern Seite Mitglieder anwesend sind.

8. Bindende Entscheidungen der Tarifinstanzen haben, sofern die Tarifinstanz als vereinbarte Schlichtungsstelle tätig wurde, die gleiche Wirkung wie die Bestimmungen des Tarifvertrages, sofern sie als Schiedsgericht tätig wurde, die Wirkung eines rechtskräftigen Urteils.

9. Auch Organisationsfremde können die Tarifinstanzen anrufen oder vor sie geladen werden, jedoch nur durch Vermittlung der vertragschließenden Organisationen gleicher Art oder deren Unterverbände.

10. Die Organisationen können vereinbaren, daß für Angelegenheiten bestimmter Fachrichtungen ein oder mehrere im voraus zu bestimmende Mitglieder derselben Fachrichtung als Mitglieder der Tarifinstanzen tätig sein sollen.

11. Für die Arbeitgeber- und Arbeitermitglieder in den Tarifinstanzen werden Stellvertreter ernannt.

12. a) Die Kosten der Tarifinstanzen tragen die Vertragsparteien je zur Hälfte. Die Tarifinstanzen können solchen streitenden Parteien, die den vertragschließenden Organisationen nicht angehören, die Kosten des Verfahrens ganz oder teilweise auferlegen.

b) Auch kann die Verhandlung des Streitfalles von der Hinterlegung eines Kostenvorschusses bei der Geschäftsführung der Tarifinstanz durch die den vertragschließenden Organisationen nicht angehörenden Beteiligten abhängig gemacht werden.

13. Die sämtlichen Instanzen geben sich ihre Geschäftsordnung selbst. Muster hierzu werden von den Vertragsparteien vereinbart.

Ziff. 14—24 . . . [Nicht abgedruckt.]

§ 12. Durchführung des Vertrages.

1. Die vertragschließenden Organisationen verpflichten sich, ihren Einfluß zur Durchführung und Aufrechterhaltung dieses Reichstarifvertrages und der auf Grund desselben abgeschlossenen Lohn- und Arbeitstarife einzusetzen, und zwar auch bei allen den vertragschließenden Arbeitgeberorganisationen nicht angehörenden Bauunternehmungen. Entsteht ein Streitfall zwischen den Vertragsparteien oder ihren Unterorganisationen, der zu Kampfmaßnahmen führen kann, so haben die Vertragsparteien zunächst in Verhandlungen einzutreten. Streiks, Aussperrungen oder sonstige Kampfmaßnahmen sind unzulässig vor Beginn und während der Dauer des Schieds- oder Schlichtungsverfahrens sowie nach Abschluß dieses Verfahrens durch bindende Entscheidung.

2. Fügt sich eine der vertragschließenden Organisationen einer bindenden Entscheidung der Tarifinstanzen nicht, so besteht für die Organisationen der Gegenpartei dieser Organisation gegenüber Handlungsfreiheit.*)

*) Aus dem Reichstarifvertrag für Hoch-, Beton- und Tiefbauarbeiten (oben Nr. 125).

Nr. 128.

1. Die Bestimmungen des Tarifvertrages müssen von allen Beteiligten anerkannt und durchgeführt werden.

2. Arbeitseinstellungen und Aussperrungen dürfen vor Ablehnung eines Schiedsspruchs des zur Schlichtung berufenen Vertragsorganes letzter Instanz nicht stattfinden. Bestimmungen über die Sicherstellung der Notarbeiten bei Arbeitseinstellungen sind unter Ausschluß des Schiedsweges bezirklich zu vereinbaren (Notarbeitsverträge).

3. Für die Anerkennung und Durchführung der Beschlüsse und der von allen Streitparteien angenommenen oder für verbindlich erklärten Schiedssprüche sowie der nicht oder nicht mehr berufungsfähigen Entscheidungen der Schiedsstellen gilt Ziff. 1.

4. Die Vertragschließenden und ihre Unterorganisationen sind verpflichtet, sich für unbedingte Durchführung vorstehender Bestimmungen durch ihre Mitglieder mit allen ihnen zu Gebote stehenden Mitteln einzusetzen.*)

*) Reichsmanteltarifvertrag des Reichsarbeitgeberverbandes Deutscher Gemeinden und Kommunalverbände mit dem Deutschen Verkehrsbund.

Nr. 129. Verhandlungspflicht.

1. Innerhalb eines Monats nach der Kündigung hat die kündigende Vertragspartei der anderen Vertragspartei den Entwurf eines neuen Tarifvertrages vorzulegen.

2. Streitigkeiten, die aus der Durchführung dieses Vertrages entstehen, sind zunächst durch Verhandlungen zwischen der Betriebsleitung und der gesetzlichen Arbeitervertretung zu regeln. Gelingt hierbei eine Verständigung nicht, so sind die beiderseitigen Organisationsvertreter zuzuziehen.*)

*) Tarifvertrag für die Pforzheimer Schmuck- und Metallwarenindustrie (1928).

Nr. 130. Gewerkschaftliche Richtlinien für Lohnbewegungen und Arbeitseinstellungen.

(Anhang zur Bundessatzung des Deutschen Baugewerksbundes, gültig ab 1. Januar 1931.) Der Baugewerksbund umfaßte 1929 fast eine halbe Million Mitglieder; zum Allgemeinen Deutschen Gewerkschaftsbund gehörend.

§ 1. Benachrichtigung des Bundesvorstandes und Aufstellung von Forderungen.

1. Die Vorstände der Baugewerkschaften haben den Bundesvorstand über alle Vorkommnisse, die mit der Lohnbewegung im Zusammenhang stehen, zu unterrichten. Die Forderungen sowie der Schriftwechsel mit den Unternehmern und etwaige öffentliche Kundgebungen sind im genauen Wortlaut mitzuteilen.

2. Forderungen sollen nur im Einvernehmen mit dem Vorsitzenden des Bezirksverbandes aufgestellt werden; dieser ist auch bereits zu den Vorberatungen des Vorstandes der Baugewerkschaft hinzuzuziehen.

3. Die Forderungen sind den Unternehmern schriftlich mitzuteilen. In dem Schreiben ist ausdrücklich hervorzuheben, daß der Bund zu jeder Zeit bereit ist, wegen der Forderungen in Unterhandlung zu treten.

4. Stellen die Unternehmer Forderungen an die Arbeiter zur Verschlechterung der Lohn- und Arbeitsbedingungen, so ist auch hiervon dem Bundesvorstand und dem Vorsitzenden des Bezirksverbandes unter Angabe der Unternehmerforderungen sofort Kenntnis zu geben. Bei Aussperrungsandrohung muß die Mitteilung auf dem kürzesten Wege gemacht werden.

§ 2. Streikgenehmigung und Beschlußfassung über Streiks.

1. Die Arbeitsniederlegung ist nur als letztes und äußerstes Mittel zur Erringung besserer Lohn- und Arbeitsbedingungen oder zur Abwehr von Verschlechterungen anzuwenden. Vorher sind alle Verhandlungsmöglichkeiten zu erschöpfen. Nur unter dieser Voraussetzung wird der Streik vom Bundesvorstand genehmigt und unterstützt, wenn sonst die Bedingungen des § 25 der Bundessatzung erfüllt sind.

2. In sozialen Baubetrieben, die vom Baugewerksbund gefördert werden, darf die Arbeit nur dann eingestellt werden, wenn der Bundesvorstand dies besonders anordnet. Baugewerkschaften, Fachgruppen oder auch einzelne Mitglieder, die hiergegen verstoßen, können nach den §§ 16 und 32 der Bundessatzung behandelt werden.

3. Die Entscheidung des Bundesvorstandes über Genehmigung oder Ablehnung des Streiks wird der Baugewerkschaft ,und dem Vorsitzenden des Bezirksverbandes schriftlich mitgeteilt. Solange keine Genehmigung des Vorstandes vorliegt, kann der Streik nicht beschlossen werden. Geschieht es dennoch, so stellt sich damit die Baugewerkschaft außerhalb der Bundessatzung und hat die Bundesunterstützung verwirkt.

4. Soll sich die Arbeitseinstellung auf das ganze Gebiet der Baugewerkschaft und auf alle Gruppen erstrecken, so ist je nach der Größe der Baugewerkschaft eine allgemeine Mitgliederversammlung oder eine Vertreterversammlung zur Entscheidung zu berufen. Kommt eine Vertreterversammlung in Frage, so ist in Zahlstellen- und Stadtbezirksversammlungen vorher der Wille der Mitglieder durch Abstimmung festzustellen. Soll sich die Arbeitseinstellung nur auf bestimmte Gruppen erstrecken, so entscheidet die Gruppenversammlung unter Mitwirkung des Vorstandes der Baugewerkschaft.

5. Überall, wo über die Arbeitsniederlegung abgestimmt werden kann, sind die Versammlungen nur dann beschlußfähig, wenn mindestens drei Viertel der dort zuständigen Mitglieder anwesend sind. Die Zahl der zuständigen und anwesenden Mitglieder ist in jedem Falle festzustellen.

6. Die Abstimmung über die Arbeitsniederlegung muß geheim sein; sie gilt nur dann als beschlossen, wenn sich mindestens zwei Drittel der Anwesenden dafür erklärt haben. Vor der Abstimmung sind die Mitglieder auf die Bundessatzung (Unterstützung) und auf diese Richtlinien aufmerksam zu machen.

§ 3. Streik- und Arbeitsausweis.

1. Jeder Streikende erhält als Ausweis eine Streikkarte, auf der Streikbeginn und -ende sowie die Kontrollmeldungen zu vermerken sind.

2. Wer auf Anordnung oder mit Genehmigung des Vorstandes der Baugewerkschaft in Arbeit bleibt oder während des Streiks die Arbeit aufzunehmen hat, erhält eine Arbeitskarte. Dieser Ausweis berechtigt nur zur Arbeit bei dem Unternehmer, auf dessen Namen er ausgestellt ist. Wird während des Streiks das Arbeitsverhältnis gelöst, dann ist der Ausweis an die Streikleitung zurückzuliefern.

§ 4. Streikbeitrag.

Bei Arbeitseinstellungen, die vom Bundesvorstand genehmigt sind, *können* die Baugewerkschaften auf Beschluß einer allgemeinen Mitglieder- oder Vertreterversammlung oder Gruppenversammlung von den arbeitenden Mitgliedern Streikbeiträge erheben. Auch Bezirkskonferenzen haben das Recht, für den betreffenden Bezirksverband die Erhebung von Streikbeiträgen zu beschließen. In solchen Fällen haben die Baugewerkschaften die Streikbeiträge an den Bezirksvorstand abzuführen. Streikbeiträge sind Pflichtbeiträge, sie werden durch besondere, vom Bundesvorstand zu beziehende Marken quittiert. Alle aus Streikbeiträgen eingehenden Gelder sind zu Unterstützungszwecken zu verwenden. In der Schlußabrechnung über den Ausstand sowie in der Quartalsabrechnung hat die Baugewerkschaft über die Streikbeiträge und ihre Verwendung Rechenschaft abzulegen.

§ 5. Streikleitung.

1. Die Streikleitung obliegt dem Vorstand der Baugewerkschaft oder den Gruppen- und Zahlstellenvorständen. Wenn der Umfang des Streiks und die damit verbundenen Arbeiten es nötig machen, so sind aus den Reihen der Streikenden einige erfahrene Kollegen hinzuzuwählen, die nach Anordnung des jeweiligen Vorstandes den Streik mitzuleiten haben.

2. Die Streikleitung hat sich über alle Dinge zu unterrichten, die den Streik berühren oder berühren könnten; sie hat wöchentlich Sitzungen abzuhalten, um alle den Streik betreffenden Fragen zu besprechen. Die zu fassenden Beschlüsse dürfen der Bundessatzung nicht widersprechen.

3. Außer der allgemeinen Leitung des Streiks obliegt der Streikleitung im besonderen:

a) die Ausstellung der Ausweise und die Führung eines Verzeichnisses der Streikenden und der Arbeitenden,
b) die Führung eines Bautenverzeichnisses und die Durchführung von Bautenkontrollen,
c) die Einrichtung und Durchführung der Kontrolle der Streikenden,
d) die Auszahlung der Streik- und Reiseunterstützung und die damit verbundene Buchführung,
e) der Abzug des wöchentlichen Bundesbeitrages von der Streikunterstützung und Abführung des Beitrages an die Vereinskasse,
f) die Einsammlung etwaiger Streikbeiträge von den Arbeitenden,
g) die wöchentliche Berichterstattung an den Bundesvorstand und über besondere Vorkommnisse an die Bundeszeitung.

4. Wenn der Kassierer der Baugewerkschaft die Auszahlung der Unterstützung und den Abzug des Beitrages nicht persönlich ausübt, so hat er die benötigten Beitragsmarken gegen Quittung der Streikleitung zur Verfügung zu stellen.

5. Nach Beendigung des Streiks hat der Kassierer der Baugewerkschaft sofort für die Aufstellung der Streikabrechnung und des Schlußberichts zu sorgen. Alle Mitglieder der Streikleitung, die Geld oder Belege in Händen hatten, haben dabei nach Bedarf mitzuhelfen.

6. Den Mitgliedern der Streikleitung, soweit sie nicht Angestellte sind, kann auf Kosten der Bundeskasse eine besondere tägliche Entschädigung von 2 RM gewährt werden. Darüber entscheidet die Baugewerkschaft im Einverständnis mit dem Bezirksvorstand.

§ 6. Kontrollmeldung, Versammlungsbesuch und Postenstehen.

1. Die Streikenden haben sich täglich zur Kontrolle zu melden. Die Kontrollmeldung wird durch einen Stempel auf der Streikkarte vermerkt. (Siehe § 25 Ziff. 13 der Satzung.)

2. Die Streikenden müssen allen Streikversammlungen beiwohnen und haben sich der Streikleitung zum Postenstehen und zu sonstigen Arbeiten zur Verfügung zu stellen. Eine besondere Entschädigung wird hierfür nicht gezahlt.

§ 7. Abreise, Abmeldung, Zureisende.

1. Die Abreise vom Streikort kann den Mitgliedern durch Versammlungsbeschluß zur Pflicht gemacht werden.

2. Die Abreisenden haben sich vor der Abreise bei der Streikleitung abzumelden. Diese hat die Abmeldung auf der Streikkarte und im Mitgliedsbuch zu bescheinigen. (Siehe § 25 Ziff. 11 der Satzung.)

§ 8. Aufnahme oder Fortsetzung der Arbeit.

1. Bei Unternehmern, mit denen eine Einigung erzielt ist, ist die Arbeit aufzunehmen oder fortzusetzen. Dasselbe gilt bei Abwehrstreiks und Aussperrungen für solche Unternehmer, die sich weder an der Aussperrung noch an der Verschlechterung der Lohn- und Arbeitsbedingungen beteiligt haben. Die Liste der in Betracht kommenden Unternehmer ist im Streiklokal auszuhängen und in den Versammlungen bekanntzugeben. Bei Unternehmern, die nicht auf der Liste stehen, darf nicht gearbeitet werden.

2. Die Anordnung der Weiterarbeit oder der Wiederaufnahme der Arbeit geschieht durch die Streikleitung. Im Streitfalle entscheidet die nächste Mitglieder- oder Vertreterversammlung. Die entscheidende Versammlung ist schnellstens einzuberufen.

3. Die arbeitenden Kollegen sind verpflichtet, an allen Versammlungen, die abends oder Sonntags stattfinden, teilzunehmen. Ferner sind sie gehalten, der Streikleitung bei der Erfüllung ihrer Aufgabe behilflich zu sein, insbesondere dadurch, daß sie, wenn es die Umstände erfordern, des Abends und Sonntags Posten stehen und die Agitation mit betreiben helfen.

§ 9. Beschlußfassung über die Aufhebung von Streiks.

1. Über Anregungen und Anträge auf Aufhebung von Streiks entscheiden die gleichen Versammlungen, die den Streik beschlossen haben. Vorher hat die Streikleitung die Notwendigkeit oder Zweckmäßigkeit der Anregung zu prüfen. Im bejahenden Falle ist die beschlußberechtigte Versammlung schnellstens einzuberufen. Dem Bundesvorstand und dem Vorsitzenden des Bezirksverbandes ist in jedem Falle von solchen Anregungen oder Anträgen Mitteilung zu machen.

2. Die Abstimmung über die Aufhebung des Streiks muß geheim sein. Der Antrag gilt als angenommen, wenn sich nicht zwei Drittel der anwesenden Mitglieder für die Fortsetzung der Arbeitseinstellung erklären oder wenn weniger als zwei Drittel der zuständigen Mitglieder an der Versammlung teilnehmen.

3. Erstreckt sich ein Streik über das Gebiet mehrerer Baugewerkschaften oder Abteilungen, dann ist über einen Antrag auf Aufhebung des Streiks in allen in Frage kommenden Baugewerkschaften oder Abteilungen an ein und demselben Tage abzustimmen. Die Baugewerkschaften können auch gegenseitig vereinbaren, daß eine gemeinsame Vertreterversammlung entscheiden soll. Solche Vertreterversammlungen entscheiden mit einfacher Stimmenmehrheit.

4. Der Bundesvorstand kann von sich aus den Streik aufheben oder die Zahlung der Unterstützung aus Bundesmitteln einstellen.

§ 10. Gemeinsame Lohnbewegungen.

1. Solange der Baugewerksbund nicht alle Gruppen der Bauarbeiter umfaßt, werden durch Forderungen und Streiks unserer Mitglieder in der Regel Mitglieder anderer Organisationen in Mitleidenschaft gezogen. Umgekehrt geht es unsern Mitgliedern so, wenn Mitglieder anderer Verbände, die zum Baugewerbe gehören, Forderungen stellen und den Streik beschließen.

2. Um Reibungen und Schaden zu verhüten, ist es geboten, daß sich die Vereine der in Betracht kommenden Verbände nach bester Möglichkeit zu verständigen versuchen:

a) über die Aufstellung von Forderungen,
b) über die gleichzeitige Einreichung der Forderungen an die Unternehmer und über die gemeinsame Vertretung der Forderungen,
c) über alle weiteren Kampfmaßnahmen, besonders darüber, ob ein etwaiger Streik zeitlich gemeinsam oder getrennt begonnen werden soll,
d) über die gegenseitige Unterrichtung von dem Stand des Streiks, über die Stimmung der Streikenden und über etwaige Maßnahmen zur Beendigung des Kampfes.

3. Die Baugewerkschaftsvorstände des Baugewerksbundes haben jedenfalls von allen in Aussicht genommenen Kampfmaßnahmen vor der Beschlußfassung den Vereinen der in Betracht kommenden Verbände Mitteilung zu machen, und zwar so zeitig, daß Verständigungen möglich sind.

4. Wo Baugewerkschaften des Baugewerksbundes für sogenannte Werksmaurer Forderungen erheben und durchführen wollen (im Bergbau, in Hüttenwerken, chemischen Fabriken usw.), sollen sie vor Beginn von Kampfmaßnahmen der örtlichen Organisationsleitung des zuständigen Verbandes Gelegenheit geben, sich äußern und an Verhandlungen teilnehmen zu können. (Bauarbeiter, die in Werksregie Neubauten, Anbauten oder Reparaturen an Gebäuden ausführen, sind keine Werksarbeiter im Sinne dieser Bestimmung. Das gleiche gilt für neue Feuerungsanlagen und große Änderungen solcher oder ähnlicher Betriebsstätten.)

5. Sind Mitglieder des Baugewerksbundes durch Streiks anderer Berufe in Mitleidenschaft gezogen worden (siehe Bundessatzung § 25 Ziff. 3 und Ziff. 4 erster Satz) und haben sie sich bei dem zuständigen Baugewerkschaftsvorstand des Bundes gemeldet, so hat dieser bezüglich der Kontrolle und Anweisung der Unterstützung das Nötige zu veranlassen.

Nr. 131. Friedensklauseln.

1. Nach dem mitteldeutschen Braunkohlenstreik (1927).

„1. Die Gewerkschaften verpflichten sich, dahin zu wirken, daß die gelegentlich der von ihnen eingeleiteten Kündigungsaktion ausgesprochenen Kündigungen zurückgenommen werden. Die Anmeldung zur Arbeit gilt als Zurücknahme der Kündigung.

2. Maßregelungen aus Anlaß dieser Bewegung finden nicht statt.

3. Der Arbeitgeberverband verpflichtet sich, bei seinen Mitgliedern dahin zu wirken, daß die Arbeiter, die gelegentlich der Kündigungsaktion ordnungsmäßig gekündigt oder die Arbeit ohne Kündigung niedergelegt haben, wiedereingestellt werden, soweit sich diese Arbeiter spätestens am 25. Oktober 1927 zur Arbeit wieder melden. Das gleiche gilt für diejenigen Arbeiter, die gelegentlich der Kündigungsaktion entlassen wurden.

4. Die Wiedereinstellung bewirkt, daß das Arbeitsverhältnis als nicht unterbrochen im Sinne des Tarifvertrags gilt."

2. Nach dem Hamburger Werftarbeiterstreik von 1928. (Norddeutsche Gruppe des Gesamtverbandes Deutscher Metallindustrieller und Deutscher Metallarbeiterverband.)

„Unter den Parteien wird folgendes vereinbart:

Das Arbeitsverhältnis gilt durch den Streik als nicht unterbrochen. Maßregelungen aus Anlaß des Streiks finden von keiner Seite statt. Die Wiedereinstellung der Arbeiter erfolgt möglichst sofort nach Maßgabe der technischen Möglichkeiten des Betriebes. Die Betriebsräte treten wieder in ihr Amt ein."

Individuelles Arbeitsrecht.

(Vgl. hierzu zunächst den Inhalt des normativen Teils der oben Nr. 120 und Nr. 121 abgedruckten Tarifverträge sowie die Arbeitsordnung [Nr. 126].)

I. Der Arbeitslohn.

Nr. 132. Voraussetzungen des Lohnanspruchs.*)

1. Aus dem Rahmentarifvertrag für die Arbeitsverhältnisse der Arbeiter in der rheinisch-westfälischen Eisen- und Stahlindustrie (1927).

„Eine Bezahlung erfolgt, abgesehen von den Fällen in Art. IV sowie VIII B und C und IX zu Ziff. 3 c nur für die tatsächlich geleistete Arbeit."

Von den angeführten Stellen trägt IV die Überschrift „Unterbrochene Schichten" und behandelt nur in Ziff. 6 eine aus der Person des Arbeitnehmers (Unglücksfall) eintretende Unterbrechung.

Dagegen bestimmt Art. VIII:

„1. Die durch Schuld der Werksleitung herbeigeführte Unterbrechung einer begonnenen Schicht wird dem Arbeitnehmer mit seinem Durchschnittsverdienst vergütet.

2. Wird eine begonnene Schicht infolge eines Umstands unterbrochen, der nicht in der Person des Arbeitnehmers liegt und weder von ihm noch vom Arbeitgeber zu vertreten ist, so sind gleichwohl 50 v. H. des ausgefallenen Durchschnittsverdienstes für diese Schicht zu vergüten....

---

*) Vgl. auch Verordnung des Reichspräsidenten zur Sicherung von Wirtschaft und Finanzen vom 2. Dezember 1930 (RGBl. I S. 517) Erster Teil Kapitel II Artikel 3.

3. Für die folgenden Schichten wird eine Vergütung nicht gezahlt.
4. Eine Vergütung ... wird nur gezahlt, wenn dem Arbeitnehmer keine andere Arbeit zugewiesen wird....
5. Jeder Anspruch auf eine Vergütung entfällt, wenn die Unterbrechung einer begonnenen Schicht von der Belegschaft oder einem Teile davon, z. B. durch Arbeitseinstellung, herbeigeführt wurde.

2. Bestimmung einer Arbeitsordnung aus dem Jahre 1921.

„Lohnanspruch besteht nicht bei Betriebsstörungen, die der Arbeitgeber nicht gesetzlich zu vertreten hat."

3. Aus einer Arbeitsordnung des Krupp-Gruson-Werks Magdeburg.

„1. Der Arbeiter erhält für die von ihm geleistete Arbeit den vereinbarten Stunden- oder Stücklohn unter Zugrundelegung der tariflichen Abmachungen.
2. Bezahlt wird nur die Zeit, während der wirklich gearbeitet worden ist.
3. Abweichend von der Bestimmung unter Abs. 2 wird versäumte Arbeitszeit in folgenden Fällen bezahlt:
a) bei Betriebsunfällen bis zu 8 Arbeitsstunden,
b) beim Tode des in häuslicher Gemeinschaft lebenden Ehegatten bis zu 8 Arbeitsstunden,
c) beim Tode von Kindern unter 17 Jahren, sofern sie in häuslicher Gemeinschaft leben, bis zu 4 Arbeitsstunden."

Nr. 133. Lohn für Minderleistungsfähige und für Fehlarbeit.

1. Aus einem Bergarbeiter-Tarifvertrag.

§ 5 Nr. 1: „Die Bergleute unter und über Tage erhalten für die in § 2 festgesetzte Arbeitszeit Mindestschichtlöhne nach der jeweils geltenden Lohntafel, die einen Teil dieses Vertrages bildet."

§ 5 Nr. 14: „Für Arbeiter, deren Arbeitskraft durch Alter, Invalidität oder besondere Verhältnisse beeinträchtigt ist, erfolgt die Bezahlung grundsätzlich nach ihrer Leistung, und zwar in dem Verhältnis zum vollen Tariflohn, in dem ihre Leistung zu der des vollerwerbsfähigen Arbeiters in gleicher Beschäftigung steht. Bei durchweg gleicher Leistung wie der in der Arbeitskraft nicht beeinträchtigten Arbeiter muß der Tariflohn gezahlt werden. Rentenbezüge dürfen nicht in Anrechnung gebracht werden. Bei Meinungsverschiedenheiten wird der Lohn im Einvernehmen mit dem Betriebsausschuß (Betriebsobmann) festgesetzt."

2. Aus einer Arbeitsordnung.

„Wenn der Arbeiter nachweisbar durch sein Verschulden schlechte oder verdorbene Ware herstellt oder abliefert, so wird er dafür verantwortlich gemacht. Das Verschulden des Arbeiters und die ihn treffenden Folgen seiner Verantwortlichkeit werden im Einvernehmen zwischen der Firma und dem Arbeiterrat (Betriebsrat) bestimmt. Soweit sonst z. B. für Zuspätkommen Richtlinien über die Strafen mit dem Arbeiterrat aufgestellt sind, hat innerhalb der Richtlinien die Entscheidung im Einzelfall die Betriebsleitung."

Nr. 134. Akkordlohn im allgemeinen.

1. Aus den Richtlinien für die Ausführung von Arbeiten im Gedingeverfahren. (Anlage zum Lohntarifvertrag für die Arbeiter der Reichswasserstraßenverwaltung.)

„Alle Arbeiten, bei denen das Gedinge (Akkord) möglich und wirtschaftlich ist, sind nach Möglichkeit im Gedinge auszuführen. Die im Gedinge beschäftigten Arbeiter sind verpflichtet, während der Zeit, in der sie im Gedinge beschäftigt sind, auch andere als die Gedingearbeiten zu verrichten; sie erhalten für die Zeit dieser Beschäftigung den Zeitlohn."

2. Aus der chemischen Industrie.

„Wo die Akkordarbeit Gefahren für die Gesundheit des Arbeiters in sich birgt, darf sie nur mit Zustimmung der gesetzlichen Vertretung der Arbeiterschaft eingeführt oder aufrechterhalten werden."

3. Aus einem Tarifvertrag der Textilindustrie.

„Akkordsätze, welche ausprobiert und festgelegt sind, dürfen nur geändert werden bei Einführung neuer Maschinen oder sonstigen technischen Neuerungen, bei Änderungen der Arbeitsmethoden oder der Materialien, oder wenn ein offensichtlicher Fehler in der Akkordberechnung vorliegt.“

Nr. 135. Über die Bemessung des Akkordlohns.

1. „Die Gedinge sind so zu vereinbaren, daß bei normaler Arbeitsleistung wenigstens 15 v. H. über diesen tariflichen Schichtlohn*) hinaus verdient werden können und der Durchschnitt aller Gedingearbeiter der Schachtanlage mindestens diesen Satz erreicht.“**)

*) Gemeint ist der in dem vorangehenden Satze des Tarifvertrags erwähnte Mindestlohn.

**) Aus einem Bergbau-Tarifvertrag. Vgl. Reichsarbeitsgericht Bd. 4 S. 316, Bd. 3 S. 293 und Bensheimer Sammlung Bd. 4 S. 144.

2. „Bei Akkordarbeit sind die tariflichen Zeitlöhne zu garantieren und an den festgesetzten Zahltagen auszuzahlen. Der Akkordüberschuß ist vom Unternehmer anteilig an die am Akkord beteiligten Personen im Verhältnis zur geleisteten Arbeitszeit oder im Verhältnis zum Tarifstundenlohn zu verteilen.“*)

*) Aus dem Reichstarifvertrag für Hoch-, Beton- und Tiefbauarbeiten (oben Nr. 125).

II. Urlaub.

Nr. 136.

1. „Verzicht auf Urlaub gibt keinen Anspruch auf Vergütung.“

2. „Es ist verboten, irgendwelche Arbeiten während des Urlaubs oder nach beendeter Arbeitszeit im uneingeschränkten Betrieb bei einem anderen Arbeitgeber oder auf Privatrechnung auszuführen.

Wegen Übertretung vorstehenden Verbots darf nur nach erfolgloser Verwarnung gekündigt werden.“*)

*) Reichsmanteltarifvertrag des Reichsarbeitgeberverbandes Deutscher Gemeinden und Kommunalverbände mit dem Deutschen Verkehrsbund.

Nr. 137. Ferienvertrag.

Zwischen dem Verband der Arbeitgeber des Töpfer- und Ofensetzergewerbes Deutschlands, e. V., Sitz Berlin, in nachstehendem Vertrag Arbeitgeber benannt, und dem Deutschen Baugewerksbund, Fachgruppe der Töpfer, Sitz Hamburg, in der Folge als Arbeitnehmer bezeichnet, wird folgende Vereinbarung getroffen:

I. Gesellen und über 20 Jahre alte Hilfsarbeiter erhalten auf Grund von Leistungen der Arbeitgeber des Töpfer- und Ofensetzgewerbes unter den nachstehenden Voraussetzungen und Bedingungen Ferien:

II. Das Ausmaß der Ferien ist bedingt durch die Gesamtsumme von Zuschlägen, die der Arbeitgeber auf den verdienten Lohn wöchentlich innerhalb eines Arbeitsabschnittes von 40 Arbeitswochen leistet. Für jeden dieser Arbeitszeitabschnitte erhält der Arbeitnehmer eine mit 40 Wochenzeiten versehene Ferienkarte, die vom Arbeitgeber für jede Arbeitswoche mit Ferienmarken im Werte des vereinbarten Zuschlages zu versehen ist. Als Arbeitswoche gilt die Kalenderwoche. Ist der Arbeitnehmer innerhalb einer Kalenderwoche bei mehreren Arbeitgebern beschäftigt, so hat jeder der beteiligten Arbeitgeber die Ferienmarke im Werte des Zuschlages aus dem von ihm in dieser Woche an den Arbeitnehmer bezahlten Lohn zu entrichten. Die eingeklebten Marken sind vom Arbeitgeber durch Kennzeichnung der Arbeitswoche oder der auf ihn entfallenden Arbeitstage und des Namens oder der Firma zu entwerten. Nicht in solcher Weise entwertete Marken werden nicht angerechnet.

III. In dieser Weise sind als Ferienzuschlag vom Arbeitgeber für je 4 RM verdienten Lohnes 10 Pfennig zu entrichten; Lohnsummen unter 2 RM bleiben außer Anrechnung; 2 RM und darüber werden als volle 4 RM angerechnet.

Der durchschnittliche Tagesverdienst der letzten 10 Arbeitswochen, in die Gesamtsumme der auf die volle Ferienkarte geleisteten Zuschläge geteilt, ergibt die Zahl der Ferientage.

IV. Die Ferientage sind, sofern der Arbeitnehmer dies verlangt, in der Zeit vom 1. Mai bis 1. Oktober freizugeben, doch hat dies nach vorheriger Verständigung mit dem Arbeitgeber zu geschehen. Ein Verzicht des Arbeitnehmers auf Ferien ist nicht zulässig. Nur wenn der Arbeitnehmer innerhalb 52 Kalenderwochen, vom Tage der Ausstellung der Ferienkarte an gerechnet, weniger als 40 Arbeitswochen aufbringen konnte, steht ihm das Recht zu, ohne Ferien Anspruch auf Bezahlung der Ferienzuschläge zu erheben. Hilfsarbeitern steht dieses Recht nur dann zu, wenn mindestens 20 Wochen geklebt sind.

V. Auch während der Ferientage darf der Arbeitnehmer in keinem Falle in das Töpfer- und Ofensetzgewerbe einschlägige oder andere bezahlte Arbeiten verrichten. Zuwiderhandlungen einzelner ziehen für diese die zeitweise Sperre des Ferienanspruches nach sich. Über die Dauer der Sperre entscheidet die im Abs. VIII benannte Kommission.

VI. Die Auszahlung des Feriengeldes erfolgt auf Grund des voll geleisteten Arbeitszeitabschnittes gegen Einlieferung der mit dem Bestätigungsvermerk des Arbeitgebers über erfolgte Terminverständigung versehenen Ferienkarte durch die Geschäftsstelle des Arbeitgeberverbandes. Sie kann auch im Wege der Verrechnung durch den jeweiligen Arbeitgeber erfolgen, sie ist in gleicher Weise auch durch die Filialen des Arbeitnehmerverbandes zulässig.

III. Lehrlingswesen.

Nr. 138. Aus dem Reichstarifvertrag für Hoch-, Beton- und Tiefbauarbeiten.

(Oben Nr. 125.)

§ 6. Lehrlinge.

Neben den Bestimmungen des Lehrvertrages, die mit den Bestimmungen des § 6 RTV. und des § 3 des Lohn- und Arbeitstarifes nicht in Widerspruch stehen dürfen, gelten für die Lehrlinge nachstehende Bestimmungen; insoweit finden die Vorschriften des Reichstarifvertrages und des Lohn- und Arbeitstarifes auf die Lehrlinge keine Anwendung:

1. Die Entschädigung der Lehrlinge wird im Lohn- und Arbeitstarif (§ 3) prozentual zu dem Tarifstundenlohn der Facharbeiter (Vollarbeiter) festgesetzt. Etwaige Zuschläge (insbesondere Beschwerniszuschläge), ferner Auslösung und Wegegeld können im Lohn- und Arbeitstarif (§ 3) vereinbart werden.

2. Die in die Arbeitszeit fallenden Schulstunden einschließlich der Schulwege sind, soweit es sich um Pflichtstunden handelt, wie Arbeitsstunden zu bezahlen.

3. Zu den Verhandlungen über die Festsetzung der Lehrlingsentschädigung im Lohn- und Arbeitstarif können auf Wunsch Handwerkskammern, Innungen und Gesellenausschüsse zugezogen werden.

4. . . .

Nr. 139. Gewerblicher Lehrvertrag.

(Mit den Anmerkungen des Vordrucks.)

Handwerkskammer Mannheim
für die badischen Kreise
Mannheim, Heidelberg u. Mosbach
in
Mannheim.

Vor Abfassung sind die Anmerkungen durchzulesen.

Die nicht ordnungsmäßige Abfassung des Lehrvertrags wird nach § 150 der Gewerbeordnung bestraft.

Jeder Lehrvertrag ist in drei gleichlautenden Exemplaren auszufertigen und zu unterschreiben, in vier Exemplaren, falls der Lehrherr (die Lehrherrin) einer Innung angehört, die eine Lehrlingsrolle führt.

Ein Exemplar des Lehrvertrages ist in allen Fällen der Handwerkskammer einzureichen, von Innungsmitgliedern ein weiteres Exemplar dem Vorstand der Innung.

Der Lehrherr (die Lehrherrin) erhält nach Einsendung des Lehrvertrags an die Handwerkskammer eine Bestätigungskarte, aus der die Nummer zu ersehen ist, unter der das Lehrmädchen in die Lehrlingsrolle eingetragen ist.

Lehrvertrag.

Zwischen de.............................. (vgl. Anm. 1) in .... als Lehrmeister (Lehrmeisterin) einerseits und .... als gesetzlichem Vertreter der .... und dieser selbst andrerseits ist heute folgender Lehrvertrag abgeschlossen worden.

Gegenstand des Vertrags.

§ 1 (vgl. Anm. 2).

Herr — Frau — .... nimmt die am ....ten .... 1........ zu .... Amt .... geborene .... als Lehrmädchen zur Erlernung des ....-Handwerks an.

Lehrzeit.

§ 2.

Die Lehrzeit beträgt .... Jahre (vgl. Anm. 3); sie beginnt am ....ten .... 19...... und endigt am ....ten .... 19.......

Probezeit.

§ 3 (vgl. Anm. 4).

Die ersten .... Wochen der Lehrzeit, also die Zeit bis zum ....ten .... 19......, gelten als Probezeit (vgl. Anm. 4). Während dieser Probezeit kann das Lehrverhältnis jederzeit durch einseitigen Rücktritt aufgelöst werden. Erhält das Lehrmädchen Kost und Wohnung vom Lehrherrn (von der Lehrherrin), so hat das Lehrmädchen oder dessen gesetzlicher Vertreter im Falle des Rücktritts vom Vertrag während der vereinbarten Probezeit eine Entschädigung von .... RM für den Tag an den Lehrherrn (die Lehrherrin) zu zahlen.

Erfolgt vor Ablauf des letzten Tages der Probezeit von keiner Seite ein Rücktritt, so tritt dieser Lehrvertrag voll in Kraft.

Lehrgeld.

§ 4 (vgl. Anm. 5).

Das von dem Vater — Mutter — Vormund — zu zahlende Lehrgeld beträgt .... RM und ist in .... Raten von ....RM zu zahlen, und zwar:

am ....ten .... 19...... mit .... RM,
am ....ten .... 19...... mit .... RM,
am ....ten .... 19...... mit .... RM.

Das Lehrmädchen und sein gesetzlicher Vertreter haben, wenn die vorzeitige Auflösung des Lehrvertrages durch Verschulden des Lehrmädchens stattfindet, keinen Anspruch auf Rückerstattung des Lehrgeldes.

Wird der Lehrvertrag durch Verschulden des Lehrherrn — der Lehrherrin — vorzeitig aufgelöst, so ist das der Dauer der Restlehrzeit entsprechende Lehrgeld zurückzuzahlen.

Einigen sich die Parteien über die vorzeitige Lösung des Lehrvertrages oder wird der Lehrvertrag durch den Tod des Lehrmädchens aufgehoben, so hat der Lehrherr (die Lehrherrin) nur Anspruch auf den Teil des Lehrgeldes, der auf die zurückgelegte Lehrzeit entfällt.

Anmerkungen: 1) Stand des Lehrherrn (der Lehrherrin) ist hier anzugeben. Von den beteiligten Personen sind die Vornamen aufzunehmen, der Rufname zu unterstreichen.

2) Der Paragraph muß ausgefüllt werden.

3) Die Lehrzeit soll in der Regel drei Jahre dauern, sie darf den Zeitraum von vier Jahren nicht übersteigen (§ 130 a Abs. 1 GO.). Mädchen, die das Gewerbe nur für eigenen Hausgebrauch erlernen wollen (Hausbedarfslehrmädchen), dürfen nur mit Erlaubnis des Ministeriums des Kultus und Unterrichts angeleitet werden.

Hat das Lehrmädchen schon in einer anderen Werkstatt des gleichen Handwerks gelernt, so ist unter § 2 des Lehrvertrages nur die Restlehrzeit einzusetzen. Auf der letzten Seite des Lehrvertrages ist unter „Besondere Bestimmungen" zu vermerken, von wann bis wann und bei welchem Lehrherrn (Lehrherrin) das Lehrmädchen bisher lernte.

4) Die Probezeit hat mindestens vier Wochen zu betragen; sie darf die Dauer von drei Monaten nicht übersteigen. Sie ist in die Lehrzeit einzurechnen.

5) § 4 kann nach Vereinbarung gestrichen oder abgeändert werden.

Das gleiche gilt, wenn beim Tode des Lehrherrn (der Lehrherrin) eine Fortsetzung des Lehrverhältnisses mit dem Nachfolger (der Nachfolgerin) nicht stattfindet und wenn die Beendigung des Lehrverhältnisses infolge des Übergangs des Lehrmädchens zu einem anderen Berufe erfolgt.

Leistungen des Lehrherrn (der Lehrherrin).

§ 5 (vgl. Anm. 6).

Der Lehrherr (die Lehrherrin) gewährt dem Lehrmädchen während der Lehrzeit
a) ganze — halbe — Beköstigung,
b) Wohnung,
c) Bett,
d) Kleider,
e) Reinigung der Wäsche.

Im Falle der Erkrankung übernimmt er (sie), soweit nicht die Überführung in ein Krankenhaus angeordnet wird, die Pflege des Lehrmädchens.

Die Kosten für den Besuch der ....schule werden von .... bezahlt.

§ 6 (vgl. Anm. 6).

Für Wohnung, Unterhalt, Beköstigung und Wäsche hat das Lehrmädchen selbst zu sorgen. Dafür zahlt der Lehrherr (die Lehrherrin) an das Lehrmädchen für jede Woche — jeden Monat — ein Kostgeld von

.... RM im ersten Jahre, ... RM im dritten Jahre,
.... RM im zweiten Jahre, ... RM im vierten Jahre.

Ein Abzug für die ohne Verschulden des Lehrmädchens versäumte Zeit findet nicht statt.

Während der Erkrankung des Lehrmädchens wird das Kostgeld nur für .... Wochen — Tage — abzüglich der Krankenunterstützung gezahlt.

§ 7 (vgl. Anm. 6).

Der Lehrherr (die Lehrherrin) zahlt dem Lehrmädchen eine wöchentlich zahlbare Vergütung. Diese beträgt im

ersten Jahre .... RM, dritten Jahre .... RM,
zweiten Jahre .... RM, vierten Jahre .... RM.

Während der Erkrankung des Lehrmädchens wird die Vergütung nur für .... Wochen — Tage — abzüglich der Krankenunterstützung gezahlt. Sofern das Lehrmädchen wegen Krankheit mehr als .... Wochen versäumt, hat es die diesen Zeitraum übersteigende Zeit vorbehaltlich der Bestimmung des § 130a Abs. 1 GO. (vgl. Anm. 3) nachzulernen.

§ 8.

Sofort nach Einstellung des Lehrmädchens hat es der Lehrherr (die Lehrherrin) bei der zuständigen Krankenkasse anzumelden.

Von dem Krankenkassenbeitrage zahlt der Lehrherr (die Lehrherrin) ein, der Vater (die Mutter, der Vormund) zwei Drittel, von dem Invalidenversicherungsbeitrag, sobald die Versicherungspflicht des Lehrmädchens einsetzt, je die Hälfte.

Die vom Lehrmädchen zu zahlenden Beiträge zur Krankenkasse sowie zur Invalidenversicherung darf der Lehrherr (die Lehrherrin) vom Kostgeld abziehen, jedoch auf einmal nicht mehr als für zwei aufeinanderfolgende Zahlungsperioden.

Pflichten des Lehrherrn (der Lehrherrin).

§ 9.

Der Lehrherr (die Lehrherrin) verpflichtet sich, das Lehrmädchen durch eine dem Zwecke der Ausbildung entsprechende Anleitung, durch Beschäftigung mit allen in seinem (ihrem) Betriebe vorkommenden Arbeiten und auch mit den anderen allgemein gebräuchlichen Hand-

Anmerkung: 6) In dem Lehrvertrage müssen die gegenseitigen Leistungen angegeben werden. Hiernach ist das Zutreffende in die §§ 5, 6 und 7 einzutragen. Das Nichtzutreffende ist zu durchstreichen. Erhält das Lehrmädchen vom Lehrherrn (Lehrherrin) weder Kost noch Wohnung, so hat es einen Anspruch auf die von der Handwerkskammer gemäß § 13a der Vorschriften zur Regelung des Lehrlingswesens festgesetzten Mindestvergütungssätze.

griffen des zu erlernenden Handwerks zu einem tüchtigen Gesellen (Gehilfin) heranzubilden, es zur Arbeitsamkeit und zu guten Sitten anzuhalten und nach Kräften vor Lastern und Ausschweifungen zu bewahren. Die Anleitung wird durch den Lehrherrn (die Lehrherrin) selbst oder einen geeigneten, ausdrücklich dazu bestimmten Vertreter erfolgen. Die Person, welche das Lehrmädchen anleitet, muß den Anforderungen der §§ 126, 126 a, 129 der Gewerbeordnung entsprechen (§§ 1, 2 der Vorschriften zur Regelung des Lehrlingswesens).

Pflichten des Lehrmädchens.

§ 10.

Das Lehrmädchen verpflichtet sich, alle Obliegenheiten, welche ihm der Vertrag und das Lehrverhältnis überhaupt auferlegen, zu erfüllen sowie allen berechtigten Anforderungen, die der Lehrherr (die Lehrherrin) oder der Vertreter an es stellen, nachzukommen. Das Lehrmädchen unterwirft sich auch den Bestimmungen der für den Betrieb des Lehrherrn (der Lehrherrin) geltenden Werkstatts- (Arbeits-) Ordnung, soweit nicht durch diesen Vertrag oder durch besondere Abmachungen etwas anderes vereinbart ist.

Das Lehrmädchen ist der väterlichen Zucht des Lehrherrn (der Lehrherrin) unterworfen und letzterem (letzterer) sowie der Person, welche an Stelle des Lehrherrn (der Lehrherrin) die Ausbildung zu leiten hat, zur Folgsamkeit und Treue, zu Fleiß und anständigem Betragen verpflichtet.

Das Lehrmädchen hat die ihm anvertrauten Arbeiten mit allem Fleiße auszuführen und immer mit der größten Vorsicht und Gewissenhaftigkeit auf Feuer und Licht zu achten; es darf die Geschäftsgeheimnisse des Lehrherrn (der Lehrherrin) ohne dessen (deren) Genehmigung außerhalb des Betriebs stehenden Personen nicht verraten.

Das Lehrmädchen darf das ihm anvertraute Material und Gerät des Lehrherrn (der Lehrherrin) nur zu den ihm aufgetragenen Arbeiten verwenden und muß mit demselben sorgsam umgehen.

§ 11 (vgl. Anm. 7).

Das Lehrmädchen hat folgendes Werkzeug sich selbst anzuschaffen und während der Lehrzeit instand zu halten bezw. das verlorene oder unbrauchbare zu ergänzen: ....

....

Das Lehrmädchen hat nach beendeter Arbeitszeit die Werkstatt aufzuräumen.

§ 12.

Das Lehrmädchen ist verpflichtet, die ....schule regelmäßig und pünktlich zu besuchen.

Der Lehrherr (die Lehrherrin) ist verpflichtet, dem Lehrmädchen die zum Besuche der ....schule erforderliche Zeit zu gewähren und es zum regelmäßigen und pünktlichen Schulbesuche anzuhalten.

Pflichten des gesetzlichen Vertreters.

§ 13.

Der Vater (die Mutter, der Vormund) übernimmt die Verpflichtung, das Lehrmädchen anzuhalten, daß es während der Lehrzeit allen Fleiß auf Erlernung des Gewerbes verwende, dabei dem Geschäftsinteresse des Lehrherrn (der Lehrherrin) diene, diesem (dieser) und seinem (ihrem) Stellvertreter mit Gehorsam und Achtung begegne und sich ihnen sowie den Geschäftskunden gegenüber stets eines anständigen und bescheidenen Verhaltens befleißige. Auch verpflichtet sich der Vater (die Mutter, der Vormund), das Lehrmädchen zum regelmäßigen und pünktlichen Besuche der ....schule anzuhalten.

Außerdem verpflichtet sich der gesetzliche Vertreter (der Vater, die Mutter, der Vormund), Schäden, die das Lehrmädchen durch nachweislich grobes Verschulden dem Lehrherrn (der Lehrherrin) zugefügt, dem (der) letzteren zu ersetzen, und verbürgt sich wegen aller dieser Leistungen als Selbstschuldner.

Anmerkung: 7) Das Nichtgewünschte ist zu durchstreichen

Entlassung des Lehrmädchens.

§ 14.

Vor Ablauf der vertragsmäßigen Zeit und ohne Kündigung kann das Lehrmädchen entlassen werden:

1. wenn es oder sein gesetzlicher Vertreter bei Abschluß des Lehrvertrags den Lehrherrn (die Lehrherrin) durch Vorzeigung falscher oder gefälschter Arbeitsbücher oder Zeugnisse hintergangen oder ihn (sie) über das Bestehen eines anderen, es gleichzeitig verpflichtenden Arbeitsverhältnisses in einen Irrtum versetzt hat,
2. wenn es eines Diebstahls, einer Entwendung, einer Unterschlagung, eines Betruges oder eines liederlichen Lebenswandels sich schuldig macht,
3. wenn es die Lehre unbefugt verlassen hat oder sonst den nach dem Lehrvertrage ihm obliegenden Verpflichtungen nachzukommen beharrlich sich weigert,
4. wenn es der Verwarnung ungeachtet mit Feuer und Licht unvorsichtig umgeht,
5. wenn es sich Tätlichkeiten oder grobe Beleidigungen gegen den Lehrherrn (die Lehrherrin) oder deren Vertreter oder gegen die Familienangehörigen des Lehrherrn (der Lehrherrin) oder seiner (ihrer) Vertreter zuschulden kommen läßt,
6. wenn es einer vorsätzlichen und rechtswidrigen Sachbeschädigung zum Nachteile des Lehrherrn (der Lehrherrin) oder eines Mitarbeiters sich schuldig macht,
7. wenn es Familienangehörige des Lehrherrn (der Lehrherrin) oder deren Vertreter oder Mitarbeiter zu Handlungen verleitet oder zu verleiten sucht oder mit Familienangehörigen seines Lehrherrn (Lehrherrin) oder seiner Vertreter Handlungen begeht, welche wider die Gesetze oder die guten Sitten verstoßen,
8. wenn es zur Fortsetzung der Lehre unfähig oder mit einer abschreckenden Krankheit behaftet ist,
9. wenn der Vorstand der Handwerkskammer bezw. Gewerbekammer die Auflösung des Lehrverhältnisses auf Grund ihrer Vorschriften zur Regelung des Lehrlingswesens verlangt,
10. wenn es den Besuch der ....schule dauernd trotz Verwarnung vernachlässigt.

In den unter 1 bis 7 gedachten Fällen ist die Entlassung des Lehrmädchens nicht mehr zulässig, wenn die zugrunde liegenden Tatsachen dem Lehrherrn (der Lehrherrin) länger als eine Woche bekannt sind.

Auflösung des Lehrverhältnisses durch das Lehrmädchen.

§ 15.

Von seiten des Lehrmädchens kann das Lehrverhältnis nach Ablauf der Probezeit aufgelöst werden:

1. wenn es zur Fortsetzung der Lehre unfähig wird,
2. wenn der Lehrherr (die Lehrherrin) oder seine (ihre) Vertreter oder Familienangehörige desselben (derselben) das Lehrmädchen zu Handlungen verleiten oder zu verleiten suchen oder mit Familienangehörigen des Lehrmädchens Handlungen begehen, welche wider die Gesetze oder die guten Sitten verstoßen,
3. wenn der Lehrherr (die Lehrherrin) dem Lehrmädchen die schuldige Vergütung (Kostgeld) nicht in der bedungenen Weise auszahlt, bei Stücklohn nicht für ausreichende Beschäftigung sorgt oder wenn er (sie) sich widerrechtlicher Übervorteilungen gegen es schuldig macht,
4. wenn bei Fortsetzung der Lehre das Leben oder die Gesundheit des Lehrmädchens einer nachweislichen Gefahr ausgesetzt sein würde, welche bei Eingehung des Lehrvertrages nicht zu erkennen war,
5. wenn der Lehrherr (die Lehrherrin) seine (ihre) gesetzlichen oder vertraglichen Pflichten gegen das Lehrmädchen in einer die Gesundheit, die Sittlichkeit oder die Ausbildung des Lehrmädchens gefährdenden Weise vernachlässigt oder das Recht der väterlichen Zucht mißbraucht oder zur Erfüllung der ihm (ihr) vertragsmäßig obliegenden Verpflichtungen unfähig wird.

Auflösung des Vertrags durch Tod.

§ 16.

Der Lehrvertrag wird durch den Tod des Lehrmädchens aufgehoben. Durch den Tod des Lehrherrn (der Lehrherrin) wird der Vertrag aufgehoben, wenn er die Schließung des Geschäftes des Lehrherrn (der Lehrherrin) zur Folge hat oder wenn die Aufhebung innerhalb vier Wochen nach dem Todesfall geltend gemacht wird.

§ 17.

Wird von dem gesetzlichen Vertreter des Lehrmädchens (Vater, Mutter, Vormund) für das Lehrmädchen oder, sofern das letztere volljährig ist, von ihm selbst dem Lehrherrn (der Lehrherrin) die schriftliche Erklärung abgegeben, daß das Lehrmädchen zu einem anderen Berufe übergehen werde, so gilt das Lehrverhältnis, wenn das Lehrmädchen nicht früher entlassen wird, nach Ablauf von vier Wochen als aufgelöst.

Entschädigung des Lehrherrn (der Lehrherrin).

§ 18 (vgl. Anm. 8).

Wird das Lehrverhältnis auf Grund der Bestimmungen des § 10 und § 14 Ziff. 1 bis 7 und 10 oder infolge Übertritts des Lehrmädchens zu einem anderen Gewerbe oder Berufe aufgelöst (§ 17), so kann der Lehrherr (die Lehrherrin) eine Entschädigung beanspruchen.

Sie beträgt, wenn das Lehrverhältnis aufgelöst wird

im ersten Jahre .... RM, im dritten Jahre .... RM,
im zweiten Jahre .... RM, im vierten Jahre .... RM.

Durch diese Vereinbarung wird ein weiterer Schadenersatzanspruch ausgeschlossen. Bei unbefugtem Verlassen der Lehre muß sich die Entschädigung in den Grenzen des § 127 g der Gewerbeordnung halten. Für die Zahlung der Entschädigung ist als Selbstschuldner der Vater (die Mutter) des Lehrmädchens mitverhaftet.

Schadenersatz des Lehrmädchens.

§ 19.

Wird das Lehrverhältnis durch Verschulden des Lehrherrn (der Lehrherrin) (§ 15 Ziff. 2, 3, 5) vorzeitig aufgelöst, so ist dieser (diese) dem Lehrmädchen oder seinem gesetzlichen Vertreter zum Schadenersatz verpflichtet. Anstatt des wirklich entstandenen Schadens können die in § 18 Abs. 2 festgesetzten Beträge beansprucht werden.

Gesellenprüfung.

§ 20.

Bei Beendigung der Lehrzeit hat sich das Lehrmädchen der Gesellen-(Gehilfen-)Prüfung vor dem zuständigen Prüfungsausschusse zu unterziehen und ist verpflichtet, dessen Anordnungen Folge zu leisten.

Der Lehrherr (die Lehrherrin) ist verpflichtet, das Lehrmädchen vorschriftsmäßig (vgl. Anm. 9) zur Ablegung der Gesellenprüfung anzuhalten, die zur Anfertigung der Prüfungsarbeiten erforderliche Zeit und Gelegenheit zu gewähren und die zur Anfertigung erforderlichen Materialien in guter Beschaffenheit zu liefern. Das angefertigte Stück wird Eigentum des Lehrherrn (der Lehrherrin), jedoch ist das Lehrmädchen berechtigt, es gegen Ersatz der Kosten der Materialien zu erwerben.

Besondere Bestimmungen.

....

Anmerkungen: 8) Diese Bestimmung ist für den Lehrherrn (die Lehrherrin) und das Lehrmädchen von außerordentlicher Wichtigkeit; die genaue Regelung der Entschädigungsfrage erspart bei späteren Streitfällen sehr viel Schwierigkeiten.

9) „Vorschriftsgemäß" heißt gemäß § 131 c GO. und gemäß den von der zuständigen Handwerkskammer erlassenen „Prüfungsbestimmungen" und „Vorschriften zur Regelung des Lehrlingswesens". Der Lehrherr, der die ihm hinsichtlich der Ablegung der Gesellenprüfung seiner Lehrlinge obliegende Pflicht nicht erfüllt, verletzt eine gesetzliche Pflicht gegen die ihm anvertrauten Lehrlinge und ist nach § 148 Ziff. 9 GO. strafbar; mag er nun verhindern, abhalten, erschweren oder auch nur sich passiv verhalten; bei wiederholter Pflichtverletzung kann ihm gemäß § 126 a GO. die Befugnis zum Halten und zur Anleitung von Lehrlingen entzogen werden.

Vorstehenden Vertrag gelesen zu haben und mit seinen Bestimmungen einverstanden zu sein, bescheinigen durch eigenhändige Namensunterschrift

................................, den..........ten .... 19......

Der Lehrherr (die Lehrherrin)

(Vor- und Zuname) ....

(Stand) ....

(Wohnort) ....

Mitglied der .... Innung

Meisterprüfung bestanden 19..... in ....

Die Befugnis zur Anleitung von Lehrlingen wurde verliehen am .... vom Bezirksamt .... (vgl. Anm. 11).

Der Vater (die Mutter, wenn ihr die elterliche Gewalt über ihre Tochter zusteht), der Vormund (vgl. Anm. 10):

(Vor und Zuname) ....

(Stand) ....

(Wohnort) ....

(Straße) ....

Das Lehrmädchen:

....

Anmerkungen: 10) Der Vormund bedarf zum Abschluß dieses Vertrages, sobald die Lehrzeit über ein Jahr beträgt, der Genehmigung des Vormundschaftsgerichts (§ 1822 Ziff. 6 BGB.). Ist die Mutter gesetzliche Vertreterin des Lehrmädchens und außerdem für das Lehrmädchen ein Vormund bestellt, so ist die Genehmigung des Vormundschaftsgerichts nicht erforderlich. In diesem Fall muß aber der Lehrvertrag von der Mutter und dem Vormund unterzeichnet werden.

11) Das Lehrmädchen kann nur dann in die Lehrlingsrolle eingetragen und nach Ablauf der Lehrzeit zur Gesellenprüfung zugelassen werden, wenn im Betriebe des Lehrherrn (der Lehrherrin) eine anleitungsbefugte Person vorhanden ist (§ 129 RGO.).

Nr. 140. Kaufmännischer Lehrvertrag.

(Vordruck der Industrie- und Handelskammer zu Berlin.)

Stempelfrei.

Stempel: Industrie- und Handelskammer zu Berlin.

Kaufmännischer Lehrvertrag.*)

Die unterzeichnete — der Herr — .... — als Inhaber der — im Handelsregister eingetragene(n) Firma .... in .... und der — die — unterzeichnete Herr — Frau — .... als gesetzliche(r) Vertreter **) — Vertreterin — seines — ihres — Kindes — Mündels — .... in .... geboren am .... schließen folgenden Vertrag.

Herr — Frau — .... gibt sein — ihr — Kind — Mündel — der Firma — dem Herrn — .... in die kaufmännische Lehre unter folgenden Bedingungen:

§ 1. Lehrzeit.

Der erste Monat der Lehrzeit gilt als Probezeit, innerhalb welcher es jedem Teil freisteht, ohne Kündigungsfrist von diesem Vertrage zurückzutreten.

Hat der Lehrling wegen Krankheit oder aus einem anderen, auf kein Verschulden des Lehrherrn zurückzuführenden Grunde im ganzen mehr als drei Monate geschäftlicher Tätigkeit versäumt, so kann der Lehrherr, falls dadurch die Erreichung des Lehrziels nach seiner Ansicht in Frage gestellt ist, verlangen, daß der Lehrling die versäumte Lehrzeit unter entsprechender Verlängerung der Vertragsdauer nachholt. Der Lehrherr muß jedoch in einem solchen Falle mindestens drei Monate vor dem Ablauf der vereinbarten Lehrzeit dem Lehrling bezw. dessen gesetzlichem Vertreter schriftliche Mitteilung machen.

---

*) Nichtzutreffendes ist auszustreichen, Fehlendes hinzuzufügen.

**) Ist der gesetzliche Vertreter ein Vormund oder Pfleger, so bedarf er nach § 1822 Ziff. 6 BGB. zu einem Lehrvertrag, der für längere Zeit als ein Jahr geschlossen werden soll, der Genehmigung des Vormundschaftsgerichts. Nach § 1909 Abs. 1 hat dieses einen Pfleger zu bestellen, wenn der Lehrling bei seinem Vormunde in die Lehre treten soll.

§ 2. Pflichten des Lehrherrn.

Der Lehrherr verpflichtet sich:

a) den Lehrling in den bei dem Betriebe des Geschäfts vorkommenden kaufmännischen Arbeiten zu unterweisen und die Ausbildung des Lehrlings entweder selbst oder durch einen hierzu bestellten geeigneten Vertreter zu leiten,

b) den Lehrling zum Besuch einer kaufmännischen Berufsschule anzuhalten, sofern eine solche sich am Sitze der Firma oder in dessen Nähe befindet,

c) dem Lehrling auf Ansuchen nach Beendigung der Lehrzeit zur Erlangung einer seinen Kenntnissen und Fähigkeiten entsprechenden Gehilfenstelle nach Möglichkeit behilflich zu sein,

d) sich bei etwaiger Aufgabe des Geschäfts oder Verlassen des Lehrorts nach einer entsprechenden neuen Lehrstelle für den Lehrling umzusehen.

§ 3. Pflichten des Lehrlings.

Der Lehrling ist verpflichtet:

a) dem Lehrherrn und den anderen Vorgesetzten Gehorsam und Achtung zu erweisen, die im Geschäft bestehende Ordnung genau innezuhalten, die ihm übertragenen Arbeiten treu und gewissenhaft auszuführen und sich innerhalb und außerhalb des Geschäfts eines gesitteten Betragens zu befleißigen,

b) die Interessen des Geschäfts nach jeder Richtung hin treu zu wahren und über alle Geschäfts- und Betriebsvorgänge gegen jedermann Verschwiegenheit zu beobachten,

c) Zuwendungen jedweder Art abzulehnen, die ihm zum Zwecke der Beeinflussung von dritten mit dem Lehrherrn in Geschäftsverbindung stehenden Personen versprochen oder gewährt werden,

d) am Ende der Lehrzeit sich der Handlungsgehilfenprüfung zu unterziehen, sofern eine solche für den betreffenden Geschäftszweig von der Industrie- und Handelskammer eingerichtet ist.

§ 4. Vergütung.*)

Der Lehrling erhält von dem Lehrherrn eine monatliche Vergütung von:

Mark .... im ersten Lehrjahr,
Mark .... im zweiten Lehrjahr,
Mark .... im dritten Lehrjahr.

Für Wohnung und Unterhalt hat der Lehrling bezw. sein gesetzlicher Vertreter zu sorgen.

Eventuell: (wenn der Lehrling in die häusliche Gemeinschaft des Lehrherrn aufgenommen wird).

Der Lehrherr gewährt dem Lehrling während der Lehrzeit Kost und Wohnung. Er erhält von dem unterzeichneten gesetzlichen Vertreter des Lehrlings ein Lehrgeld von:

Mark .... für das erste Jahr,
Mark .... für das zweite Jahr,
Mark .... für das dritte Jahr.

Das Lehrgeld ist in monatlichen Raten — jährlich — am ....ten .... jeden... Monats — jeden Jahres — im voraus zu zahlen. Für sonstigen Unterhalt des Lehrlings (Wäsche, Kleidung usw.) hat der gesetzliche Vertreter des Lehrlings zu sorgen.

§ 5. Urlaub.

Der Lehrherr gewährt dem Lehrling Urlaub:

im ersten Lehrjahr von .... Arbeitstagen,**)
im zweiten Lehrjahr von .... Arbeitstagen,
im dritten Lehrjahr von .... Arbeitstagen.

---

*) Die vereinbarten Sätze dürfen nicht niedriger sein als die jeweiligen Sätze eines bindenden Tarifvertrags.

**) Die vereinbarte Urlaubszeit darf nicht kürzer sein als die von einem bindenden Tarifvertrage jeweils bestimmte Zeit.

§ 6. Aufhebung des Lehrverhältnisses.

Der Lehrherr sowohl wie der Lehrling sind berechtigt, das Lehrverhältnis sofort aufzuheben, wenn ein wichtiger Grund vorliegt.

Für den Lehrherrn gilt als solcher außer den im Handelsgesetzbuch angeführten Fällen *) insbesondere gröbliche Verletzung der Pflichten des Lehrlings hinsichtlich des Geschäftsinteresses, des Gehorsams, der Verschwiegenheit, eines sittlichen Lebenswandels sowie vorsätzliche oder grob fahrlässige Schadenzufügung.

Für den Lehrling verbleibt es bei den gesetzlichen Bestimmungen **).

§ 7. Sonstige Vereinbarungen.***)

Im übrigen wird vereinbart: ....

....

§ 8. Gesetzliche Ergänzung.

Für das Vertragsverhältnis gelten mangels anderweitiger Vereinbarung die betreffenden gesetzlichen Bestimmungen.

Dieser Vertrag ist gleichlautend zweimal ausgestellt und von den vertragschließenden Teilen wie folgt eigenhändig unterschrieben worden.

...., den ....ten .... 19......

Der Lehrherr: Der gesetzliche Vertreter des Lehrlings:

....

Der Lehrling:

....

(Es folgt der „Wortlaut der einschlägigen gesetzlichen Bestimmungen" [hier nicht abgedruckt].)

*) §§ 77 Abs. 3, 72 HGB.

**) §§ 77 Abs. 3, 71 HGB.

***) Z. B. über vertragswidrigen Austritt oder Nichtantritt der Stellung, Untersuchung durch den Vertrauensarzt des Lehrherrn oder einen Kreisarzt, Arbeitsordnung, Verbot entgeltlicher Nebenbeschäftigung, Weihnachtsgeschenke usw.

Sachverzeichnis.

Von Referendar **Kruchen**, Berlin.

A.

B.

C.

D.

E.

F.

G.

H.

J.

K.

VII. Band:

Recht der Wertpapiere (einschließlich Wechsel- und Scheckverkehr). Von Dr. **Claudius Freiherr von Schwerin**, o. Professor der Rechte in Freiburg i. B. Oktav. X, 234 Seiten. 1924. 7.—, geb. 8.50

VIII. Band:

Urheber- und Erfinder-, Warenzeichen- und Wettbewerbsrecht. (Gewerblicher Rechtsschutz.) Von Dr. jur. **Alexander Elster**, Berlin. Mit Abdruck der Gesetzestexte. Zweite, stark erweiterte und völlig umgearbeitete Auflage. Oktav. XII, 611 Seiten. 1928. 18.—, geb. 19.50

IX. Band:

Einführung in die Rechtswissenschaft. Von Oberlandesgerichtsrat Dr. **Justus Wilhelm Hedemann**, o. Professor der Rechte in Jena. Zweite, erweiterte und umgestaltete Auflage. Oktav. XXII, 566 Seiten. 1927. 14.—, geb. 16.—

X. Band:

Deutsche Rechtsgeschichte. Von Dr. **Hans Fehr**, o. Professor an der Universität Bern. Zweite, verbesserte und ergänzte Auflage. Oktav. 416 Seiten. 1925. 13.—, geb. 14.50

XII. Band:

Grundriß des römischen Privatrechts. Von Dr. **Friedrich Endemann**, Geh. Rat, o. Professor in Heidelberg. Oktav. X, 256 und 30 Seiten. 1925. 9.—, geb. 10.50

XIII. Band:

Grundzüge des deutschen Privatrechts. Von Dr. **Claudius Freiherr von Schwerin**, o. Professor der Rechte an der Universität in Freiburg i. B. Zweite Auflage. Oktav. XII, 342 Seiten. 1928. 9.50, geb. 11.—

XVI. Band:

Das deutsche Reichs-Strafrecht. Von Oberlandesgerichtsrat Dr. **Heinrich Gerland**, Professor der Rechte in Jena. Oktav. 600 Seiten. 1922. 10.—, geb. 11.50

XVII. Band:

Deutsches Reichsstrafprozeßrecht mit Einschluß des Strafgerichtsverfassungsrechts. Von Dr. **Ernst Beling**, Professor in München. Oktav. XIV, 568 Seiten. 1928. 15.—, geb. 16.50

XVIII. Band:

Reichs- und Landesstaatsrecht I. Von Professor Dr. **Fritz Stier-Somlo**, Köln. Oktav. XVI, 726 Seiten. 1924. 16.50, geb. 18.—

XIX. Band:

Reichs- und Landesstaatsrecht II. In Vorbereitung

Weitere Bände in Vorbereitung.

Bürgerliches Gesetzbuch. Mit Einleitung, Anmerkungen und Sachregister. Nach dem Tode des ersten Herausgebers Dr. **A. Achilles** in Verbindung mit **J. Altstötter**, Oberamtsrichter in Sonthofen, **O. Meyer**, Oberlandesgerichtspräsident in Celle, Dr. **J. Kieckebusch**, Land- und Amtsgerichtsrat in Kassel, Dr. **O. Strecker**, Senatspräsident am Reichsgericht i. R. in Leipzig, herausgegeben von Dr. **M. Greiff**, Wirkl. Geh. Oberjustizrat, Oberlandesgerichtspräsident i. R. in Berlin. Dreizehnte, vermehrte und verbesserte Auflage. Mit Erläuterungen der Verordnung über das **Erbbaurecht**, des Gesetzes über die **religiöse Kindererziehung** und des Gesetzes für **Jugendwohlfahrt.** Groß-Oktav. XXIII, 1304 Seiten. 1930. Geb. 24.—
(Guttentagsche Sammlung Deutscher Reichsgesetze Band 38/39.)

Zivilprozeßordnung und Gerichtsverfassungsgesetz nebst Anhang, enthaltend Entlastungsgesetze und die Notverordnung vom 1. Dezember 1930. Handkommentar unter besonderer Berücksichtigung der Entscheidungen oberster Gerichte. Begonnen von Dr. **R. Sydow.** Fortgeführt von Dr. **L. Busch**, Reichsgerichtsrat i. R., demnächst mit Dr. **W. Krantz**, Landgerichtsdirektor. Neubearbeitete zwanzigste Auflage. Zwei Bände. Groß-Oktav. VIII, VIII und 1540 Seiten. 1930. Geb. 33.—
(de Gruytersche Sammlung Deutscher Gesetze, Handkommentare.)

Handelsgesetzbuch (ohne Seerecht). Mit den ergänzenden Vorschriften des Bürgerlichen Gesetzbuchs und einem Anhang, enthaltend das Einführungsgesetz, das Depotgesetz, die Bestimmungen über Börsentermin- und Differenzgeschäfte u. a. Nebst Erläuterungen. Im Anschluß an die Textausgabe von **F. Litthauer.** Von weil. Geh. Justizrat Professor Dr. **Albert Mosse.** Neubearbeitet von Geh. Justizrat Professor Dr. **Ernst Heymann.** Siebzehnte Auflage. Unter Mitwirkung von Dr. **Karl-August Crisolli** in Berlin. Oktav. VIII, 693 Seiten. 1926. Geb. 14.—
(Guttentagsche Sammlung Deutscher Reichsgesetze Band 4.)

Strafgesetzbuch für das Deutsche Reich mit Nebengesetzen. Textausgabe mit Anmerkungen und Sachregister. Früher von Dr. **Franz von Liszt** † und Dr. **Ernst Delaquis.** Neunundzwanzigste Auflage, bearbeitet von Dr. **Eduard Kohlrausch**, Professor der Rechte in Berlin. Taschenformat. X, 567 und 48* Seiten. 1930. Geb. 8.—
(Guttentagsche Sammlung Deutscher Reichsgesetze Band 2.)

Strafprozeßordnung und Gerichtsverfassungsgesetz mit Nebengesetzen. Textausgabe mit Einleitung, Anmerkungen und Sachregister, bearbeitet in Verbindung mit Dr. **Hermann Mannheim**, Landgerichtsrat und Professor in Berlin, von Dr. **Eduard Kohlrausch**, Professor der Rechte in Berlin. Zweiundzwanzigste Auflage. Taschenformat. XI, 510 Seiten. 1930. Geb. 7.50
(Guttentagsche Sammlung Deutscher Reichsgesetze Band 12.)

Otto Walter, Buchdruckerei, Berlin S 14

FSC
www.fsc.org
MIX
Papier | Fördert gute Waldnutzung
FSC® C083411

Kolibri 360 GmbH
Ferdinand-Jühlke-Straße 7
99095 Erfurt, Deutschland
produktsicherheit@kolibri360.de